U0900998

广东经济普查年鉴

Guangdong Economic Census Yearbook 2008

第二产业卷｜下册

广东省第二次全国经济普查
领 导 小 组 办 公 室 编
广 东 省 统 计 局

中国统计出版社
China Statistics Press

(京)新登字041号

图书在版编目（CIP）数据

广东经济普查年鉴. 2008/广东省第二次全国经济普查领导小组办公室，广东省统计局编
—北京：中国统计出版社，2010.10

ISBN 978-7-5037-6076-1

Ⅰ. ①广… Ⅱ. ①广… ②广… Ⅲ. ①经济-普查-广东省-2008-年鉴 Ⅳ. ①127.65-54

中国版本图书馆CIP数据核字（2010）第176754号

广东经济普查年鉴—2008（第二产业卷｜下册）

作　　者/广东省第二次全国经济普查领导小组办公室
　　　　　广东省统计局
责任编辑/马　平
装帧设计/黄俊杰　李雪燕
出版发行/中国统计出版社
通信地址/北京市西城区月坛南街57号
邮政编码/100826
办公地址/北京市丰台区西三环南路甲6号
网　　址/www.stats.gov.cn/tjshujia
电　　话/邮购（010）63376907　书店（010）68783172
印　　刷/广州市恒远彩印有限公司
经　　销/新华书店
开　　本/880×1230毫米　1/16
字　　数/2850千字
印　　张/92.5
版　　别/2010年12月第1版
版　　次/2010年12月第1次印刷
书　　号/ISBN 978-7-5037-6076-1/F・2938
定　　价/880.00元　（全四册　附光盘）

本书附同版光盘一张，内容以纸质图书为准。

《广东经济普查年鉴—2008》编辑机构名单

一、顾问委员会

主　　任　肖志恒
副 主 任　杨绍森　幸晓维　朱耀忠
委　　员　顾作义　李向明　秦通海　叶秀仁　曾志权
　　　　　李志红　邹　生　揭　晔　欧卫东　彭海斌
　　　　　郭元强　潘伟景　陈铭津

二、编辑委员会

主　　任　幸晓维
常务副主任　欧卫东
副 主 任　朱遂文　刘智华　汪国新　秦定坚　杨少浪
委　　员　（以姓氏笔画为序）
　　　　　王国伟　李　劲　邱国祥　杨　凡　曾倩柔

三、编辑部

总 编 辑　欧卫东
副总编辑　汪国新
编辑工作人员　陆小环　黄春红　卢可玲　谭京刚　张汉杰
　　　　　彭肖萍　黄博明　蓝品良　李芳芳　黄日何
　　　　　钮豫玲　宋子鹏　王文森　林　瑜　钟向红
　　　　　马彦君　杨　凡　黄平光　余少玲　吴宏斌
　　　　　冯位东　李新娇　邹　聪　李两聪　李昭曼
　　　　　田　明　夏少武　洪秀霞　余盛鸿　孙穗华
　　　　　唐　英　谭乐明　王学良　李　华　王　晴
　　　　　贝燕威　叶　涛　黄华成　陈少强　梁　娟
　　　　　潘宇明

编者说明

根据国务院决定，2008年进行了第二次全国经济普查。为满足政府管理部门制定宏观经济政策和编制社会经济发展规划的需要以及社会各界的相关信息需求，我们按现行国家统计分类标准对广东省第二次全国经济普查基础数据进行加工整理，汇编而成《广东经济普查年鉴——2008》一书。

本年鉴通过大量数据，详尽诠释了广东省第二产业和第三产业发展的基本情况。内容系统全面，资料丰富。不仅涵盖了第二产业和第三产业各类单位的数量、就业人员、财务状况、生产经营活动、生产能力、能源消耗、信息化和科技活动等情况，以及个体经营户的分类数据；还全面反映了广东省各类单位的组织形式、规模、结构，以及地区分布、行业分布和生产要素配置等情况。本年鉴共分三卷四册出版，即综合卷、第二产业卷（上、下册）和第三产业卷，并随书配送同版本电子光盘一张。《综合卷》为单位基本情况资料，卷中分综合篇、企业篇、机关事业单位社团民办非企业篇、信息化状况以及附录五个部分，其中附录部分包含了通过经济普查资料核算的全省及分市的GDP情况。《第二产业卷》分为四篇（按内容分为上、下两册）。上册为：第一篇“工业企业生产经营及财务状况”，第二篇“能源”；下册为：第三篇“规模以上工业企业科技情况”，第四篇“建筑业企业生产经营及财务状况”。《第三产业卷》分为六篇：第一篇“交通运输、仓储和邮政业生产经营及财务状况”，第二篇“批发和零售业商品销售和财务状况”，第三篇“住宿和餐饮业生产经营及财务状况”，第四篇“房地产业生产经营及财务状况”，第五篇“其他服务业企业生产经营及财务状况”，第六篇“行政事业单位财务状况”。

为使读者能够更好地阅读和使用本年鉴，特对有关问题说明如下：

一、《广东经济普查年鉴—2008》的调查年度为2008年。第二次全国经济普查的标准时点为2008年12月31日，时期资料为2008年度。

二、经济普查的对象是广东省辖区内从事第二、第三产业活动的全部法人单位、产业活动单位和个体经营户。

三、经济普查的行业范围包括：采矿业，制造业，电力、燃气及水的生产和供应业，建筑业，交通运输、仓储和邮政业，信息传输、计算机服务和软件业，批发和零售业，住宿和餐饮业，金融业，房地产业，租赁和商务服务业，科学研究、技术服务和地质勘查业，水利、环境和公共设施管理业，居民服务和其他服务业，教育，卫生、社会保障和社会福利业，文化、体育和娱乐业，以及公共管理与社会组织等行业。

四、经济普查的主要内容包括：单位基本属性、就业人员、财务状况、生产经营活动、生产能力、能源消耗、信息化和科技活动情况等。

五、经济普查对法人单位、产业活动单位采用全面调查的方法，对个体经营户采用全面清查登记的方法。

六、本《年鉴》综合篇所有单位按单位实际所在地进行汇总。批发零售业、住宿餐饮业企业按法人在地原则统计。

七、综合卷的单位数和人数是按法人单位和产业活动单位普查表汇总而成，第二产业卷和第三产业卷的单位数是按有填报财务表的单位汇总，故综合卷与各卷相关的数据存在一定差异。

八、建筑业产业活动单位按行业和按地区分组的各分项之和不等于总计数，原因是建筑业的产业活动单位有一部分为外地或外省的单位，也存在跨行业的现象。

九、综合篇中的单位数包括银行业及其他金融活动、证券、保险三个行业数据。根据《第二次全国经济普查部门实施普查的办法》规定，银行及其他金融业、证券业、保险业的财务状况普查分别由中国人民银行、中国银行业监督管理委员会、中国证券监督管理委员会、中国保险监督管理委员会组织实施。因此，其他服务业财务状况表中则没有包括银行业及其他金融活动、证券业、保险业的财务指标数据。

十、根据铁路运输业《第二次全国经济普查部门实施普查的办法》规定，铁路运输业普查由铁道部统一组织实施。广东省铁路运输业使用铁道部反馈数据（个别指标缺的用年报数据代替）。因反馈资料缺乏铁路运输企业基本单位情况，故综合卷中单位基本情况资料不含铁路运输业，行政事业和社团财务状况表中也不包括铁路运输业数据。铁路系统的非铁路运输业单位已汇总在相应行业之中。

十一、因个别交通运输辅助业和仓储业单位执行行政事业单位会计制度，故这部分单位数据相应归入第三卷第六篇“行政事业单位财务状况”汇总。

十二、规模以上工业增加值按生产法计算。

十三、能源平衡表中，电力折算标准煤系数按平均发电煤耗计算。

十四、能源加工转换表中的电力折算标准煤系数采用当量值计算，每千瓦小时电力折0.1229千克标准煤。

十五、个体经营户资料按专业汇总统计，不单独成篇。

十六、每篇（卷）后附有该篇的指标解释，使用时请仔细阅读。

十七、由于计量单位小数位取舍原因，统计表中个别分项数据相加之和与总数不完全相等。

十八、本年鉴中，“…”表示数据少于本表最小计量单位，空格表示该项统计指标无普查数据，“#”表示其中的主要项。

十九、为使版面整齐、美观，我们将韶关市的乳源瑶族自治县和清远市的连山壮族瑶族自治县、连南瑶族自治县分别简称为乳源县、连山县、连南县。

《广东经济普查年鉴——2008》是全省普查工作者共同辛勤工作的成果，也是广大普查对象积极支持配合的结果。在此，我们谨向全省普查工作者、普查对象和所有参与和支持经济普查工作的人员表示衷心的感谢!

由于时间仓促及汇总程序原因，差错和纰漏在所难免，如有不妥之处，恳请提出宝贵意见，敬请指正。

编　者

二〇一〇年十月

第二产业卷（下册）　目录

第3篇　规模以上工业企业科技情况

第4篇　建筑业企业生产经营及财务状况

一、总承包和专业承包建筑业企业

（一）生产经营情况

附　录

第3篇

规模以上工业企业科技情况

3-1　规模以上工业企业科技活动开展情况

单位：个

项　目	企业数			
	#有科技活动	#有R&D活动	#有新产品开发	#有科技机构
总　计	**3989**	**2301**	**3362**	**2293**
总计中：国有控股企业	321	208	265	196
一、按企业规模分组				
大中型企业	1687	1067	1469	1147
大型企业	204	164	184	158
中型企业	1483	903	1285	989
小型企业	2302	1234	1893	1146
二、按登记注册类型分组				
内资企业	2307	1321	1975	1320
国有企业	62	35	42	31
集体企业	29	13	15	9
股份合作企业	8	4	7	6
联营企业	13	5	12	5
国有联营企业	5	2	5	2
集体联营企业	2	1	1	1
国有与集体联营企业	1		1	
其他联营企业	5	2	5	2
有限责任公司	719	430	597	424
国有独资公司	46	37	39	32
其他有限责任公司	673	393	558	392
股份有限公司	200	138	185	155
私营企业	1265	689	1108	687
私营独资企业	84	49	74	45
私营合伙企业	13	5	7	8
私营有限责任公司	1103	591	967	590
私营股份有限公司	65	44	60	44
其他企业	11	7	9	3
港、澳、台商投资企业	1024	564	826	582
合资经营企业(港或澳、台资)	364	208	312	212
合作经营企业(港或澳、台资)	39	16	31	22
港、澳、台商独资经营企业	603	326	468	334
港、澳、台商投资股份有限公司	18	14	15	14
外商投资企业	658	416	561	391
中外合资经营企业	256	173	240	161
中外合作经营企业	21	16	19	15
外资企业	361	215	284	200
外商投资股份有限公司	20	12	18	15
三、按工业行业中类分组				
采矿业	14	8	9	8
煤炭开采和洗选业				
烟煤和无烟煤的开采洗选				
褐煤的开采洗选				
其他煤炭采选				
石油和天然气开采业	5	3	4	3
天然原油和天然气开采	2	2	2	2
与石油和天然气开采有关的服务活动	3	1	2	1
黑色金属矿采选业				
铁矿采选				
其他黑色金属矿采选				

3-1 续表 1

单位：个

项　目	企业数			
	#有科技活动	#有R&D活动	#有新产品开发	#有科技机构
有色金属矿采选业	3	1	1	2
常用有色金属矿采选	1			1
贵金属矿采选	1	1	1	1
稀有稀土金属矿采选	1			
非金属矿采选业	6	4	4	3
土砂石开采	3	2	2	2
化学矿采选	1	1	1	1
采盐	1			
石棉及其他非金属矿采选	1	1	1	
其他采矿业				
其他采矿业				
制造业	3929	2270	3336	2269
农副食品加工业	68	42	52	49
谷物磨制	5	3	3	2
饲料加工	27	19	23	21
植物油加工	4	1	3	1
制糖	7	3	2	5
屠宰及肉类加工	2	2	2	1
水产品加工	17	12	15	14
蔬菜、水果和坚果加工	1		1	1
其他农副食品加工	5	2	3	4
食品制造业	69	42	62	42
焙烤食品制造	11	5	8	6
糖果、巧克力及蜜饯制造	13	5	11	10
方便食品制造	3	1	3	2
液体乳及乳制品制造	5	3	5	4
罐头制造	4	3	3	2
调味品、发酵制品制造	8	7	7	7
其他食品制造	25	18	25	11
饮料制造业	28	14	17	14
酒精制造	2			1
酒的制造	10	6	8	5
软饮料制造	13	7	6	6
精制茶加工	3	1	3	2
烟草制品业	5	2	3	3
烟叶复烤	2	1		
卷烟制造	2	1	2	2
其他烟草制品加工	1		1	1
纺织业	44	22	27	20
棉、化纤纺织及印染精加工	16	7	7	8
毛纺织和染整精加工	1	1		1
麻纺织				
丝绢纺织及精加工	1		1	1
纺织制成品制造	13	6	11	4
针织品、编织品及其制品制造	13	8	8	6
纺织服装、鞋、帽制造业	38	13	26	23
纺织服装制造	35	12	25	22
纺织面料鞋的制造	2			1
制帽	1	1	1	
皮革、毛皮、羽毛(绒)及其制品业	25	9	7	14
皮革鞣制加工	3			2

3-1　续表 2　　　　单位：个

项　目	企业数			
	#有科技活动	#有R&D活动	#有新产品开发	#有科技机构
皮革制品制造	20	7	5	10
毛皮鞣制及制品加工				
羽毛(绒)加工及制品制造	2	2	2	2
木材加工及木、竹、藤、棕、草制品业	19	11	10	8
锯材、木片加工	1	1	1	1
人造板制造	15	9	8	6
木制品制造	2	1	1	1
竹、藤、棕、草制品制造	1			
家具制造业	35	15	17	23
木质家具制造	17	6	5	10
竹、藤家具制造				
金属家具制造	7	4	5	7
塑料家具制造				
其他家具制造	11	5	7	6
造纸及纸制品业	64	24	32	34
纸浆制造	3			2
造纸	31	13	13	14
纸制品制造	30	11	19	18
印刷业和记录媒介的复制	46	21	38	19
印刷	38	16	31	15
装订及其他印刷服务活动	2	1	2	1
记录媒介的复制	6	4	5	3
文教体育用品制造业	48	26	39	30
文化用品制造	7	2	6	4
体育用品制造	11	5	8	6
乐器制造	3	3	3	2
玩具制造	26	15	21	17
游艺器材及娱乐用品制造	1	1	1	1
石油加工、炼焦及核燃料加工业	11	8	9	10
精炼石油产品的制造	10	8	9	10
炼焦	1			
核燃料加工				
化学原料及化学制品制造业	289	184	252	169
基础化学原料制造	20	13	15	9
肥料制造	12	7	8	7
农药制造	6	3	6	5
涂料、油墨、颜料及类似产品制造	86	52	72	49
合成材料制造	26	19	22	15
专用化学产品制造	95	58	88	56
日用化学产品制造	44	32	41	28
医药制造业	152	104	145	111
化学药品原药制造	12	12	11	10
化学药品制剂制造	36	28	35	27
中药饮片加工	7	4	7	4
中成药制造	39	26	37	28
兽用药品制造	16	11	16	11
生物、生化制品的制造	29	15	27	22
卫生材料及医药用品制造	13	8	12	9
化学纤维制造业	13	8	12	7
纤维素纤维原料及纤维制造	2	2	1	
合成纤维制造	11	6	11	7

3-1 续表 3 单位：个

项 目	企业数			
	#有科技活动	#有R&D活动	#有新产品开发	#有科技机构
橡胶制品业	28	22	24	21
轮胎制造	5	4	5	4
橡胶板、管、带的制造	3	2	3	2
橡胶零件制造	6	5	6	4
再生橡胶制造				
日用及医用橡胶制品制造	1	1	1	1
橡胶靴鞋制造	2	1		1
其他橡胶制品制造	11	9	9	9
塑料制品业	157	87	122	92
塑料薄膜制造	21	14	16	15
塑料板、管、型材的制造	28	18	26	20
塑料丝、绳及编织品的制造	3	2	3	1
泡沫塑料制造	9	4	6	2
塑料人造革、合成革制造	1	1	1	1
塑料包装箱及容器制造	12	7	8	8
塑料零件制造	21	15	16	12
日用塑料制造	23	11	17	12
其他塑料制品制造	39	15	29	21
非金属矿物制品业	177	87	137	103
水泥、石灰和石膏的制造	16	1	2	8
水泥及石膏制品制造	15	10	10	6
砖瓦、石材及其他建筑材料制造	41	23	33	23
玻璃及玻璃制品制造	35	21	29	22
陶瓷制品制造	58	27	53	34
耐火材料制品制造	2	1	1	2
石墨及其他非金属矿物制品制造	10	4	9	8
黑色金属冶炼及压延加工业	14	11	13	13
炼铁				
炼钢	3	2	3	3
钢压延加工	11	9	10	10
铁合金冶炼				
有色金属冶炼及压延加工业	52	30	46	36
常用有色金属冶炼	7	5	6	5
贵金属冶炼				
稀有稀土金属冶炼	6	2	5	5
有色金属合金制造	6	5	5	4
有色金属压延加工	33	18	30	22
金属制品业	164	84	126	84
结构性金属制品制造	28	12	21	15
金属工具制造	16	9	13	13
集装箱及金属包装容器制造	11	4	10	4
金属丝绳及其制品的制造	2	1	1	1
建筑、安全用金属制品制造	34	20	26	16
金属表面处理及热处理加工	15	10	13	8
搪瓷制品制造	4	3	4	3
不锈钢及类似日用金属制品制造	33	17	25	16
其他金属制品制造	21	8	13	8
通用设备制造业	209	132	188	128
锅炉及原动机制造	10	7	9	4

3-1　续表 4　　　　单位：个

项　　目	企业数			
	#有科技活动	#有R&D活动	#有新产品开发	#有科技机构
金属加工机械制造	39	21	33	24
起重运输设备制造	14	8	14	10
泵、阀门、压缩机及类似机械的制造	48	33	45	36
轴承、齿轮、传动和驱动部件的制造	15	8	14	12
烘炉、熔炉及电炉制造				
风机、衡器、包装设备等通用设备制造	64	41	56	30
通用零部件制造及机械修理	12	10	11	8
金属铸、锻加工	7	4	6	4
专用设备制造业	275	159	239	154
矿山、冶金、建筑专用设备制造	12	6	8	6
化工、木材、非金属加工专用设备制造	86	47	69	44
食品、饮料、烟草及饲料生产专用设备制造	11	8	11	7
印刷、制药、日化生产专用设备制造	22	12	19	10
纺织、服装和皮革工业专用设备制造	9	3	7	4
电子和电工机械专用设备制造	33	21	28	19
农、林、牧、渔专用机械制造	5	5	5	4
医疗仪器设备及器械制造	53	33	50	36
环保、社会公共安全及其他专用设备制造	44	24	42	24
交通运输设备制造业	129	82	108	73
铁路运输设备制造	5	2	3	2
汽车制造	69	41	57	39
摩托车制造	31	25	29	17
自行车制造	10	5	8	5
船舶及浮动装置制造	11	7	8	8
航空航天器制造	2	2	2	2
交通器材及其他交通运输设备制造	1		1	
电气机械及器材制造业	677	419	619	404
电机制造	36	26	31	17
输配电及控制设备制造	189	110	173	103
电线、电缆、光缆及电工器材制造	77	50	67	51
电池制造	86	55	79	55
家用电力器具制造	158	96	149	97
非电力家用器具制造	17	9	16	9
照明器具制造	92	63	87	61
其他电气机械及器材制造	22	10	17	11
通信设备、计算机及其他电子设备制造业	904	510	803	485
通信设备制造	149	88	142	85
雷达及配套设备制造				
广播电视设备制造	32	19	30	16
电子计算机制造	137	82	120	68
电子器件制造	145	81	137	70
电子元件制造	252	135	210	147
家用视听设备制造	124	70	110	64
其他电子设备制造	65	35	54	35
仪器仪表及文化、办公用机械制造业	155	90	143	84
通用仪器仪表制造	58	35	56	32
专用仪器仪表制造	31	16	27	21
钟表与计时仪器制造	9	3	8	5
光学仪器及眼镜制造	14	10	13	8
文化、办公用机械制造	38	23	35	15
其他仪器仪表的制造及修理	5	3	4	3

3-1 续表 5

单位：个

项 目	企业数			
	#有科技活动	#有R&D活动	#有新产品开发	#有科技机构
工艺品及其他制造业	30	10	16	14
工艺美术品制造	15	6	9	7
日用杂品制造	11	4	5	5
煤制品制造				
核辐射加工				
其他未列明的制造业	4		2	2
废弃资源和废旧材料回收加工业	4	2	4	2
金属废料和碎屑的加工处理	3	2	3	2
非金属废料和碎屑的加工处理	1		1	
电力、燃气及水的生产和供应业	46	23	17	16
电力、热力的生产和供应业	34	18	12	11
电力生产	31	17	10	8
电力供应	3	1	2	3
热力生产和供应				
燃气生产和供应业	1	1	1	
燃气生产和供应业	1	1	1	
水的生产和供应业	11	4	4	5
自来水的生产和供应	11	4	4	5
污水处理及其再生利用				
其他水的处理、利用与分配				
四、按隶属关系分组				
中央	34	24	26	23
省（自治区、直辖市）	56	31	37	30
地（区、市、州、盟）	498	311	440	310
县（区、市、旗）	174	83	138	97
其他	3227	1852	2721	1833
五、按地区分组				
广州市	516	433	479	310
深圳市	1148	527	1100	583
珠海市	164	116	150	117
汕头市	126	65	103	79
佛山市	371	221	330	230
韶关市	47	20	34	24
河源市	19	14	16	16
梅州市	42	11	24	21
惠州市	112	55	98	66
汕尾市	8	3	8	5
东莞市	573	309	261	274
中山市	337	253	314	261
江门市	161	77	141	65
阳江市	24	1	21	22
湛江市	77	53	52	58
茂名市	18	9	12	12
肇庆市	72	42	65	44
清远市	27	16	20	13
潮州市	97	48	91	62
揭阳市	22	17	22	17
云浮市	28	11	21	14

3-2　大中型工业企业科技活动开展情况

单位：个

项　　目	企业数			
	#有科技活动	#有R&D活动	#有新产品开发	#有科技机构
总　　计	**1687**	**1067**	**1469**	**1147**
总计中：国有控股企业	205	140	169	138
一、按企业规模分组				
大型企业	204	164	184	158
中型企业	1483	903	1285	989
二、按登记注册类型分组				
内资企业	750	492	661	539
国有企业	39	20	25	20
集体企业	12	6	9	6
股份合作企业	3	2	3	2
联营企业	6	2	6	2
国有联营企业	4	2	4	1
集体联营企业				
国有与集体联营企业				
其他联营企业	2		2	1
有限责任公司	251	172	215	178
国有独资公司	28	25	24	27
其他有限责任公司	223	147	191	151
股份有限公司	140	101	128	117
私营企业	296	186	272	213
私营独资企业	18	13	17	12
私营合伙企业	2	1	1	2
私营有限责任公司	255	156	234	181
私营股份有限公司	21	16	20	18
其他企业	3	3	3	1
港、澳、台商投资企业	545	318	463	358
合资经营企业(港或澳、台资)	190	113	164	125
合作经营企业(港或澳、台资)	18	8	12	12
港、澳、台商独资经营企业	321	183	273	207
港、澳、台商投资股份有限公司	16	14	14	14
外商投资企业	392	257	345	250
中外合资经营企业	156	110	146	104
中外合作经营企业	13	9	12	9
外资企业	210	128	175	128
外商投资股份有限公司	13	10	12	9
三、按工业行业中类分组				
采矿业	7	6	6	6
煤炭开采和洗选业				
烟煤和无烟煤的开采洗选				
褐煤的开采洗选				
其他煤炭采选				
石油和天然气开采业	1	1	1	1
天然原油和天然气开采	1	1	1	1
与石油和天然气开采有关的服务活动				
黑色金属矿采选业				
铁矿采选				
其他黑色金属矿采选				
有色金属矿采选业	2	1	1	2
常用有色金属矿采选	1			1
贵金属矿采选	1	1	1	1
稀有稀土金属矿采选				

3-2 续表 1 单位：个

项目	企业数			
	#有科技活动	#有R&D活动	#有新产品开发	#有科技机构
非金属矿采选业	4	4	4	3
土砂石开采	2	2	2	2
化学矿采选	1	1	1	1
采盐				
石棉及其他非金属矿采选	1	1	1	
其他采矿业				
其他采矿业				
制造业	1647	1047	1452	1127
农副食品加工业	23	13	18	19
谷物磨制	1		1	1
饲料加工	2	2	2	1
植物油加工	1		1	1
制糖	7	3	2	5
屠宰及肉类加工	1	1	1	
水产品加工	8	5	8	8
蔬菜、水果和坚果加工	1		1	1
其他农副食品加工	2	2	2	2
食品制造业	25	19	23	21
焙烤食品制造	4	3	3	3
糖果、巧克力及蜜饯制造	3	1	3	3
方便食品制造	2	1	2	1
液体乳及乳制品制造	3	3	3	3
罐头制造	1	1	1	1
调味品、发酵制品制造	6	5	5	6
其他食品制造	6	5	6	4
饮料制造业	8	5	8	5
酒精制造				
酒的制造	3	1	3	2
软饮料制造	5	4	5	3
精制茶加工				
烟草制品业	2	1	2	2
烟叶复烤				
卷烟制造	2	1	2	2
其他烟草制品加工				
纺织业	20	12	14	9
棉、化纤纺织及印染精加工	8	4	4	4
毛纺织和染整精加工	1	1		1
麻纺织				
丝绢纺织及精加工				
纺织制成品制造	5	2	5	1
针织品、编织品及其制品制造	6	5	5	3
纺织服装、鞋、帽制造业	22	9	20	19
纺织服装制造	22	9	20	19
纺织面料鞋的制造				
制帽				
皮革、毛皮、羽毛(绒)及其制品业	13	6	4	5
皮革鞣制加工				
皮革制品制造	12	5	3	4
毛皮鞣制及制品加工				
羽毛(绒)加工及制品制造	1	1	1	1

3-2　续表 2　　单位：个

项　目	企业数			
	#有科技活动	#有R&D活动	#有新产品开发	#有科技机构
木材加工及木、竹、藤、棕、草制品业	5	3	5	4
锯材、木片加工	1	1	1	1
人造板制造	4	2	4	3
木制品制造				
竹、藤、棕、草制品制造				
家具制造业	21	9	10	17
木质家具制造	10	5	4	7
竹、藤家具制造				
金属家具制造	7	4	5	7
塑料家具制造				
其他家具制造	4		1	3
造纸及纸制品业	35	15	20	26
纸浆制造	2			2
造纸	16	7	6	11
纸制品制造	17	8	14	13
印刷业和记录媒介的复制	19	12	16	10
印刷	17	10	14	8
装订及其他印刷服务活动	1	1	1	1
记录媒介的复制	1	1	1	1
文教体育用品制造业	29	19	27	22
文化用品制造	2		2	1
体育用品制造	7	3	6	5
乐器制造	3	3	3	2
玩具制造	16	12	15	13
游艺器材及娱乐用品制造	1	1	1	1
石油加工、炼焦及核燃料加工业	5	4	4	5
精炼石油产品的制造	5	4	4	5
炼焦				
核燃料加工				
化学原料及化学制品制造业	66	42	56	46
基础化学原料制造	6	5	5	4
肥料制造	4	2	2	2
农药制造	2	2	2	2
涂料、油墨、颜料及类似产品制造	12	7	12	9
合成材料制造	10	7	7	5
专用化学产品制造	16	8	13	10
日用化学产品制造	16	11	15	14
医药制造业	63	49	60	56
化学药品原药制造	6	6	5	6
化学药品制剂制造	24	20	24	23
中药饮片加工	4	2	4	4
中成药制造	16	13	15	13
兽用药品制造	2	2	2	1
生物、生化制品的制造	5	4	5	4
卫生材料及医药用品制造	6	2	5	5
化学纤维制造业	4	4	3	3
纤维素纤维原料及纤维制造	1	1		
合成纤维制造	3	3	3	3

3-2 续表 3

单位：个

项目	企业数			
	#有科技活动	#有R&D活动	#有新产品开发	#有科技机构
橡胶制品业	9	8	9	7
轮胎制造	5	4	5	4
橡胶板、管、带的制造	1	1	1	1
橡胶零件制造	2	2	2	1
再生橡胶制造				
日用及医用橡胶制品制造				
橡胶靴鞋制造				
其他橡胶制品制造	1	1	1	1
塑料制品业	55	36	46	43
塑料薄膜制造	8	5	5	7
塑料板、管、型材的制造	11	8	11	10
塑料丝、绳及编织品的制造				
泡沫塑料制造	2	2	1	1
塑料人造革、合成革制造	1	1	1	1
塑料包装箱及容器制造	4	3	3	3
塑料零件制造	11	8	10	9
日用塑料制造	8	5	8	6
其他塑料制品制造	10	4	7	6
非金属矿物制品业	87	51	73	58
水泥、石灰和石膏的制造	5		2	4
水泥及石膏制品制造	8	6	6	4
砖瓦、石材及其他建筑材料制造	29	18	24	18
玻璃及玻璃制品制造	18	11	15	13
陶瓷制品制造	23	14	22	15
耐火材料制品制造	1	1	1	1
石墨及其他非金属矿物制品制造	3	1	3	3
黑色金属冶炼及压延加工业	8	8	8	8
炼铁				
炼钢	2	2	2	2
钢压延加工	6	6	6	6
铁合金冶炼				
有色金属冶炼及压延加工业	26	14	24	22
常用有色金属冶炼	3	2	3	2
贵金属冶炼				
稀有稀土金属冶炼	3	1	2	3
有色金属合金制造				
有色金属压延加工	20	11	19	17
金属制品业	61	39	51	40
结构性金属制品制造	11	9	10	8
金属工具制造	6	2	5	6
集装箱及金属包装容器制造	4	1	3	1
金属丝绳及其制品的制造	1			1
建筑、安全用金属制品制造	15	12	13	9
金属表面处理及热处理加工	5	4	5	4
搪瓷制品制造	2	2	2	1
不锈钢及类似日用金属制品制造	11	7	10	8
其他金属制品制造	6	2	3	2
通用设备制造业	82	61	77	63
锅炉及原动机制造	3	3	3	1
金属加工机械制造	8	4	5	6

3-2　续表 4　　　　单位：个

项　　目	企业数			
	#有科技活动	#有R&D活动	#有新产品开发	#有科技机构
起重运输设备制造	5	2	5	4
泵、阀门、压缩机及类似机械的制造	21	18	20	17
轴承、齿轮、传动和驱动部件的制造	10	6	10	8
烘炉、熔炉及电炉制造				
风机、衡器、包装设备等通用设备制造	24	20	24	17
通用零部件制造及机械修理	7	5	6	7
金属铸、锻加工	4	3	4	3
专用设备制造业	66	43	59	49
矿山、冶金、建筑专用设备制造	4	1	2	1
化工、木材、非金属加工专用设备制造	24	16	22	17
食品、饮料、烟草及饲料生产专用设备制造	2	2	2	2
印刷、制药、日化生产专用设备制造	3	2	3	2
纺织、服装和皮革工业专用设备制造	1	1	1	
电子和电工机械专用设备制造	9	6	7	8
农、林、牧、渔专用机械制造	2	2	2	2
医疗仪器设备及器械制造	11	6	11	11
环保、社会公共安全及其他专用设备制造	10	7	9	6
交通运输设备制造业	77	59	69	55
铁路运输设备制造	1			
汽车制造	38	28	34	30
摩托车制造	21	20	21	13
自行车制造	6	2	5	3
船舶及浮动装置制造	9	7	7	7
航空航天器制造	2	2	2	2
交通器材及其他交通运输设备制造				
电气机械及器材制造业	319	218	308	221
电机制造	14	13	13	9
输配电及控制设备制造	71	42	69	44
电线、电缆、光缆及电工器材制造	41	31	37	27
电池制造	48	30	46	34
家用电力器具制造	95	65	93	69
非电力家用器具制造	7	7	7	6
照明器具制造	40	28	40	31
其他电气机械及器材制造	3	2	3	1
通信设备、计算机及其他电子设备制造业	435	254	388	261
通信设备制造	70	40	65	48
雷达及配套设备制造				
广播电视设备制造	6	4	6	4
电子计算机制造	67	44	58	34
电子器件制造	62	40	59	35
电子元件制造	142	80	119	87
家用视听设备制造	67	37	63	41
其他电子设备制造	21	9	18	12
仪器仪表及文化、办公用机械制造业	50	31	47	26
通用仪器仪表制造	13	11	13	8
专用仪器仪表制造	5	4	4	4
钟表与计时仪器制造	5	1	4	2
光学仪器及眼镜制造	6	5	6	6
文化、办公用机械制造	21	10	20	6
其他仪器仪表的制造及修理				

3-2 续表 5

单位：个

项　　目	企业数			
	#有科技活动	#有R&D活动	#有新产品开发	#有科技机构
工艺品及其他制造业	12	3	3	5
工艺美术品制造	6	1	2	2
日用杂品制造	5	2	1	3
煤制品制造				
核辐射加工				
其他未列明的制造业	1			
废弃资源和废旧材料回收加工业				
金属废料和碎屑的加工处理				
非金属废料和碎屑的加工处理				
电力、燃气及水的生产和供应业	33	14	11	14
电力、热力的生产和供应业	22	9	6	9
电力生产	19	8	4	6
电力供应	3	1	2	3
热力生产和供应				
燃气生产和供应业	1	1	1	
燃气生产和供应业	1	1	1	
水的生产和供应业	10	4	4	5
自来水的生产和供应	10	4	4	5
污水处理及其再生利用				
其他水的处理、利用与分配				
四、按隶属关系分组				
中央	25	19	20	19
省（自治区、直辖市）	32	20	19	18
地（区、市、州、盟）	234	160	210	171
县（区、市、旗）	56	34	48	44
其他	1340	834	1172	895
五、按地区分组				
广州市	240	207	223	184
深圳市	400	175	389	224
珠海市	58	46	54	47
汕头市	43	22	37	29
佛山市	195	128	177	141
韶关市	22	12	14	14
河源市	4	3	4	3
梅州市	13	6	9	10
惠州市	69	37	63	39
汕尾市	4	1	4	3
东莞市	249	153	141	144
中山市	186	156	178	161
江门市	62	41	59	42
阳江市	14	1	13	14
湛江市	28	17	17	20
茂名市	11	7	8	10
肇庆市	24	16	22	17
清远市	13	9	10	6
潮州市	32	18	30	24
揭阳市	10	9	10	9
云浮市	10	3	7	6

3-3　小型工业企业科技活动开展情况

单位：个

项　　目	企业数			
	#有科技活动	#有R&D活动	#有新产品开发	#有科技机构
总　　计	**2302**	**1234**	**1893**	**1146**
总计中：国有控股企业	116	68	96	58
一、按登记注册类型分组				
内资企业	1557	829	1314	781
国有企业	23	15	17	11
集体企业	17	7	6	3
股份合作企业	5	2	4	4
联营企业	7	3	6	3
国有联营企业	1		1	1
集体联营企业	2	1	1	1
国有与集体联营企业	1		1	
其他联营企业	3	2	3	1
有限责任公司	468	258	382	246
国有独资公司	18	12	15	5
其他有限责任公司	450	246	367	241
股份有限公司	60	37	57	38
私营企业	969	503	836	474
私营独资企业	66	36	57	33
私营合伙企业	11	4	6	6
私营有限责任公司	848	435	733	409
私营股份有限公司	44	28	40	26
其他企业	8	4	6	2
港、澳、台商投资企业	479	246	363	224
合资经营企业(港或澳、台资)	174	95	148	87
合作经营企业(港或澳、台资)	21	8	19	10
港、澳、台商独资经营企业	282	143	195	127
港、澳、台商投资股份有限公司	2		1	
外商投资企业	266	159	216	141
中外合资经营企业	100	63	94	57
中外合作经营企业	8	7	7	6
外资企业	151	87	109	72
外商投资股份有限公司	7	2	6	6
二、按工业行业中类分组				
采矿业	7	2	3	2
煤炭开采和洗选业				
烟煤和无烟煤的开采洗选				
褐煤的开采洗选				
其他煤炭采选				
石油和天然气开采业	4	2	3	2
天然原油和天然气开采	1	1	1	1
与石油和天然气开采有关的服务活动	3	1	2	1
黑色金属矿采选业				
铁矿采选				
其他黑色金属矿采选				
有色金属矿采选业	1			
常用有色金属矿采选				
贵金属矿采选				
稀有稀土金属矿采选	1			

3-3 续表 1

单位：个

项目	企业数			
	#有科技活动	#有R&D活动	#有新产品开发	#有科技机构
非金属矿采选业	2			
土砂石开采	1			
化学矿采选				
采盐	1			
石棉及其他非金属矿采选				
其他采矿业				
其他采矿业				
制造业	2282	1223	1884	1142
农副食品加工业	45	29	34	30
谷物磨制	4	3	2	1
饲料加工	25	17	21	20
植物油加工	3	1	2	
制糖				
屠宰及肉类加工	1	1	1	1
水产品加工	9	7	7	6
蔬菜、水果和坚果加工				
其他农副食品加工	3		1	2
食品制造业	44	23	39	21
焙烤食品制造	7	2	5	3
糖果、巧克力及蜜饯制造	10	4	8	7
方便食品制造	1		1	1
液体乳及乳制品制造	2		2	1
罐头制造	3	2	2	1
调味品、发酵制品制造	2	2	2	1
其他食品制造	19	13	19	7
饮料制造业	20	9	9	9
酒精制造	2			1
酒的制造	7	5	5	3
软饮料制造	8	3	1	3
精制茶加工	3	1	3	2
烟草制品业	3	1	1	1
烟叶复烤	2	1		
卷烟制造				
其他烟草制品加工	1		1	1
纺织业	24	10	13	11
棉、化纤纺织及印染精加工	8	3	3	4
毛纺织和染整精加工				
麻纺织				
丝绢纺织及精加工	1		1	1
纺织制成品制造	8	4	6	3
针织品、编织品及其制品制造	7	3	3	3
纺织服装、鞋、帽制造业	16	4	6	4
纺织服装制造	13	3	5	3
纺织面料鞋的制造	2			1
制帽	1	1	1	
皮革、毛皮、羽毛(绒)及其制品业	12	3	3	9
皮革鞣制加工	3			2
皮革制品制造	8	2	2	6
毛皮鞣制及制品加工				
羽毛(绒)加工及制品制造	1	1	1	1

3-3　续表 2　　　　单位：个

项　　目	企业数			
	#有科技活动	#有R&D活动	#有新产品开发	#有科技机构
木材加工及木、竹、藤、棕、草制品业	14	8	5	4
锯材、木片加工				
人造板制造	11	7	4	3
木制品制造	2	1	1	1
竹、藤、棕、草制品制造	1			
家具制造业	14	6	7	6
木质家具制造	7	1	1	3
竹、藤家具制造				
金属家具制造				
塑料家具制造				
其他家具制造	7	5	6	3
造纸及纸制品业	29	9	12	8
纸浆制造	1			
造纸	15	6	7	3
纸制品制造	13	3	5	5
印刷业和记录媒介的复制	27	9	22	9
印刷	21	6	17	7
装订及其他印刷服务活动	1		1	
记录媒介的复制	5	3	4	2
文教体育用品制造业	19	7	12	8
文化用品制造	5	2	4	3
体育用品制造	4	2	2	1
乐器制造				
玩具制造	10	3	6	4
游艺器材及娱乐用品制造				
石油加工、炼焦及核燃料加工业	6	4	5	5
精炼石油产品的制造	5	4	5	5
炼焦	1			
核燃料加工				
化学原料及化学制品制造业	223	142	196	123
基础化学原料制造	14	8	10	5
肥料制造	8	5	6	5
农药制造	4	1	4	3
涂料、油墨、颜料及类似产品制造	74	45	60	40
合成材料制造	16	12	15	10
专用化学产品制造	79	50	75	46
日用化学产品制造	28	21	26	14
医药制造业	89	55	85	55
化学药品原药制造	6	6	6	4
化学药品制剂制造	12	8	11	4
中药饮片加工	3	2	3	
中成药制造	23	13	22	15
兽用药品制造	14	9	14	10
生物、生化制品的制造	24	11	22	18
卫生材料及医药用品制造	7	6	7	4
化学纤维制造业	9	4	9	4
纤维素纤维原料及纤维制造	1	1	1	
合成纤维制造	8	3	8	4
橡胶制品业	19	14	15	14
轮胎制造				

3-3 续表 3

单位：个

项　目	企业数			
	#有科技活动	#有R&D活动	#有新产品开发	#有科技机构
橡胶板、管、带的制造	2	1	2	1
橡胶零件制造	4	3	4	3
再生橡胶制造				
日用及医用橡胶制品制造	1	1	1	1
橡胶靴鞋制造	2	1		1
其他橡胶制品制造	10	8	8	8
塑料制品业	102	51	76	49
塑料薄膜制造	13	9	11	8
塑料板、管、型材的制造	17	10	15	10
塑料丝、绳及编织品的制造	3	2	3	1
泡沫塑料制造	7	2	5	1
塑料人造革、合成革制造				
塑料包装箱及容器制造	8	4	5	5
塑料零件制造	10	7	6	3
日用塑料制造	15	6	9	6
其他塑料制品制造	29	11	22	15
非金属矿物制品业	90	36	64	45
水泥、石灰和石膏的制造	11	1		4
水泥及石膏制品制造	7	4	4	2
砖瓦、石材及其他建筑材料制造	12	5	9	5
玻璃及玻璃制品制造	17	10	14	9
陶瓷制品制造	35	13	31	19
耐火材料制品制造	1			1
石墨及其他非金属矿物制品制造	7	3	6	5
黑色金属冶炼及压延加工业	6	3	5	5
炼铁				
炼钢	1		1	1
钢压延加工	5	3	4	4
铁合金冶炼				
有色金属冶炼及压延加工业	26	16	22	14
常用有色金属冶炼	4	3	3	3
贵金属冶炼				
稀有稀土金属冶炼	3	1	3	2
有色金属合金制造	6	5	5	4
有色金属压延加工	13	7	11	5
金属制品业	103	45	75	44
结构性金属制品制造	17	3	11	7
金属工具制造	10	7	8	7
集装箱及金属包装容器制造	7	3	7	3
金属丝绳及其制品的制造	1	1	1	
建筑、安全用金属制品制造	19	8	13	7
金属表面处理及热处理加工	10	6	8	4
搪瓷制品制造	2	1	2	2
不锈钢及类似日用金属制品制造	22	10	15	8
其他金属制品制造	15	6	10	6
通用设备制造业	127	71	111	65
锅炉及原动机制造	7	4	6	3
金属加工机械制造	31	17	28	18
起重运输设备制造	9	6	9	6

3-3　续表 4　　　　单位：个

项　目	企业数			
	#有科技活动	#有R&D活动	#有新产品开发	#有科技机构
泵、阀门、压缩机及类似机械的制造	27	15	25	19
轴承、齿轮、传动和驱动部件的制造	5	2	4	4
烘炉、熔炉及电炉制造				
风机、衡器、包装设备等通用设备制造	40	21	32	13
通用零部件制造及机械修理	5	5	5	1
金属铸、锻加工	3	1	2	1
专用设备制造业	209	116	180	105
矿山、冶金、建筑专用设备制造	8	5	6	5
化工、木材、非金属加工专用设备制造	62	31	47	27
食品、饮料、烟草及饲料生产专用设备制造	9	6	9	5
印刷、制药、日化生产专用设备制造	19	10	16	8
纺织、服装和皮革工业专用设备制造	8	2	6	4
电子和电工机械专用设备制造	24	15	21	11
农、林、牧、渔专用机械制造	3	3	3	2
医疗仪器设备及器械制造	42	27	39	25
环保、社会公共安全及其他专用设备制造	34	17	33	18
交通运输设备制造业	52	23	39	18
铁路运输设备制造	4	2	3	2
汽车制造	31	13	23	9
摩托车制造	10	5	8	4
自行车制造	4	3	3	2
船舶及浮动装置制造	2		1	1
航空航天器制造				
交通器材及其他交通运输设备制造	1		1	
电气机械及器材制造业	358	201	311	183
电机制造	22	13	18	8
输配电及控制设备制造	118	68	104	59
电线、电缆、光缆及电工器材制造	36	19	30	24
电池制造	38	25	33	21
家用电力器具制造	63	31	56	28
非电力家用器具制造	10	2	9	3
照明器具制造	52	35	47	30
其他电气机械及器材制造	19	8	14	10
通信设备、计算机及其他电子设备制造业	469	256	415	224
通信设备制造	79	48	77	37
雷达及配套设备制造				
广播电视设备制造	26	15	24	12
电子计算机制造	70	38	62	34
电子器件制造	83	41	78	35
电子元件制造	110	55	91	60
家用视听设备制造	57	33	47	23
其他电子设备制造	44	26	36	23
仪器仪表及文化、办公用机械制造业	105	59	96	58
通用仪器仪表制造	45	24	43	24
专用仪器仪表制造	26	12	23	17
钟表与计时仪器制造	4	2	4	3
光学仪器及眼镜制造	8	5	7	2
文化、办公用机械制造	17	13	15	9
其他仪器仪表的制造及修理	5	3	4	3

3-3 续表 5

单位：个

项　　目	企业数			
	#有科技活动	#有R&D活动	#有新产品开发	#有科技机构
工艺品及其他制造业	18	7	13	9
工艺美术品制造	9	5	7	5
日用杂品制造	6	2	4	2
煤制品制造				
核辐射加工				
其他未列明的制造业	3		2	2
废弃资源和废旧材料回收加工业	4	2	4	2
金属废料和碎屑的加工处理	3	2	3	2
非金属废料和碎屑的加工处理	1		1	
电力、燃气及水的生产和供应业	13	9	6	2
电力、热力的生产和供应业	12	9	6	2
电力生产	12	9	6	2
电力供应				
热力生产和供应				
燃气生产和供应业				
燃气生产和供应业				
水的生产和供应业	1			
自来水的生产和供应	1			
污水处理及其再生利用				
其他水的处理、利用与分配				
三、按隶属关系分组				
中央	9	5	6	4
省（自治区、直辖市）	24	11	18	12
地（区、市、州、盟）	264	151	230	139
县（区、市、旗）	118	49	90	53
其他	1887	1018	1549	938
四、按地区分组				
广州市	276	226	256	126
深圳市	748	352	711	359
珠海市	106	70	96	70
汕头市	83	43	66	50
佛山市	176	93	153	89
韶关市	25	8	20	10
河源市	15	11	12	13
梅州市	29	5	15	11
惠州市	43	18	35	27
汕尾市	4	2	4	2
东莞市	324	156	120	130
中山市	151	97	136	100
江门市	99	36	82	23
阳江市	10		8	8
湛江市	49	36	35	38
茂名市	7	2	4	2
肇庆市	48	26	43	27
清远市	14	7	10	7
潮州市	65	30	61	38
揭阳市	12	8	12	8
云浮市	18	8	14	8

3-4　规模以上工业企业科技活动人员情况

单位：人

项　　目	科技活动人员合计	合计中:		合计中:		合计中:	
		#参加科技项目人员	#科技管理和服务人员	全时人员	非全时人员	#科学家工程师	#高中级技术职称人员
总　　计	**402183**	**328670**	**52480**	**220440**	**181743**	**292433**	**141399**
总计中：国有控股企业	68388	53716	9160	35679	32709	49418	30924
一、按企业规模分组							
大中型企业	341435	280570	43057	194375	147060	250469	124844
大型企业	206611	174725	22973	133631	72980	162396	91505
中型企业	134824	105845	20084	60744	74080	88073	33339
小型企业	60748	48100	9423	26065	34683	41964	16555
二、按登记注册类型分组							
内资企业	227518	187583	28107	132341	95177	175009	109884
国有企业	5909	4337	1076	2492	3417	3956	1868
集体企业	997	663	190	423	574	584	307
股份合作企业	316	251	51	127	189	220	108
联营企业	706	532	120	414	292	465	316
国有联营企业	511	360	100	290	221	312	238
集体联营企业	20	20			20	13	7
国有与集体联营企业	11	11		11		6	6
其他联营企业	164	141	20	113	51	134	65
有限责任公司	101203	87654	8050	71329	29874	81949	64762
国有独资公司	9181	5231	971	2963	6218	4629	2724
其他有限责任公司	92022	82423	7079	68366	23656	77320	62038
股份有限公司	65873	52937	10556	34601	31272	51702	28590
私营企业	51992	40855	7917	22809	29183	35811	13832
私营独资企业	2622	2002	356	1135	1487	1764	807
私营合伙企业	535	376	96	161	374	371	107
私营有限责任公司	44613	34938	6886	19721	24892	30370	11541
私营股份有限公司	4222	3539	579	1792	2430	3306	1377
其他企业	522	354	147	146	376	322	101
港、澳、台商投资企业	85202	66865	12673	44442	40760	53549	18879
合资经营企业(港或澳、台资)	31054	25465	4067	16759	14295	20841	6560
合作经营企业(港或澳、台资)	1356	1156	165	743	613	722	302
港、澳、台商独资经营企业	48256	36101	8097	24966	23290	29574	10621
港、澳、台商投资股份有限公司	4536	4143	344	1974	2562	2412	1396
外商投资企业	89463	74222	11700	43657	45806	63875	12636
中外合资经营企业	25976	20543	4014	11169	14807	18566	5328
中外合作经营企业	1559	1061	307	715	844	787	306
外资企业	58912	50034	7051	30310	28602	43042	6319
外商投资股份有限公司	3016	2584	328	1463	1553	1480	683
三、按工业行业中类分组							
采矿业	1646	1384	204	598	1048	1391	805
煤炭开采和洗选业							
烟煤和无烟煤的开采洗选							
褐煤的开采洗选							
其他煤炭采选							

3-4 续表 1

单位：人

项目	科技活动人员合计	合计中:		合计中:		合计中:	
		#参加科技项目人员	#科技管理和服务人员	全时人员	非全时人员	#科学家工程师	#高中级技术职称人员
石油和天然气开采业	306	280	26	224	82	291	223
天然原油和天然气开采	279	253	26	210	69	264	214
与石油和天然气开采有关的服务活动	27	27		14	13	27	9
黑色金属矿采选业							
铁矿采选							
其他黑色金属矿采选							
有色金属矿采选业	388	272	67	187	201	175	153
常用有色金属矿采选	87	83	4	9	78	83	74
贵金属矿采选	256	164	43	164	92	77	73
稀有稀土金属矿采选	45	25	20	14	31	15	6
非金属矿采选业	952	832	111	187	765	925	429
土砂石开采	84	62	13	23	61	62	48
化学矿采选	852	756	96	156	696	852	375
采盐	8	6	2	8		8	6
石棉及其他非金属矿采选	8	8			8	3	
其他采矿业							
其他采矿业							
制造业	396773	324163	51781	218978	177795	288838	139103
农副食品加工业	2580	2072	392	877	1703	1694	663
谷物磨制	166	126	40	33	133	98	36
饲料加工	852	663	144	395	457	666	281
植物油加工	70	49	14	11	59	54	18
制糖	371	280	48	34	337	173	109
屠宰及肉类加工	95	80	15	40	55	80	8
水产品加工	602	520	61	201	401	510	147
蔬菜、水果和坚果加工	258	238	20	102	156	37	22
其他农副食品加工	166	116	50	61	105	76	42
食品制造业	4001	2969	957	1133	2868	1979	649
焙烤食品制造	291	202	50	98	193	216	64
糖果、巧克力及蜜饯制造	967	532	426	176	791	272	85
方便食品制造	192	137	55	35	157	136	56
液体乳及乳制品制造	329	300	25	89	240	147	59
罐头制造	82	55	26	15	67	24	8
调味品、发酵制品制造	1099	886	196	331	768	602	160
其他食品制造	1041	857	179	389	652	582	217
饮料制造业	1516	1345	150	725	791	910	579
酒精制造	62	62			62	58	34
酒的制造	1116	997	106	527	589	618	468
软饮料制造	248	230	10	156	92	187	68
精制茶加工	90	56	34	42	48	47	9
烟草制品业	337	271	66	136	201	156	93
烟叶复烤	140	100	40	76	64	23	13
卷烟制造	127	106	21	50	77	108	62
其他烟草制品加工	70	65	5	10	60	25	18

3-4　续表 2　　单位：人

项　目	科技活动人员合计	合计中:		合计中:		合计中:	
		#参　加科技项目人员	#科技管理和服务人员	全　时人　员	非全时人　员	#科学家工程师	#高中级技术职称人员
纺织业	1069	808	136	411	658	560	182
棉、化纤纺织及印染精加工	450	343	88	139	311	197	74
毛纺织和染整精加工	46	40	6	9	37	29	11
麻纺织							
丝绢纺织及精加工	17	9	8	3	14	9	6
纺织制成品制造	276	224	15	134	142	121	31
针织品、编织品及其制品制造	280	192	19	126	154	204	60
纺织服装、鞋、帽制造业	3569	1935	1569	919	2650	1163	558
纺织服装制造	3552	1918	1569	911	2641	1146	549
纺织面料鞋的制造	9	9			9	9	9
制帽	8	8		8		8	
皮革、毛皮、羽毛(绒)及其制品业	1103	795	239	488	615	471	288
皮革鞣制加工	90	68	22		90	13	9
皮革制品制造	975	699	216	483	492	447	274
毛皮鞣制及制品加工							
羽毛(绒)加工及制品制造	38	28	1	5	33	11	5
木材加工及木、竹、藤、棕、草制品业	522	409	110	82	440	293	145
锯材、木片加工	86	82	4		86	24	12
人造板制造	378	276	99	42	336	223	91
木制品制造	55	49	6	37	18	43	42
竹、藤、棕、草制品制造	3	2	1	3		3	
家具制造业	1026	811	193	493	533	603	221
木质家具制造	479	369	110	210	269	308	97
竹、藤家具制造							
金属家具制造	370	300	49	192	178	162	54
塑料家具制造							
其他家具制造	177	142	34	91	86	133	70
造纸及纸制品业	2874	2367	433	1134	1740	1890	547
纸浆制造	168	144	24	49	119	58	31
造纸	1543	1389	129	595	948	978	267
纸制品制造	1163	834	280	490	673	854	249
印刷业和记录媒介的复制	2419	2009	361	1225	1194	1070	358
印刷	2179	1801	330	1064	1115	940	333
装订及其他印刷服务活动	94	89	5	68	26	46	9
记录媒介的复制	146	119	26	93	53	84	16
文教体育用品制造业	2736	2136	382	1233	1503	1196	418
文化用品制造	111	75	28	39	72	53	16
体育用品制造	620	530	56	256	364	267	56
乐器制造	606	543	63	335	271	266	127
玩具制造	1339	943	220	563	776	565	204
游艺器材及娱乐用品制造	60	45	15	40	20	45	15

3-4 续表 3

单位：人

项　目	科技活动人员合计	合计中: #参加科技项目人员	#科技管理和服务人员	合计中: 全时人员	非全时人员	合计中: #科学家工程师	#高中级技术职称人员
石油加工、炼焦及核燃料加工业	2037	1303	608	515	1522	1133	1017
精炼石油产品的制造	2037	1303	608	515	1522	1133	1017
炼焦							
核燃料加工							
化学原料及化学制品制造业	12835	10397	1952	5952	6883	8306	3611
基础化学原料制造	948	823	111	496	452	584	295
肥料制造	592	525	67	350	242	497	184
农药制造	489	371	71	280	209	278	164
涂料、油墨、颜料及类似产品制造	3454	2844	531	1653	1801	2186	939
合成材料制造	1568	1186	348	674	894	1007	524
专用化学产品制造	3460	2586	598	1556	1904	2355	1024
日用化学产品制造	2324	2062	226	943	1381	1399	481
医药制造业	8345	6430	1376	3853	4492	5762	2622
化学药品原药制造	1260	1052	122	681	579	702	299
化学药品制剂制造	2808	2111	547	1421	1387	2014	828
中药饮片加工	337	288	35	126	211	267	140
中成药制造	1828	1298	411	576	1252	1150	605
兽用药品制造	445	370	69	133	312	341	147
生物、生化制品的制造	994	843	99	463	531	792	361
卫生材料及医药用品制造	673	468	93	453	220	496	242
化学纤维制造业	1087	848	237	448	639	688	381
纤维素纤维原料及纤维制造	21	21		11	10	18	14
合成纤维制造	1066	827	237	437	629	670	367
橡胶制品业	1436	1147	217	491	945	1180	260
轮胎制造	959	813	122	237	722	869	165
橡胶板、管、带的制造	35	27	7	4	31	18	14
橡胶零件制造	152	84	36	58	94	68	16
再生橡胶制造							
日用及医用橡胶制品制造	8	8		2	6	6	1
橡胶靴鞋制造	37	24	13	32	5	15	5
其他橡胶制品制造	245	191	39	158	87	204	59
塑料制品业	15255	13757	1079	10478	4777	7812	2187
塑料薄膜制造	1673	1449	207	592	1081	1256	562
塑料板、管、型材的制造	9372	8853	470	8101	1271	4381	963
塑料丝、绳及编织品的制造	36	33	1	11	25	15	7
泡沫塑料制造	445	431	14	347	98	428	38
塑料人造革、合成革制造	36	28	8	6	30	12	12
塑料包装箱及容器制造	617	515	80	179	438	416	123
塑料零件制造	969	652	72	251	718	366	108
日用塑料制造	680	578	82	329	351	236	100
其他塑料制品制造	1427	1218	145	662	765	702	274
非金属矿物制品业	11866	8117	1461	5540	6326	6525	2492
水泥、石灰和石膏的制造	409	379	30	83	326	218	138

3-4　续表 4　　单位：人

项　　目	科技活动人员合计	合计中: #参加科技项目人员	合计中: #科技管理和服务人员	合计中: 全时人员	合计中: 非全时人员	合计中: #科学家工程师	合计中: #高中级技术职称人员
水泥及石膏制品制造	1050	844	126	512	538	686	128
砖瓦、石材及其他建筑材料制造	3283	2356	551	992	2291	1919	734
玻璃及玻璃制品制造	4148	2240	283	2945	1203	1984	857
陶瓷制品制造	2458	1854	397	774	1684	1354	495
耐火材料制品制造	116	101	15	36	80	74	46
石墨及其他非金属矿物制品制造	402	343	59	198	204	290	94
黑色金属冶炼及压延加工业	5122	1978	362	1463	3659	2022	1493
炼铁							
炼钢	708	478	186	120	588	336	210
钢压延加工	4414	1500	176	1343	3071	1686	1283
铁合金冶炼							
有色金属冶炼及压延加工业	4367	3363	687	1986	2381	2428	1092
常用有色金属冶炼	434	395	39	234	200	220	170
贵金属冶炼							
稀有稀土金属冶炼	481	356	94	264	217	358	122
有色金属合金制造	217	190	7	6	211	192	71
有色金属压延加工	3235	2422	547	1482	1753	1658	729
金属制品业	7264	5913	748	2791	4473	4317	1713
结构性金属制品制造	2083	1835	207	823	1260	1223	636
金属工具制造	563	406	81	224	339	345	125
集装箱及金属包装容器制造	291	214	51	143	148	207	87
金属丝绳及其制品的制造	26	23		14	12	16	11
建筑、安全用金属制品制造	1558	1278	133	718	840	999	237
金属表面处理及热处理加工	610	356	50	261	349	387	154
搪瓷制品制造	223	219	4	24	199	131	99
不锈钢及类似日用金属制品制造	1367	1098	183	323	1044	660	283
其他金属制品制造	543	484	39	261	282	349	81
通用设备制造业	11522	8676	1689	4398	7124	7287	3017
锅炉及原动机制造	546	485	61	199	347	298	112
金属加工机械制造	1701	1418	232	891	810	1064	417
起重运输设备制造	1342	977	207	256	1086	652	283
泵、阀门、压缩机及类似机械的制造	2911	2266	339	1039	1872	1951	635
轴承、齿轮、传动和驱动部件的制造	636	565	67	442	194	417	268
烘炉、熔炉及电炉制造							
风机、衡器、包装设备等通用设备制造	3406	2288	578	1114	2292	2260	973
通用零部件制造及机械修理	597	429	70	280	317	426	219
金属铸、锻加工	383	248	135	177	206	219	110
专用设备制造业	15066	11633	2500	4995	10071	10970	3736
矿山、冶金、建筑专用设备制造	290	246	40	109	181	231	95
化工、木材、非金属加工专用设备制造	5274	3654	882	1585	3689	3169	1045
食品、饮料、烟草及饲料生产专用设备制造	326	263	47	158	168	275	105
印刷、制药、日化生产专用设备制造	911	639	230	382	529	369	148
纺织、服装和皮革工业专用设备制造	176	137	33	95	81	122	39

3-4 续表 5

单位：人

项　　目	科技活动人员合计	合计中：#参加科技项目人员	#科技管理和服务人员	合计中：全时人员	非全时人员	合计中：#科学家工程师	#高中级技术职称人员
电子和电工机械专用设备制造	2423	1977	422	772	1651	2145	1194
农、林、牧、渔专用机械制造	313	290	23	25	288	261	87
医疗仪器设备及器械制造	3511	2862	590	1020	2491	2887	510
环保、社会公共安全及其他专用设备制造	1842	1565	233	849	993	1511	513
交通运输设备制造业	18845	14562	3369	10511	8334	12094	4754
铁路运输设备制造	173	139	34	33	140	136	97
汽车制造	10611	8232	2271	5952	4659	7144	2329
摩托车制造	3191	2420	574	1974	1217	1740	708
自行车制造	394	338	40	260	134	364	119
船舶及浮动装置制造	3830	2796	441	2177	1653	2115	1063
航空航天器制造	615	611	4	100	515	569	417
交通器材及其他交通运输设备制造	31	26	5	15	16	26	21
电气机械及器材制造业	63691	48832	10557	28414	35277	45486	14959
电机制造	1903	1420	250	1222	681	1148	408
输配电及控制设备制造	11721	9068	1730	5327	6394	7538	2924
电线、电缆、光缆及电工器材制造	4533	3483	805	2111	2422	3357	1502
电池制造	11686	10611	888	8556	3130	9991	2602
家用电力器具制造	26917	18826	5828	8389	18528	18536	5686
非电力家用器具制造	1385	1019	259	471	914	1138	510
照明器具制造	4628	3705	616	1835	2793	3075	1072
其他电气机械及器材制造	918	700	181	503	415	703	255
通信设备、计算机及其他电子设备制造业	183996	160948	18238	122055	61941	153365	88591
通信设备制造	90367	84663	4448	75798	14569	84026	71953
雷达及配套设备制造							
广播电视设备制造	1512	1245	182	830	682	1106	250
电子计算机制造	38610	32208	5408	15701	22909	31654	3518
电子器件制造	12399	10541	1332	6701	5698	8045	2924
电子元件制造	25859	20278	4070	14296	11563	17529	6068
家用视听设备制造	11706	8986	2336	6826	4880	8243	2923
其他电子设备制造	3543	3027	462	1903	1640	2762	955
仪器仪表及文化、办公用机械制造业	8964	7277	1487	5351	3613	6821	2181
通用仪器仪表制造	2981	2556	329	1480	1501	2500	746
专用仪器仪表制造	1506	1058	361	1052	454	1210	474
钟表与计时仪器制造	234	164	69	147	87	163	82
光学仪器及眼镜制造	813	701	112	400	413	463	128
文化、办公用机械制造	3278	2693	569	2170	1108	2377	702
其他仪器仪表的制造及修理	152	105	47	102	50	108	49
工艺品及其他制造业	1213	961	210	844	369	598	272
工艺美术品制造	331	246	43	151	180	206	97
日用杂品制造	336	295	41	311	25	162	19
煤制品制造							
核辐射加工							
其他未列明的制造业	546	420	126	382	164	230	156

3-4　续表 6　　　　单位：人

项　　目	科技活动人员合计	合计中: #参加科技项目人员	合计中: #科技管理和服务人员	合计中: 全时人员	合计中: 非全时人员	合计中: #科学家工程师	合计中: #高中级技术职称人员
废弃资源和废旧材料回收加工业	110	94	16	37	73	59	24
金属废料和碎屑的加工处理	99	83	16	31	68	54	19
非金属废料和碎屑的加工处理	11	11		6	5	5	5
电力、燃气及水的生产和供应业	3764	3123	495	864	2900	2204	1491
电力、热力的生产和供应业	2912	2475	292	699	2213	1811	1215
电力生产	1664	1360	193	441	1223	1202	772
电力供应	1248	1115	99	258	990	609	443
热力生产和供应							
燃气生产和供应业	424	275	149	43	381	91	51
燃气生产和供应业	424	275	149	43	381	91	51
水的生产和供应业	428	373	54	122	306	302	225
自来水的生产和供应	428	373	54	122	306	302	225
污水处理及其再生利用							
其他水的处理、利用与分配							
四、按隶属关系分组							
中央	28121	24281	3253	19213	8908	23138	18854
省（自治区、直辖市）	10452	5336	2299	2423	8029	5485	3287
地（区、市、州、盟）	51081	41095	7969	24151	26930	36054	12769
县（区、市、旗）	8479	6832	1013	2955	5524	5166	2500
其他	304050	251126	37946	171698	132352	222590	103989
五、按地区分组							
广州市	44705	36545	6195	21534	23171	30245	11767
深圳市	183477	163445	15318	126600	56877	154501	87576
珠海市	12878	10568	2015	6844	6034	8791	3268
汕头市	5892	4024	814	2175	3717	3457	1496
佛山市	46255	31210	10724	13324	32931	29472	10398
韶关市	6161	2733	534	2424	3737	2650	1894
河源市	853	638	117	94	759	550	240
梅州市	1541	1226	288	420	1121	857	441
惠州市	11048	8885	2121	5435	5613	7703	2703
汕尾市	1508	1304	131	790	718	1028	458
东莞市	29759	23508	5102	18987	10772	19023	6202
中山市	22198	17493	2624	7441	14757	13852	5262
江门市	10064	7993	1784	4650	5414	5153	1898
阳江市	1462	1103	241	433	1029	721	288
湛江市	3378	2933	445	681	2697	2286	1211
茂名市	2589	1771	720	969	1620	1453	1126
肇庆市	7102	5087	1294	3573	3529	3880	2214
清远市	1773	1192	284	573	1200	998	378
潮州市	4996	3733	885	2414	2582	2760	1116
揭阳市	2682	1662	639	638	2044	1726	811
云浮市	1862	1617	205	441	1421	1327	652

3-5 大中型工业企业科技活动人员情况

单位：人

项　目	科技活动人员合计	合计中:		合计中:		合计中:	
		#参加科技项目人员	#科技管理和服务人员	全时人员	非全时人员	#科学家工程师	#高中级技术职称人员
总　计	**341435**	**280570**	**43057**	**194375**	**147060**	**250469**	**124844**
总计中：国有控股企业	64444	50678	8415	33917	30527	46605	29519
一、按企业规模分组							
大型企业	206611	174725	22973	133631	72980	162396	91505
中型企业	134824	105845	20084	60744	74080	88073	33339
二、按登记注册类型分组							
内资企业	186030	154925	21578	114778	71252	145867	98272
国有企业	5421	3945	990	2249	3172	3587	1716
集体企业	582	440	86	290	292	410	216
股份合作企业	210	169	37	95	115	158	76
联营企业	561	399	111	295	266	349	234
国有联营企业	481	332	98	260	221	284	219
集体联营企业							
国有与集体联营企业							
其他联营企业	80	67	13	35	45	65	15
有限责任公司	88740	77947	5932	66244	22496	73376	61131
国有独资公司	8653	4904	844	2745	5908	4304	2542
其他有限责任公司	80087	73043	5088	63499	16588	69072	58589
股份有限公司	63189	50773	10217	33244	29945	49763	27746
私营企业	27016	21061	4085	12263	14753	18033	7113
私营独资企业	1118	855	184	548	570	720	395
私营合伙企业	281	161	65	10	271	200	34
私营有限责任公司	22940	17714	3541	10499	12441	15000	5835
私营股份有限公司	2677	2331	295	1206	1471	2113	849
其他企业	311	191	120	98	213	191	40
港、澳、台商投资企业	73080	57296	10748	38722	34358	45623	15628
合资经营企业(港或澳、台资)	26029	21544	3230	14303	11726	17435	5161
合作经营企业(港或澳、台资)	932	841	79	501	431	493	219
港、澳、台商独资经营企业	41609	30789	7100	21944	19665	25304	8871
港、澳、台商投资股份有限公司	4510	4122	339	1974	2536	2391	1377
外商投资企业	82325	68349	10731	40875	41450	58979	10944
中外合资经营企业	22704	17928	3560	9871	12833	16305	4504
中外合作经营企业	1439	965	283	683	756	697	257
外资企业	55463	47150	6579	28972	26491	40647	5530
外商投资股份有限公司	2719	2306	309	1349	1370	1330	653
三、按工业行业中类分组							
采矿业	1414	1192	164	447	967	1196	680
煤炭开采和洗选业							
烟煤和无烟煤的开采洗选							
褐煤的开采洗选							
其他煤炭采选							

3-5　续表 1　　　　单位：人

项　目	科技活动人员合计	合计中: #参加科技项目人员	#科技管理和服务人员	合计中: 全时人员	非全时人员	合计中: #科学家工程师	#高中级技术职称人员
石油和天然气开采业	132	123	9	100	32	123	111
天然原油和天然气开采	132	123	9	100	32	123	111
与石油和天然气开采有关的服务活动							
黑色金属矿采选业							
铁矿采选							
其他黑色金属矿采选							
有色金属矿采选业	343	247	47	173	170	160	147
常用有色金属矿采选	87	83	4	9	78	83	74
贵金属矿采选	256	164	43	164	92	77	73
稀有稀土金属矿采选							
非金属矿采选业	939	822	108	174	765	913	422
土砂石开采	79	58	12	18	61	58	47
化学矿采选	852	756	96	156	696	852	375
采盐							
石棉及其他非金属矿采选	8	8			8	3	
其他采矿业							
其他采矿业							
制造业	336444	276430	42407	193121	143323	247236	122804
农副食品加工业	1328	1091	184	362	966	739	275
谷物磨制	13	11	2		13	13	2
饲料加工	26	23	3	7	19	12	5
植物油加工	38	32	6	8	30	38	13
制糖	371	280	48	34	337	173	109
屠宰及肉类加工	5	5		5		5	2
水产品加工	474	407	57	150	324	405	94
蔬菜、水果和坚果加工	258	238	20	102	156	37	22
其他农副食品加工	143	95	48	56	87	56	28
食品制造业	3098	2263	775	857	2241	1357	386
焙烤食品制造	177	104	34	53	124	139	25
糖果、巧克力及蜜饯制造	774	407	367	134	640	158	48
方便食品制造	127	87	40	35	92	81	31
液体乳及乳制品制造	315	286	25	79	236	139	55
罐头制造	5	5			5	2	2
调味品、发酵制品制造	1049	842	190	295	754	568	144
其他食品制造	651	532	119	261	390	270	81
饮料制造业	1098	1000	92	526	572	590	431
酒精制造							
酒的制造	932	842	87	433	499	475	378
软饮料制造	166	158	5	93	73	115	53
精制茶加工							
烟草制品业	127	106	21	50	77	108	62
烟叶复烤							
卷烟制造	127	106	21	50	77	108	62
其他烟草制品加工							

3-5 续表 2 单位：人

项　　目	科技活动人员合计	合计中: #参加科技项目人员	#科技管理和服务人员	合计中: 全时人员	非全时人员	合计中: #科学家工程师	#高中级技术职称人员
纺织业	784	574	99	286	498	417	126
棉、化纤纺织及印染精加工	352	258	80	115	237	153	53
毛纺织和染整精加工	46	40	6	9	37	29	11
麻纺织							
丝绢纺织及精加工							
纺织制成品制造	161	126	5	73	88	57	14
针织品、编织品及其制品制造	225	150	8	89	136	178	48
纺织服装、鞋、帽制造业	3328	1753	1522	847	2481	987	464
纺织服装制造	3328	1753	1522	847	2481	987	464
纺织面料鞋的制造							
制帽							
皮革、毛皮、羽毛(绒)及其制品业	847	579	199	454	393	336	232
皮革鞣制加工							
皮革制品制造	832	574	198	449	383	331	229
毛皮鞣制及制品加工							
羽毛(绒)加工及制品制造	15	5	1	5	10	5	3
木材加工及木、竹、藤、棕、草制品业	227	186	41	21	206	121	47
锯材、木片加工	86	82	4		86	24	12
人造板制造	141	104	37	21	120	97	35
木制品制造							
竹、藤、棕、草制品制造							
家具制造业	813	635	156	427	386	439	147
木质家具制造	389	285	104	195	194	240	80
竹、藤家具制造							
金属家具制造	370	300	49	192	178	162	54
塑料家具制造							
其他家具制造	54	50	3	40	14	37	13
造纸及纸制品业	2487	2045	370	1035	1452	1720	474
纸浆制造	168	144	24	49	119	58	31
造纸	1247	1151	72	542	705	869	214
纸制品制造	1072	750	274	444	628	793	229
印刷业和记录媒介的复制	1763	1458	268	800	963	756	250
印刷	1641	1341	263	733	908	712	247
装订及其他印刷服务活动	80	75	5	57	23	32	2
记录媒介的复制	42	42		10	32	12	1
文教体育用品制造业	2337	1838	308	1135	1202	1036	351
文化用品制造	34	28	6	20	14	28	9
体育用品制造	506	425	47	224	282	238	34
乐器制造	606	543	63	335	271	266	127
玩具制造	1131	797	177	516	615	459	166
游艺器材及娱乐用品制造	60	45	15	40	20	45	15
石油加工、炼焦及核燃料加工业	1840	1165	556	466	1374	1001	937
精炼石油产品的制造	1840	1165	556	466	1374	1001	937
炼焦							
核燃料加工							

3-5　续表 3　　　　单位：人

项　目	科技活动人员合计	合计中: #参加科技项目人员	#科技管理和服务人员	合计中: 全时人员	非全时人员	合计中: #科学家工程师	#高中级技术职称人员
化学原料及化学制品制造业	7035	5784	1005	3246	3789	4584	1967
基础化学原料制造	691	615	76	419	272	413	214
肥料制造	440	403	37	283	157	367	147
农药制造	337	228	62	171	166	135	75
涂料、油墨、颜料及类似产品制造	1602	1277	309	726	876	989	395
合成材料制造	1012	797	193	409	603	698	397
专用化学产品制造	1183	911	147	584	599	883	409
日用化学产品制造	1770	1553	181	654	1116	1099	330
医药制造业	5473	4207	983	2717	2756	3700	1638
化学药品原药制造	1065	929	90	647	418	612	266
化学药品制剂制造	2478	1806	529	1255	1223	1708	673
中药饮片加工	265	228	23	108	157	206	101
中成药制造	997	715	265	374	623	677	366
兽用药品制造	77	69	8	19	58	77	31
生物、生化制品的制造	237	222	13	153	84	151	59
卫生材料及医药用品制造	354	238	55	161	193	269	142
化学纤维制造业	777	602	175	357	420	477	310
纤维素纤维原料及纤维制造	13	13		11	2	13	11
合成纤维制造	764	589	175	346	418	464	299
橡胶制品业	1060	871	144	277	783	924	182
轮胎制造	959	813	122	237	722	869	165
橡胶板、管、带的制造	20	14	5		20	11	11
橡胶零件制造	61	28	13	24	37	28	4
再生橡胶制造							
日用及医用橡胶制品制造							
橡胶靴鞋制造							
其他橡胶制品制造	20	16	4	16	4	16	2
塑料制品业	13151	12057	804	9680	3471	6554	1631
塑料薄膜制造	1369	1190	171	492	877	1094	469
塑料板、管、型材的制造	9027	8565	413	7961	1066	4149	888
塑料丝、绳及编织品的制造							
泡沫塑料制造	367	362	5	295	72	362	6
塑料人造革、合成革制造	36	28	8	6	30	12	12
塑料包装箱及容器制造	457	399	58	134	323	305	74
塑料零件制造	811	532	46	215	596	250	68
日用塑料制造	420	369	51	169	251	95	38
其他塑料制品制造	664	612	52	408	256	287	76
非金属矿物制品业	9908	6634	1104	4873	5035	5447	2061
水泥、石灰和石膏的制造	217	207	10	72	145	107	60
水泥及石膏制品制造	998	802	116	475	523	649	115
砖瓦、石材及其他建筑材料制造	3099	2222	505	935	2164	1815	703

3-5 续表 4 单位：人

项目	科技活动人员合计	合计中: #参加科技项目人员	#科技管理和服务人员	合计中: 全时人员	非全时人员	合计中: #科学家工程师	#高中级技术职称人员
玻璃及玻璃制品制造	3619	1863	213	2736	883	1623	731
陶瓷制品制造	1602	1190	237	440	1162	973	353
耐火材料制品制造	108	93	15	32	76	67	42
石墨及其他非金属矿物制品制造	265	257	8	183	82	213	57
黑色金属冶炼及压延加工业	5025	1893	350	1425	3600	1950	1449
炼铁							
炼钢	698	471	183	119	579	327	206
钢压延加工	4327	1422	167	1306	3021	1623	1243
铁合金冶炼							
有色金属冶炼及压延加工业	3663	2778	597	1819	1844	1909	892
常用有色金属冶炼	402	370	32	221	181	196	161
贵金属冶炼							
稀有稀土金属冶炼	394	284	79	240	154	278	114
有色金属合金制造							
有色金属压延加工	2867	2124	486	1358	1509	1435	617
金属制品业	5484	4468	500	2041	3443	3049	1233
结构性金属制品制造	1832	1625	180	710	1122	1044	549
金属工具制造	332	241	37	120	212	213	78
集装箱及金属包装容器制造	124	104	14	61	63	101	42
金属丝绳及其制品的制造	18	18		12	6	8	8
建筑、安全用金属制品制造	1196	970	80	577	619	681	127
金属表面处理及热处理加工	430	198	35	188	242	229	103
搪瓷制品制造	197	197		13	184	109	84
不锈钢及类似日用金属制品制造	1070	841	143	219	851	473	216
其他金属制品制造	285	274	11	141	144	191	26
通用设备制造业	8108	5912	1190	2975	5133	4920	2015
锅炉及原动机制造	396	362	34	142	254	226	80
金属加工机械制造	806	705	86	387	419	409	163
起重运输设备制造	858	578	133	153	705	388	135
泵、阀门、压缩机及类似机械的制造	2059	1582	226	654	1405	1335	376
轴承、齿轮、传动和驱动部件的制造	556	496	56	394	162	370	239
烘炉、熔炉及电炉制造							
风机、衡器、包装设备等通用设备制造	2581	1613	469	852	1729	1616	721
通用零部件制造及机械修理	521	367	64	247	274	386	203
金属铸、锻加工	331	209	122	146	185	190	98
专用设备制造业	9543	7293	1609	2644	6899	7056	2293
矿山、冶金、建筑专用设备制造	173	156	17	48	125	131	54
化工、木材、非金属加工专用设备制造	3373	2142	671	865	2508	1891	565
食品、饮料、烟草及饲料生产专用设备制造	68	68		68		68	33
印刷、制药、日化生产专用设备制造	556	391	142	254	302	161	65
纺织、服装和皮革工业专用设备制造	70	60	10	60	10	48	18
电子和电工机械专用设备制造	1870	1494	354	520	1350	1698	1054
农、林、牧、渔专用机械制造	162	141	21	10	152	141	43
医疗仪器设备及器械制造	2262	1904	322	436	1826	1962	178
环保、社会公共安全及其他专用设备制造	1009	937	72	383	626	956	283

3-5　续表 5

单位：人

项　目	科技活动人员合计	合计中:		合计中:		合计中:	
		#参加科技项目人员	#科技管理和服务人员	全时人员	非全时人员	#科学家工程师	#高中级技术职称人员
交通运输设备制造业	17440	13348	3209	9965	7475	11009	4259
铁路运输设备制造	63	60	3		63	42	29
汽车制造	9711	7420	2186	5610	4101	6465	2080
摩托车制造	3006	2268	553	1875	1131	1617	667
自行车制造	259	231	28	227	32	235	34
船舶及浮动装置制造	3786	2758	435	2153	1633	2081	1032
航空航天器制造	615	611	4	100	515	569	417
交通器材及其他交通运输设备制造							
电气机械及器材制造业	53851	41273	8956	24181	29670	38818	12120
电机制造	1489	1086	199	965	524	880	290
输配电及控制设备制造	8495	6520	1211	3898	4597	5297	2017
电线、电缆、光缆及电工器材制造	3460	2761	557	1605	1855	2700	1196
电池制造	10706	9831	753	8134	2572	9298	2346
家用电力器具制造	25013	17445	5490	7727	17286	17392	5121
非电力家用器具制造	1028	711	220	388	640	868	403
照明器具制造	3366	2710	441	1337	2029	2174	723
其他电气机械及器材制造	294	209	85	127	167	209	24
通信设备、计算机及其他电子设备制造业	169537	149516	16066	115416	54121	142781	85082
通信设备制造	87205	82231	3937	74286	12919	81671	71288
雷达及配套设备制造							
广播电视设备制造	674	599	75	411	263	533	76
电子计算机制造	35986	30154	4939	14453	21533	29731	2794
电子器件制造	10224	8671	1094	5700	4524	6431	2404
电子元件制造	22673	17861	3593	13048	9625	15349	5231
家用视听设备制造	10344	7932	2102	6191	4153	7198	2562
其他电子设备制造	2431	2068	326	1327	1104	1868	727
仪器仪表及文化、办公用机械制造业	5475	4451	976	3626	1849	4033	1288
通用仪器仪表制造	1301	1132	130	706	595	1095	352
专用仪器仪表制造	574	379	195	507	67	446	202
钟表与计时仪器制造	131	99	31	88	43	88	33
光学仪器及眼镜制造	654	558	96	309	345	352	89
文化、办公用机械制造	2815	2283	524	2016	799	2052	612
其他仪器仪表的制造及修理							
工艺品及其他制造业	837	650	148	613	224	418	202
工艺美术品制造	187	127	21	93	94	117	61
日用杂品制造	215	188	27	194	21	113	6
煤制品制造							
核辐射加工							
其他未列明的制造业	435	335	100	326	109	188	135

3-5 续表 6

单位：人

项 目	科技活动人员合计	合计中: #参加科技项目人员	#科技管理和服务人员	合计中: 全时人员	非全时人员	合计中: #科学家工程师	#高中级技术职称人员
废弃资源和废旧材料回收加工业							
金属废料和碎屑的加工处理							
非金属废料和碎屑的加工处理							
电力、燃气及水的生产和供应业	3577	2948	486	807	2770	2037	1360
电力、热力的生产和供应业	2739	2310	287	643	2096	1654	1091
电力生产	1491	1195	188	385	1106	1045	648
电力供应	1248	1115	99	258	990	609	443
热力生产和供应							
燃气生产和供应业	424	275	149	43	381	91	51
燃气生产和供应业	424	275	149	43	381	91	51
水的生产和供应业	414	363	50	121	293	292	218
自来水的生产和供应	414	363	50	121	293	292	218
污水处理及其再生利用							
其他水的处理、利用与分配							
四、按隶属关系分组							
中央	27876	24070	3219	19061	8815	22917	18705
省（自治区、直辖市）	9658	4666	2202	2044	7614	4797	2960
地（区、市、州、盟）	43210	34784	6602	20649	22561	30645	10495
县（区、市、旗）	5085	4264	542	1786	3299	3097	1621
其他	255606	212786	30492	150835	104771	189013	91063
五、按地区分组							
广州市	36539	29948	5068	17848	18691	24344	9618
深圳市	162382	146402	12126	116748	45634	138213	81957
珠海市	9632	7945	1475	4926	4706	6470	2178
汕头市	3930	2540	412	1469	2461	2188	880
佛山市	40704	27012	9852	11586	29118	25830	8825
韶关市	5611	2297	427	2087	3524	2320	1737
河源市	280	156	44	19	261	93	36
梅州市	854	689	148	216	638	487	252
惠州市	10066	8041	1983	4902	5164	7002	2387
汕尾市	1445	1268	117	761	684	1001	439
东莞市	24972	19861	4272	16567	8405	16263	5097
中山市	17297	13749	2012	5993	11304	10810	3974
江门市	8306	6616	1494	3927	4379	4121	1488
阳江市	1126	816	192	324	802	513	186
湛江市	1699	1468	231	311	1388	1119	577
茂名市	2513	1723	693	947	1566	1408	1091
肇庆市	5746	4029	1045	2872	2874	3150	1879
清远市	1180	832	188	388	792	757	251
潮州市	3315	2397	579	1638	1677	1766	743
揭阳市	2229	1328	573	514	1715	1415	650
云浮市	1609	1453	126	332	1277	1199	599

3-6　小型工业企业科技活动人员情况

单位：人

项　目	科技活动人员合计	合计中:		合计中:		合计中:	
		#参加科技项目人员	#科技管理和服务人员	全时人员	非全时人员	#科学家工程师	#高中级技术职称人员
总　计	**60748**	**48100**	**9423**	**26065**	**34683**	**41964**	**16555**
总计中：国有控股企业	3944	3038	745	1762	2182	2813	1405
一、按登记注册类型分组							
内资企业	41488	32658	6529	17563	23925	29142	11612
国有企业	488	392	86	243	245	369	152
集体企业	415	223	104	133	282	174	91
股份合作企业	106	82	14	32	74	62	32
联营企业	145	133	9	119	26	116	82
国有联营企业	30	28	2	30		28	19
集体联营企业	20	20			20	13	7
国有与集体联营企业	11	11		11		6	6
其他联营企业	84	74	7	78	6	69	50
有限责任公司	12463	9707	2118	5085	7378	8573	3631
国有独资公司	528	327	127	218	310	325	182
其他有限责任公司	11935	9380	1991	4867	7068	8248	3449
股份有限公司	2684	2164	339	1357	1327	1939	844
私营企业	24976	19794	3832	10546	14430	17778	6719
私营独资企业	1504	1147	172	587	917	1044	412
私营合伙企业	254	215	31	151	103	171	73
私营有限责任公司	21673	17224	3345	9222	12451	15370	5706
私营股份有限公司	1545	1208	284	586	959	1193	528
其他企业	211	163	27	48	163	131	61
港、澳、台商投资企业	12122	9569	1925	5720	6402	7926	3251
合资经营企业(港或澳、台资)	5025	3921	837	2456	2569	3406	1399
合作经营企业(港或澳、台资)	424	315	86	242	182	229	83
港、澳、台商独资经营企业	6647	5312	997	3022	3625	4270	1750
港、澳、台商投资股份有限公司	26	21	5		26	21	19
外商投资企业	7138	5873	969	2782	4356	4896	1692
中外合资经营企业	3272	2615	454	1298	1974	2261	824
中外合作经营企业	120	96	24	32	88	90	49
外资企业	3449	2884	472	1338	2111	2395	789
外商投资股份有限公司	297	278	19	114	183	150	30
二、按工业行业中类分组							
采矿业	232	192	40	151	81	195	125
煤炭开采和洗选业							
烟煤和无烟煤的开采洗选							
褐煤的开采洗选							
其他煤炭采选							
石油和天然气开采业	174	157	17	124	50	168	112
天然原油和天然气开采	147	130	17	110	37	141	103
与石油和天然气开采有关的服务活动	27	27		14	13	27	9

3-6 续表 1 单位：人

项　　目	科技活动人员合计	合计中:		合计中:		合计中:	
		#参　加科技项目人员	#科技管理和服务人员	全　时人　员	非全时人　员	#科学家工程师	#高中级技术职称人员
黑色金属矿采选业							
铁矿采选							
其他黑色金属矿采选							
有色金属矿采选业	45	25	20	14	31	15	6
常用有色金属矿采选							
贵金属矿采选							
稀有稀土金属矿采选	45	25	20	14	31	15	6
非金属矿采选业	13	10	3	13		12	7
土砂石开采	5	4	1	5		4	1
化学矿采选							
采盐	8	6	2	8		8	6
石棉及其他非金属矿采选							
其他采矿业							
其他采矿业							
制造业	60329	47733	9374	25857	34472	41602	16299
农副食品加工业	1252	981	208	515	737	955	388
谷物磨制	153	115	38	33	120	85	34
饲料加工	826	640	141	388	438	654	276
植物油加工	32	17	8	3	29	16	5
制糖							
屠宰及肉类加工	90	75	15	35	55	75	6
水产品加工	128	113	4	51	77	105	53
蔬菜、水果和坚果加工							
其他农副食品加工	23	21	2	5	18	20	14
食品制造业	903	706	182	276	627	622	263
焙烤食品制造	114	98	16	45	69	77	39
糖果、巧克力及蜜饯制造	193	125	59	42	151	114	37
方便食品制造	65	50	15		65	55	25
液体乳及乳制品制造	14	14		10	4	8	4
罐头制造	77	50	26	15	62	22	6
调味品、发酵制品制造	50	44	6	36	14	34	16
其他食品制造	390	325	60	128	262	312	136
饮料制造业	418	345	58	199	219	320	148
酒精制造	62	62			62	58	34
酒的制造	184	155	19	94	90	143	90
软饮料制造	82	72	5	63	19	72	15
精制茶加工	90	56	34	42	48	47	9
烟草制品业	210	165	45	86	124	48	31
烟叶复烤	140	100	40	76	64	23	13
卷烟制造							
其他烟草制品加工	70	65	5	10	60	25	18
纺织业	285	234	37	125	160	143	56
棉、化纤纺织及印染精加工	98	85	8	24	74	44	21
毛纺织和染整精加工							

3-6　续表 2　　　　单位：人

项　目	科技活动人员合计	合计中：		合计中：		合计中：	
		#参　加科技项目人员	#科技管理和服务人员	全　时人　员	非全时人　员	#科学家工程师	#高中级技术职称人员
麻纺织							
丝绢纺织及精加工	17	9	8	3	14	9	6
纺织制成品制造	115	98	10	61	54	64	17
针织品、编织品及其制品制造	55	42	11	37	18	26	12
纺织服装、鞋、帽制造业	241	182	47	72	169	176	94
纺织服装制造	224	165	47	64	160	159	85
纺织面料鞋的制造	9	9			9	9	9
制帽	8	8		8		8	
皮革、毛皮、羽毛(绒)及其制品业	256	216	40	34	222	135	56
皮革鞣制加工	90	68	22		90	13	9
皮革制品制造	143	125	18	34	109	116	45
毛皮鞣制及制品加工							
羽毛(绒)加工及制品制造	23	23			23	6	2
木材加工及木、竹、藤、棕、草制品业	295	223	69	61	234	172	98
锯材、木片加工							
人造板制造	237	172	62	21	216	126	56
木制品制造	55	49	6	37	18	43	42
竹、藤、棕、草制品制造	3	2	1	3		3	
家具制造业	213	176	37	66	147	164	74
木质家具制造	90	84	6	15	75	68	17
竹、藤家具制造							
金属家具制造							
塑料家具制造							
其他家具制造	123	92	31	51	72	96	57
造纸及纸制品业	387	322	63	99	288	170	73
纸浆制造							
造纸	296	238	57	53	243	109	53
纸制品制造	91	84	6	46	45	61	20
印刷业和记录媒介的复制	656	551	93	425	231	314	108
印刷	538	460	67	331	207	228	86
装订及其他印刷服务活动	14	14		11	3	14	7
记录媒介的复制	104	77	26	83	21	72	15
文教体育用品制造业	399	298	74	98	301	160	67
文化用品制造	77	47	22	19	58	25	7
体育用品制造	114	105	9	32	82	29	22
乐器制造							
玩具制造	208	146	43	47	161	106	38
游艺器材及娱乐用品制造							
石油加工、炼焦及核燃料加工业	197	138	52	49	148	132	80
精炼石油产品的制造	197	138	52	49	148	132	80
炼焦							
核燃料加工							

3-6 续表 3

单位：人

项　　目	科技活动人员合计	合计中:		合计中:		合计中:	
		#参　加科技项目人员	#科技管理和服务人员	全　时人　员	非全时人　员	#科学家工程师	#高中级技术职称人员
化学原料及化学制品制造业	5800	4613	947	2706	3094	3722	1644
基础化学原料制造	257	208	35	77	180	171	81
肥料制造	152	122	30	67	85	130	37
农药制造	152	143	9	109	43	143	89
涂料、油墨、颜料及类似产品制造	1852	1567	222	927	925	1197	544
合成材料制造	556	389	155	265	291	309	127
专用化学产品制造	2277	1675	451	972	1305	1472	615
日用化学产品制造	554	509	45	289	265	300	151
医药制造业	2872	2223	393	1136	1736	2062	984
化学药品原药制造	195	123	32	34	161	90	33
化学药品制剂制造	330	305	18	166	164	306	155
中药饮片加工	72	60	12	18	54	61	39
中成药制造	831	583	146	202	629	473	239
兽用药品制造	368	301	61	114	254	264	116
生物、生化制品的制造	757	621	86	310	447	641	302
卫生材料及医药用品制造	319	230	38	292	27	227	100
化学纤维制造业	310	246	62	91	219	211	71
纤维素纤维原料及纤维制造	8	8			8	5	3
合成纤维制造	302	238	62	91	211	206	68
橡胶制品业	376	276	73	214	162	256	78
轮胎制造							
橡胶板、管、带的制造	15	13	2	4	11	7	3
橡胶零件制造	91	56	23	34	57	40	12
再生橡胶制造							
日用及医用橡胶制品制造	8	8		2	6	6	1
橡胶靴鞋制造	37	24	13	32	5	15	5
其他橡胶制品制造	225	175	35	142	83	188	57
塑料制品业	2104	1700	275	798	1306	1258	556
塑料薄膜制造	304	259	36	100	204	162	93
塑料板、管、型材的制造	345	288	57	140	205	232	75
塑料丝、绳及编织品的制造	36	33	1	11	25	15	7
泡沫塑料制造	78	69	9	52	26	66	32
塑料人造革、合成革制造							
塑料包装箱及容器制造	160	116	22	45	115	111	49
塑料零件制造	158	120	26	36	122	116	40
日用塑料制造	260	209	31	160	100	141	62
其他塑料制品制造	763	606	93	254	509	415	198
非金属矿物制品业	1958	1483	357	667	1291	1078	431
水泥、石灰和石膏的制造	192	172	20	11	181	111	78
水泥及石膏制品制造	52	42	10	37	15	37	13
砖瓦、石材及其他建筑材料制造	184	134	46	57	127	104	31
玻璃及玻璃制品制造	529	377	70	209	320	361	126

3-6　续表 4　　　　单位：人

项　　目	科技活动人员合计	合计中: #参加科技项目人员	合计中: #科技管理和服务人员	合计中: 全时人员	合计中: 非全时人员	合计中: #科学家工程师	合计中: #高中级技术职称人员
陶瓷制品制造	856	664	160	334	522	381	142
耐火材料制品制造	8	8		4	4	7	4
石墨及其他非金属矿物制品制造	137	86	51	15	122	77	37
黑色金属冶炼及压延加工业	97	85	12	38	59	72	44
炼铁							
炼钢	10	7	3	1	9	9	4
钢压延加工	87	78	9	37	50	63	40
铁合金冶炼							
有色金属冶炼及压延加工业	704	585	90	167	537	519	200
常用有色金属冶炼	32	25	7	13	19	24	9
贵金属冶炼							
稀有稀土金属冶炼	87	72	15	24	63	80	8
有色金属合金制造	217	190	7	6	211	192	71
有色金属压延加工	368	298	61	124	244	223	112
金属制品业	1780	1445	248	750	1030	1268	480
结构性金属制品制造	251	210	27	113	138	179	87
金属工具制造	231	165	44	104	127	132	47
集装箱及金属包装容器制造	167	110	37	82	85	106	45
金属丝绳及其制品的制造	8	5		2	6	8	3
建筑、安全用金属制品制造	362	308	53	141	221	318	110
金属表面处理及热处理加工	180	158	15	73	107	158	51
搪瓷制品制造	26	22	4	11	15	22	15
不锈钢及类似日用金属制品制造	297	257	40	104	193	187	67
其他金属制品制造	258	210	28	120	138	158	55
通用设备制造业	3414	2764	499	1423	1991	2367	1002
锅炉及原动机制造	150	123	27	57	93	72	32
金属加工机械制造	895	713	146	504	391	655	254
起重运输设备制造	484	399	74	103	381	264	148
泵、阀门、压缩机及类似机械的制造	852	684	113	385	467	616	259
轴承、齿轮、传动和驱动部件的制造	80	69	11	48	32	47	29
烘炉、熔炉及电炉制造							
风机、衡器、包装设备等通用设备制造	825	675	109	262	563	644	252
通用零部件制造及机械修理	76	62	6	33	43	40	16
金属铸、锻加工	52	39	13	31	21	29	12
专用设备制造业	5523	4340	891	2351	3172	3914	1443
矿山、冶金、建筑专用设备制造	117	90	23	61	56	100	41
化工、木材、非金属加工专用设备制造	1901	1512	211	720	1181	1278	480
食品、饮料、烟草及饲料生产专用设备制造	258	195	47	90	168	207	72
印刷、制药、日化生产专用设备制造	355	248	88	128	227	208	83
纺织、服装和皮革工业专用设备制造	106	77	23	35	71	74	21
电子和电工机械专用设备制造	553	483	68	252	301	447	140
农、林、牧、渔专用机械制造	151	149	2	15	136	120	44
医疗仪器设备及器械制造	1249	958	268	584	665	925	332
环保、社会公共安全及其他专用设备制造	833	628	161	466	367	555	230

3-6 续表 5

单位：人

项目	科技活动人员合计	合计中:		合计中:		合计中:	
		#参加科技项目人员	#科技管理和服务人员	全时人员	非全时人员	#科学家工程师	#高中级技术职称人员
交通运输设备制造业	1405	1214	160	546	859	1085	495
铁路运输设备制造	110	79	31	33	77	94	68
汽车制造	900	812	85	342	558	679	249
摩托车制造	185	152	21	99	86	123	41
自行车制造	135	107	12	33	102	129	85
船舶及浮动装置制造	44	38	6	24	20	34	31
航空航天器制造							
交通器材及其他交通运输设备制造	31	26	5	15	16	26	21
电气机械及器材制造业	9840	7559	1601	4233	5607	6668	2839
电机制造	414	334	51	257	157	268	118
输配电及控制设备制造	3226	2548	519	1429	1797	2241	907
电线、电缆、光缆及电工器材制造	1073	722	248	506	567	657	306
电池制造	980	780	135	422	558	693	256
家用电力器具制造	1904	1381	338	662	1242	1144	565
非电力家用器具制造	357	308	39	83	274	270	107
照明器具制造	1262	995	175	498	764	901	349
其他电气机械及器材制造	624	491	96	376	248	494	231
通信设备、计算机及其他电子设备制造业	14459	11432	2172	6639	7820	10584	3509
通信设备制造	3162	2432	511	1512	1650	2355	665
雷达及配套设备制造							
广播电视设备制造	838	646	107	419	419	573	174
电子计算机制造	2624	2054	469	1248	1376	1923	724
电子器件制造	2175	1870	238	1001	1174	1614	520
电子元件制造	3186	2417	477	1248	1938	2180	837
家用视听设备制造	1362	1054	234	635	727	1045	361
其他电子设备制造	1112	959	136	576	536	894	228
仪器仪表及文化、办公用机械制造业	3489	2826	511	1725	1764	2788	893
通用仪器仪表制造	1680	1424	199	774	906	1405	394
专用仪器仪表制造	932	679	166	545	387	764	272
钟表与计时仪器制造	103	65	38	59	44	75	49
光学仪器及眼镜制造	159	143	16	91	68	111	39
文化、办公用机械制造	463	410	45	154	309	325	90
其他仪器仪表的制造及修理	152	105	47	102	50	108	49
工艺品及其他制造业	376	311	62	231	145	180	70
工艺美术品制造	144	119	22	58	86	89	36
日用杂品制造	121	107	14	117	4	49	13
煤制品制造							
核辐射加工							
其他未列明的制造业	111	85	26	56	55	42	21

3-6 续表 6

单位：人

项　目	科技活动人员合计	合计中: #参加科技项目人员	合计中: #科技管理和服务人员	合计中: 全时人员	合计中: 非全时人员	合计中: #科学家工程师	合计中: #高中级技术职称人员
废弃资源和废旧材料回收加工业	110	94	16	37	73	59	24
金属废料和碎屑的加工处理	99	83	16	31	68	54	19
非金属废料和碎屑的加工处理	11	11		6	5	5	5
电力、燃气及水的生产和供应业	**187**	**175**	**9**	**57**	**130**	**167**	**131**
电力、热力的生产和供应业	173	165	5	56	117	157	124
电力生产	173	165	5	56	117	157	124
电力供应							
热力生产和供应							
燃气生产和供应业							
燃气生产和供应业							
水的生产和供应业	14	10	4	1	13	10	7
自来水的生产和供应	14	10	4	1	13	10	7
污水处理及其再生利用							
其他水的处理、利用与分配							
三、按隶属关系分组							
中央	245	211	34	152	93	221	149
省（自治区、直辖市）	794	670	97	379	415	688	327
地（区、市、州、盟）	7871	6311	1367	3502	4369	5409	2274
县（区、市、旗）	3394	2568	471	1169	2225	2069	879
其他	48444	38340	7454	20863	27581	33577	12926
四、按地区分组							
广州市	8166	6597	1127	3686	4480	5901	2149
深圳市	21095	17043	3192	9852	11243	16288	5619
珠海市	3246	2623	540	1918	1328	2321	1090
汕头市	1962	1484	402	706	1256	1269	616
佛山市	5551	4198	872	1738	3813	3642	1573
韶关市	550	436	107	337	213	330	157
河源市	573	482	73	75	498	457	204
梅州市	687	537	140	204	483	370	189
惠州市	982	844	138	533	449	701	316
汕尾市	63	36	14	29	34	27	19
东莞市	4787	3647	830	2420	2367	2760	1105
中山市	4901	3744	612	1448	3453	3042	1288
江门市	1758	1377	290	723	1035	1032	410
阳江市	336	287	49	109	227	208	102
湛江市	1679	1465	214	370	1309	1167	634
茂名市	76	48	27	22	54	45	35
肇庆市	1356	1058	249	701	655	730	335
清远市	593	360	96	185	408	241	127
潮州市	1681	1336	306	776	905	994	373
揭阳市	453	334	66	124	329	311	161
云浮市	253	164	79	109	144	128	53

3-7 规模以上工业企业科技活动经费筹集情况

单位：万元

项　　目	科技活动经费筹集总　　额	企业资金	金融机构贷　　款	政府资金	国外资金	其他资金
总　　计	**7026906**	**6426594**	**371835**	**175896**	**25455**	**27127**
总计中：国有控股企业	1485852	1357157	96620	30405	418	1253
一、按企业规模分组						
大中型企业	6254234	5785648	290931	140072	22621	14963
大型企业	3998339	3848383	71667	69115	8858	315
中型企业	2255895	1937264	219264	70957	13763	14648
小型企业	772672	640946	80904	35824	2834	12164
二、按登记注册类型分组						
内资企业	3852877	3489638	219524	125617	821	17277
国有企业	67267	62260		4807		200
集体企业	9749	9466		240	43	
股份合作企业	3604	3410		194		
联营企业	9251	7947	504	800		
国有联营企业	6218	6178		40		
集体联营企业	220	200		20		
国有与集体联营企业	9	9				
其他联营企业	2804	1560	504	740		
有限责任公司	1690059	1546227	85199	52153	123	6358
国有独资公司	192789	141584	43874	6482		850
其他有限责任公司	1497270	1404643	41325	45671	123	5508
股份有限公司	1367193	1305639	33522	27371		661
私营企业	687722	538201	100300	38508	656	10058
私营独资企业	31412	26828	2470	1919	50	145
私营合伙企业	2379	2163	150	66		
私营有限责任公司	562217	441979	85019	25730	606	8883
私营股份有限公司	91714	67231	12661	10793		1030
其他企业	18033	16488		1545		
港、澳、台商投资企业	1355177	1170577	128050	36533	15450	4567
合资经营企业(港或澳、台资)	556601	439087	95273	21434	481	326
合作经营企业(港或澳、台资)	27465	21139	3500	1902		924
港、澳、台商独资经营企业	681491	631452	28627	10587	8127	2697
港、澳、台商投资股份有限公司	89620	78898	650	2610	6842	620
外商投资企业	1818852	1766379	24260	13746	9184	5283
中外合资经营企业	1111604	1090521	10066	6467	707	3843
中外合作经营企业	16396	15228		1150		18
外资企业	645741	618457	13644	5537	6681	1422
外商投资股份有限公司	45111	42173	550	592	1796	
三、按工业行业中类分组						
采矿业	37322	37082		240		
煤炭开采和洗选业						
烟煤和无烟煤的开采洗选						
褐煤的开采洗选						
其他煤炭采选						

3-7　续表 1　　　　单位：万元

项　目	科技活动经费筹集总额	企业资金	金融机构贷款	政府资金	国外资金	其他资金
石油和天然气开采业	30351	30303		48		
天然原油和天然气开采	29968	29920		48		
与石油和天然气开采有关的服务活动	383	383				
黑色金属矿采选业						
铁矿采选						
其他黑色金属矿采选						
有色金属矿采选业	2814	2764		50		
常用有色金属矿采选	616	616				
贵金属矿采选	1998	1998				
稀有稀土金属矿采选	200	150		50		
非金属矿采选业	4158	4016		142		
土砂石开采	447	447				
化学矿采选	3580	3438		142		
采盐	9	9				
石棉及其他非金属矿采选	122	122				
其他采矿业						
其他采矿业						
制造业	6937368	6338205	371835	174946	25455	26927
农副食品加工业	42112	35449	3410	1417		1835
谷物磨制	1307	1141	100	54		12
饲料加工	20844	17045	2095	502		1203
植物油加工	1859	1657	200			2
制糖	4513	2975	665	291		583
屠宰及肉类加工	207	207				
水产品加工	7079	6213	350	491		25
蔬菜、水果和坚果加工	3600	3600				
其他农副食品加工	2702	2612		80		10
食品制造业	84478	79592	2970	1751		165
焙烤食品制造	7359	4262	2800	297		
糖果、巧克力及蜜饯制造	16934	16782	100	50		2
方便食品制造	735	686				49
液体乳及乳制品制造	8213	8036		177		
罐头制造	3109	2806		189		114
调味品、发酵制品制造	27703	27413	20	270		
其他食品制造	20426	19608	50	768		
饮料制造业	22728	20978	1270	430		51
酒精制造	1427	781	500	100		46
酒的制造	14306	13986		315		5
软饮料制造	5577	5562		15		
精制茶加工	1419	649	770			
烟草制品业	25798	25588	200	10		
烟叶复烤	938	938				
卷烟制造	24464	24464				
其他烟草制品加工	396	186	200	10		

3-7 续表 2

单位：万元

项　目	科技活动经费筹集总额	企业资金	金融机构贷款	政府资金	国外资金	其他资金
纺织业	13073	12239	264	570		
棉、化纤纺织及印染精加工	2697	2667	20	10		
毛纺织和染整精加工	177	177				
麻纺织						
丝绢纺织及精加工	160	100		60		
纺织制成品制造	3734	3190	44	500		
针织品、编织品及其制品制造	6305	6105	200			
纺织服装、鞋、帽制造业	33408	32683		433		292
纺织服装制造	33384	32659		433		292
纺织面料鞋的制造	5	5				
制帽	19	19				
皮革、毛皮、羽毛(绒)及其制品业	4592	4577		5		10
皮革鞣制加工	206	206				
皮革制品制造	4203	4193				10
毛皮鞣制及制品加工						
羽毛(绒)加工及制品制造	183	178		5		
木材加工及木、竹、藤、棕、草制品业	8126	4167	3780	109		70
锯材、木片加工	520	500		20		
人造板制造	7485	3546	3780	89		70
木制品制造	119	119				
竹、藤、棕、草制品制造	2	2				
家具制造业	6795	6598		166		30
木质家具制造	3584	3506		48		30
竹、藤家具制造						
金属家具制造	2230	2209		20		
塑料家具制造						
其他家具制造	982	884		98		
造纸及纸制品业	56176	51492	2055	2119		510
纸浆制造	1245	1225		20		
造纸	34682	31041	2055	1076		510
纸制品制造	20249	19226		1023		
印刷业和记录媒介的复制	27081	19821	5550	272		1438
印刷	18599	16043	1500	192		864
装订及其他印刷服务活动	943	943				
记录媒介的复制	7539	2835	4050	80		574
文教体育用品制造业	26058	22857	1689	1350		163
文化用品制造	1416	1316	100			
体育用品制造	3656	2626	965	6		60
乐器制造	9143	8000		1143		
玩具制造	11285	10557	424	201		103
游艺器材及娱乐用品制造	558	358	200			

3-7　续表 3

单位：万元

项　目	科技活动经费筹集总　额	企业资金	金融机构贷　款	政府资金	国外资金	其他资金
石油加工、炼焦及核燃料加工业	30321	21442	8590	239		50
精炼石油产品的制造	30321	21442	8590	239		50
炼焦						
核燃料加工						
化学原料及化学制品制造业	231678	208085	7667	12583	2218	1125
基础化学原料制造	20441	19934		507		
肥料制造	22153	21973		180		
农药制造	4898	4713		185		
涂料、油墨、颜料及类似产品制造	44713	37493	1954	2143	2168	955
合成材料制造	51762	45489	500	5774		
专用化学产品制造	47794	40143	4960	2601	50	40
日用化学产品制造	39917	38341	253	1193		130
医药制造业	133120	113938	11102	7330	88	662
化学药品原药制造	11701	10033	860	809		
化学药品制剂制造	66306	55498	8156	2653		
中药饮片加工	4809	4494	50	265		
中成药制造	15063	13143	521	1309	88	2
兽用药品制造	5011	4541		470		
生物、生化制品的制造	19264	16955	200	1449		660
卫生材料及医药用品制造	10965	9274	1315	376		
化学纤维制造业	18368	14931	2500	937		
纤维素纤维原料及纤维制造	243	243				
合成纤维制造	18125	14689	2500	937		
橡胶制品业	29417	27657		1760		
轮胎制造	23198	21678		1519		
橡胶板、管、带的制造	843	782		62		
橡胶零件制造	1472	1457		15		
再生橡胶制造						
日用及医用橡胶制品制造	330	325		5		
橡胶靴鞋制造	220	220				
其他橡胶制品制造	3355	3196		159		
塑料制品业	149094	130013	12941	4500	394	1247
塑料薄膜制造	34369	33937		432		
塑料板、管、型材的制造	68039	54336	8791	3611	61	1240
塑料丝、绳及编织品的制造	628	467	120	41		
泡沫塑料制造	2598	2561		30		7
塑料人造革、合成革制造	150	100			50	
塑料包装箱及容器制造	5525	5515		10		
塑料零件制造	10860	9292	1410	159		
日用塑料制造	7067	6147	870	50		
其他塑料制品制造	19859	17658	1750	168	282	
非金属矿物制品业	116443	105420	7199	2692		1133
水泥、石灰和石膏的制造	7898	6678	400	20		800

3-7 续表 4

单位：万元

项目	科技活动经费筹集总额	企业资金	金融机构贷款	政府资金	国外资金	其他资金
水泥及石膏制品制造	6564	6028	530	6		
砖瓦、石材及其他建筑材料制造	38930	34880	3355	690		5
玻璃及玻璃制品制造	26122	24046	903	1173		
陶瓷制品制造	29547	26935	1661	673		278
耐火材料制品制造	3094	3022		72		
石墨及其他非金属矿物制品制造	4289	3831	350	58		50
黑色金属冶炼及压延加工业	188177	102325	83665	1930	35	222
炼铁						
炼钢	51177	10010	39807	1160		200
钢压延加工	137001	92315	43859	770	35	22
铁合金冶炼						
有色金属冶炼及压延加工业	83258	62489	17823	2836	10	100
常用有色金属冶炼	6438	6438				
贵金属冶炼						
稀有稀土金属冶炼	18916	13606	3500	1810		
有色金属合金制造	1349	1068	100	181		
有色金属压延加工	56555	41377	14223	845	10	100
金属制品业	103708	86124	13447	2959	9	1170
结构性金属制品制造	18752	16474	1826	451		
金属工具制造	7550	6429	600	473		48
集装箱及金属包装容器制造	2899	2874		25		
金属丝绳及其制品的制造	605	516	89			
建筑、安全用金属制品制造	21882	21270	500	111		
金属表面处理及热处理加工	21179	15004	5550	496	9	120
搪瓷制品制造	5001	4776		225		
不锈钢及类似日用金属制品制造	14913	12484	250	1177		1002
其他金属制品制造	10927	6296	4631			
通用设备制造业	160413	139914	5998	5952	6990	1559
锅炉及原动机制造	14242	7397			6842	3
金属加工机械制造	17744	15079	1103	1562		
起重运输设备制造	24736	23856		250		630
泵、阀门、压缩机及类似机械的制造	37294	35323	955	925		92
轴承、齿轮、传动和驱动部件的制造	10693	8724	1647	275	47	
烘炉、熔炉及电炉制造						
风机、衡器、包装设备等通用设备制造	46198	41664	2293	2196		45
通用零部件制造及机械修理	7713	6089		734	101	790
金属铸、锻加工	1794	1784		10		
专用设备制造业	199616	168330	16040	10448	3057	1741
矿山、冶金、建筑专用设备制造	8790	8653	30	107		
化工、木材、非金属加工专用设备制造	42987	33956	5014	3754	104	160
食品、饮料、烟草及饲料生产专用设备制造	3221	2019	916	286		
印刷、制药、日化生产专用设备制造	13036	11369	340	1327		
纺织、服装和皮革工业专用设备制造	1749	1535	135	6	63	10

3-7　续表 5　单位：万元

项　目	科技活动经费筹集总额	企业资金	金融机构贷款	政府资金	国外资金	其他资金
电子和电工机械专用设备制造	35793	32125	800	1338	5	1525
农、林、牧、渔专用机械制造	429	421		4		4
医疗仪器设备及器械制造	65775	57084	6305	2344		43
环保、社会公共安全及其他专用设备制造	27837	21169	2500	1283	2885	
交通运输设备制造业	860565	830687	21884	7112		883
铁路运输设备制造	1498	1498				
汽车制造	675058	662942	8584	2890		643
摩托车制造	87601	75113	11800	683		5
自行车制造	5271	3771	1500			
船舶及浮动装置制造	88821	85047		3539		235
航空航天器制造	2166	2166				
交通器材及其他交通运输设备制造	150	150				
电气机械及器材制造业	1213373	1112982	68506	21154	2692	8040
电机制造	32364	29170	2040	1154		
输配电及控制设备制造	159317	133324	15742	7076	2191	984
电线、电缆、光缆及电工器材制造	113595	93624	17074	1841		1056
电池制造	86857	77958	5720	2836		342
家用电力器具制造	703428	681086	16341	4756	501	744
非电力家用器具制造	34196	25802	1750	1844		4800
照明器具制造	78433	67189	9609	1551		84
其他电气机械及器材制造	5183	4828	230	96		30
通信设备、计算机及其他电子设备制造业	2958982	2802306	65107	77463	9794	4311
通信设备制造	1630570	1581735	12058	35868	652	256
雷达及配套设备制造						
广播电视设备制造	26977	22706	2250	1991		30
电子计算机制造	340400	324557	11187	4257		400
电子器件制造	264983	246123	4586	5229	7724	1321
电子元件制造	333323	301260	24110	6118	1418	418
家用视听设备制造	311970	281600	10587	17909		1874
其他电子设备制造	50758	44325	330	6092		12
仪器仪表及文化、办公用机械制造业	100103	86248	7629	5982	169	75
通用仪器仪表制造	34772	28790	3980	1976	19	6
专用仪器仪表制造	21059	14172	3624	3046	150	67
钟表与计时仪器制造	2622	2592		30		
光学仪器及眼镜制造	7716	7541		175		
文化、办公用机械制造	32840	32104		735		2
其他仪器仪表的制造及修理	1094	1049	25	20		
工艺品及其他制造业	8707	8335		326		46
工艺美术品制造	4370	4309		15		46
日用杂品制造	3054	2754		300		
煤制品制造						
核辐射加工						
其他未列明的制造业	1283	1272		11		

3-7 续表 6

单位：万元

项　目	科技活动经费筹集总额	企业资金	金融机构贷款	政府资金	国外资金	其他资金
废弃资源和废旧材料回收加工业	1604	940	550	114		
金属废料和碎屑的加工处理	1268	694	550	24		
非金属废料和碎屑的加工处理	336	246		90		
电力、燃气及水的生产和供应业	52216	51307		710		200
电力、热力的生产和供应业	39952	39325		628		
电力生产	27046	27046				
电力供应	12906	12278		628		
热力生产和供应						
燃气生产和供应业	1841	1811		30		
燃气生产和供应业	1841	1811		30		
水的生产和供应业	10423	10171		52		200
自来水的生产和供应	10423	10171		52		200
污水处理及其再生利用						
其他水的处理、利用与分配						
四、按隶属关系分组						
中央	470137	461916		7294		928
省（自治区、直辖市）	164725	111126	48489	5035		75
地（区、市、州、盟）	721822	666548	24893	26489	835	3058
县（区、市、旗）	138105	120269	12353	5225	35	223
其他	5532117	5066735	286100	131853	24585	22843
五、按地区分组						
广州市	1491625	1370053	79374	39413	463	2323
深圳市	2790969	2630325	81520	64485	8514	6125
珠海市	258471	223517	22036	9180	2885	854
汕头市	69501	62587	3540	3031		343
佛山市	842970	796921	31094	11138	687	3131
韶关市	132356	76097	52659	3548		53
河源市	5370	4575	548	247		
梅州市	22355	19137	2000	768		450
惠州市	230558	213052	7798	8879	688	140
汕尾市	15677	15637	40			
东莞市	372586	330417	24554	11539	4490	1586
中山市	324644	286598	22069	8470	792	6715
江门市	146611	132694	4169	2705	6886	159
阳江市	17540	16127	690	723		
湛江市	80037	64393	11940	1949	1	1754
茂名市	34125	28852	4180	1093		
肇庆市	59467	47572	7172	3210		1514
清远市	39803	27037	11272	474		1020
潮州市	55033	49204	3781	1712	50	286
揭阳市	25898	22186	1400	1997		315
云浮市	11310	9614		1336		360

3-8　大中型工业企业科技活动经费筹集情况

单位：万元

项　目	科技活动经费筹集总额	企业资金	金融机构贷款	政府资金	国外资金	其他资金
总　计	**6254234**	**5785648**	**290931**	**140072**	**22621**	**14963**
总计中：国有控股企业	1433530	1314766	89569	27697	330	1168
一、按企业规模分组						
大型企业	3998339	3848383	71667	69115	8858	315
中型企业	2255895	1937264	219264	70957	13763	14648
二、按登记注册类型分组						
内资企业	3369474	3088399	170872	99459	58	10687
国有企业	59585	55485		3899		200
集体企业	7988	7798		190		
股份合作企业	2000	1806		194		
联营企业	7756	6976		780		
国有联营企业	6064	6024		40		
集体联营企业						
国有与集体联营企业						
其他联营企业	1692	952		740		
有限责任公司	1541136	1424405	67043	45897		3791
国有独资公司	186704	135673	43874	6332		825
其他有限责任公司	1354432	1288732	23169	39566		2966
股份有限公司	1332020	1273841	32979	24746		454
私营企业	402513	302784	70851	22579	58	6242
私营独资企业	17867	15717	1000	1101		49
私营合伙企业	870	870				
私营有限责任公司	312171	234079	58935	12906	58	6193
私营股份有限公司	71606	52118	10916	8572		
其他企业	16477	15304		1173		
港、澳、台商投资企业	1164472	1016344	101461	30750	14486	1431
合资经营企业(港或澳、台资)	482088	379915	83229	18412	441	91
合作经营企业(港或澳、台资)	11248	10653		245		350
港、澳、台商独资经营企业	581563	546920	17582	9488	7203	370
港、澳、台商投资股份有限公司	89574	78856	650	2606	6842	620
外商投资企业	1720288	1680905	18598	9863	8077	2845
中外合资经营企业	1071422	1058238	7898	3088	688	1510
中外合作经营企业	15207	14227		980		
外资企业	596818	573937	10700	5203	5643	1335
外商投资股份有限公司	36840	34502		592	1746	
三、按工业行业中类分组						
采矿业	17420	17278		142		
煤炭开采和洗选业						
烟煤和无烟煤的开采洗选						
褐煤的开采洗选						
其他煤炭采选						

3-8 续表 1 单位：万元

项　　目	科技活动经费筹集总额	企业资金	金融机构贷款	政府资金	国外资金	其他资金
石油和天然气开采业	10757	10757				
天然原油和天然气开采	10757	10757				
与石油和天然气开采有关的服务活动						
黑色金属矿采选业						
铁矿采选						
其他黑色金属矿采选						
有色金属矿采选业	2614	2614				
常用有色金属矿采选	616	616				
贵金属矿采选	1998	1998				
稀有稀土金属矿采选						
非金属矿采选业	4049	3907		142		
土砂石开采	347	347				
化学矿采选	3580	3438		142		
采盐						
石棉及其他非金属矿采选	122	122				
其他采矿业						
其他采矿业						
制造业	6185976	5718442	290931	139220	22621	14763
农副食品加工业	16895	14816	715	757		608
谷物磨制	159	159				
饲料加工	523	523				
植物油加工	914	914				
制糖	4513	2975	665	291		583
屠宰及肉类加工	27	27				
水产品加工	4955	4464	50	416		25
蔬菜、水果和坚果加工	3600	3600				
其他农副食品加工	2204	2154		50		
食品制造业	72620	68783	2870	918		49
焙烤食品制造	5057	2247	2800	10		
糖果、巧克力及蜜饯制造	14779	14749		30		
方便食品制造	535	486				49
液体乳及乳制品制造	8033	7893		140		
罐头制造	17	17				
调味品、发酵制品制造	27543	27308	20	215		
其他食品制造	16657	16084	50	523		
饮料制造业	15772	15492		280		
酒精制造						
酒的制造	12739	12474		265		
软饮料制造	3033	3018		15		
精制茶加工						
烟草制品业	24464	24464				
烟叶复烤						
卷烟制造	24464	24464				
其他烟草制品加工						

3-8　续表 2　　单位：万元

项　　目	科技活动经费筹集总　额	企业资金	金融机构贷　款	政府资金	国外资金	其他资金
纺织业	10550	10177	64	310		
棉、化纤纺织及印染精加工	2275	2245	20	10		
毛纺织和染整精加工	177	177				
麻纺织						
丝绢纺织及精加工						
纺织制成品制造	2121	1777	44	300		
针织品、编织品及其制品制造	5978	5978				
纺织服装、鞋、帽制造业	32726	32051		393		282
纺织服装制造	32726	32051		393		282
纺织面料鞋的制造						
制帽						
皮革、毛皮、羽毛(绒)及其制品业	3950	3950				
皮革鞣制加工						
皮革制品制造	3800	3800				
毛皮鞣制及制品加工						
羽毛(绒)加工及制品制造	150	150				
木材加工及木、竹、藤、棕、草制品业	1623	1571		52		
锯材、木片加工	520	500		20		
人造板制造	1103	1071		32		
木制品制造						
竹、藤、棕、草制品制造						
家具制造业	5601	5404		166		30
木质家具制造	2799	2721		48		30
竹、藤家具制造						
金属家具制造	2230	2209		20		
塑料家具制造						
其他家具制造	573	475		98		
造纸及纸制品业	51577	48359	1955	1263		
纸浆制造	1245	1225		20		
造纸	30989	28814	1955	220		
纸制品制造	19343	18320		1023		
印刷业和记录媒介的复制	20977	15407	5550	20		
印刷	14197	12677	1500	20		
装订及其他印刷服务活动	900	900				
记录媒介的复制	5880	1830	4050			
文教体育用品制造业	24415	21426	1489	1350		150
文化用品制造	1153	1053	100			
体育用品制造	3295	2474	765	6		50
乐器制造	9143	8000		1143		
玩具制造	10266	9541	424	201		100
游艺器材及娱乐用品制造	558	358	200			
石油加工、炼焦及核燃料加工业	16091	15912		179		
精炼石油产品的制造	16091	15912		179		
炼焦						
核燃料加工						

3-8 续表 3　　　　单位：万元

项　目	科技活动经费筹集总额	企业资金	金融机构贷款	政府资金	国外资金	其他资金
化学原料及化学制品制造业	151848	137732	4131	7713	2168	103
基础化学原料制造	14862	14760		102		
肥料制造	20262	20162		100		
农药制造	2289	2239		50		
涂料、油墨、颜料及类似产品制造	21534	18633	351	382	2168	
合成材料制造	43250	37913		5337		
专用化学产品制造	17319	12448	3780	1091		
日用化学产品制造	32334	31580		651		103
医药制造业	97787	84516	9006	4264		
化学药品原药制造	10588	9289	500	799		
化学药品制剂制造	55181	45947	7156	2078		
中药饮片加工	3881	3581	50	250		
中成药制造	9021	8367		653		
兽用药品制造	1777	1777				
生物、生化制品的制造	7958	7509		450		
卫生材料及医药用品制造	9382	8047	1300	35		
化学纤维制造业	12596	9196	2500	900		
纤维素纤维原料及纤维制造	148	148				
合成纤维制造	12448	9048	2500	900		
橡胶制品业	25540	23960		1579		
轮胎制造	23198	21678		1519		
橡胶板、管、带的制造	760	700		60		
橡胶零件制造	826	826				
再生橡胶制造						
日用及医用橡胶制品制造						
橡胶靴鞋制造						
其他橡胶制品制造	756	756				
塑料制品业	124323	109057	10460	3495	111	1200
塑料薄膜制造	32044	31661		383		
塑料板、管、型材的制造	58087	46184	7580	3062	61	1200
塑料丝、绳及编织品的制造						
泡沫塑料制造	1908	1908				
塑料人造革、合成革制造	150	100			50	
塑料包装箱及容器制造	4327	4327				
塑料零件制造	9517	8107	1410			
日用塑料制造	4841	3921	870	50		
其他塑料制品制造	13449	12849	600			
非金属矿物制品业	91930	84933	4879	1445		673
水泥、石灰和石膏的制造	4059	3139	400	20		500
水泥及石膏制品制造	6298	5798	500			
砖瓦、石材及其他建筑材料制造	37947	34017	3355	575		

3-8　续表 4　　单位：万元

项　目	科技活动经费筹集总额	企业资金	金融机构贷款	政府资金	国外资金	其他资金
玻璃及玻璃制品制造	18089	17679	38	372		
陶瓷制品制造	21544	20343	586	442		173
耐火材料制品制造	2774	2737		37		
石墨及其他非金属矿物制品制造	1220	1220				
黑色金属冶炼及压延加工业	183317	97991	83465	1860		
炼铁						
炼钢	50277	9310	39807	1160		
钢压延加工	133040	88681	43659	700		
铁合金冶炼						
有色金属冶炼及压延加工业	55553	44244	10223	1000	10	75
常用有色金属冶炼	6062	6062				
贵金属冶炼						
稀有稀土金属冶炼	4213	3943		270		
有色金属合金制造						
有色金属压延加工	45278	34239	10223	730	10	75
金属制品业	80016	65217	11962	2704		133
结构性金属制品制造	14829	13288	1181	360		
金属工具制造	4657	3791	400	453		13
集装箱及金属包装容器制造	1684	1659		25		
金属丝绳及其制品的制造	15	15				
建筑、安全用金属制品制造	18203	18151		52		
金属表面处理及热处理加工	19472	13358	5500	494		120
搪瓷制品制造	4676	4476		200		
不锈钢及类似日用金属制品制造	9365	7995	250	1120		
其他金属制品制造	7116	2485	4631			
通用设备制造业	125026	110856	2447	3951	6990	783
锅炉及原动机制造	12005	5160			6842	3
金属加工机械制造	7775	7210		565		
起重运输设备制造	21450	21350		100		
泵、阀门、压缩机及类似机械的制造	29801	28907	300	595		
轴承、齿轮、传动和驱动部件的制造	9997	8028	1647	275	47	
烘炉、熔炉及电炉制造						
风机、衡器、包装设备等通用设备制造	35957	33755	500	1672		30
通用零部件制造及机械修理	6418	4833		734	101	750
金属铸、锻加工	1623	1613		10		
专用设备制造业	129922	116532	4112	6144	2885	250
矿山、冶金、建筑专用设备制造	4887	4887				
化工、木材、非金属加工专用设备制造	26838	21113	2715	3011		
食品、饮料、烟草及饲料生产专用设备制造	907	511	396			
印刷、制药、日化生产专用设备制造	8398	7494		904		
纺织、服装和皮革工业专用设备制造	1062	1062				
电子和电工机械专用设备制造	25581	24589		742		250
农、林、牧、渔专用机械制造	152	152				
医疗仪器设备及器械制造	45892	45247		645		
环保、社会公共安全及其他专用设备制造	16205	11478	1000	842	2885	

3-8 续表 5 单位：万元

项目	科技活动经费筹集总额	企业资金	金融机构贷款	政府资金	国外资金	其他资金
交通运输设备制造业	833030	806941	18816	6545		728
铁路运输设备制造	241	241				
汽车制造	660207	649330	7816	2573		488
摩托车制造	79237	69049	9500	683		5
自行车制造	3501	2001	1500			
船舶及浮动装置制造	87678	84155		3289		235
航空航天器制造	2166	2166				
交通器材及其他交通运输设备制造						
电气机械及器材制造业	1113024	1029718	58017	17718	1747	5824
电机制造	28233	25777	1500	956		
输配电及控制设备制造	124144	102951	13688	5759	1746	
电线、电缆、光缆及电工器材制造	98086	84547	12400	1139		
电池制造	77636	69409	5720	2207		300
家用电力器具制造	687286	667106	14821	4635	1	724
非电力家用器具制造	30139	22592	1000	1747		4800
照明器具制造	66009	55985	8789	1235		
其他电气机械及器材制造	1492	1352	100	40		
通信设备、计算机及其他电子设备制造业	2787764	2653536	52270	69522	8560	3875
通信设备制造	1592249	1551007	6958	34084		200
雷达及配套设备制造						
广播电视设备制造	19161	16341	2250	570		
电子计算机制造	306554	294587	8397	3171		400
电子器件制造	239341	223160	3670	3858	7432	1221
电子元件制造	297894	268138	23483	4965	1128	180
家用视听设备制造	297382	270530	7312	17666		1874
其他电子设备制造	35183	29774	200	5209		
仪器仪表及文化、办公用机械制造业	72134	61292	6000	4692	150	
通用仪器仪表制造	20805	16301	3000	1504		
专用仪器仪表制造	13538	7795	3000	2594	150	
钟表与计时仪器制造	1535	1535				
光学仪器及眼镜制造	6503	6503				
文化、办公用机械制造	29753	29158		595		
其他仪器仪表的制造及修理						
工艺品及其他制造业	4908	4908				
工艺美术品制造	2645	2645				
日用杂品制造	1782	1782				
煤制品制造						
核辐射加工						
其他未列明的制造业	481	481				

3-8　续表 6　　　　单位：万元

项　目	科技活动经费筹集总　额	企业资金	金融机构贷　款	政府资金	国外资金	其他资金
废弃资源和废旧材料回收加工业						
金属废料和碎屑的加工处理						
非金属废料和碎屑的加工处理						
电力、燃气及水的生产和供应业	50838	49928		710		200
电力、热力的生产和供应业	38594	37966		628		
电力生产	25688	25688				
电力供应	12906	12278		628		
热力生产和供应						
燃气生产和供应业	1841	1811		30		
燃气生产和供应业	1841	1811		30		
水的生产和供应业	10403	10151		52		200
自来水的生产和供应	10403	10151		52		200
污水处理及其再生利用						
其他水的处理、利用与分配						
四、按隶属关系分组						
中央	449755	441656		7206		893
省（自治区、直辖市）	155638	103179	48489	3895		75
地（区、市、州、盟）	622298	584159	15040	20270	785	2045
县（区、市、旗）	99837	86045	10840	2877		75
其他	4926706	4570609	216562	105825	21836	11875
五、按地区分组						
广州市	1354994	1248587	72474	32707	162	1065
深圳市	2519204	2407599	47212	54228	7872	2292
珠海市	223495	195676	18916	6019	2885	
汕头市	49881	45636	3360	660		225
佛山市	788009	756312	19756	9028	10	2904
韶关市	110721	60241	48659	1821		
河源市	570	570				
梅州市	8281	6281	1700	150		150
惠州市	220381	204316	7038	8229	688	110
汕尾市	15337	15337				
东莞市	327065	291114	21359	9527	4111	953
中山市	283908	253031	18761	6650		5465
江门市	129084	117641	2544	2057	6842	
阳江市	11619	10699	400	520		
湛江市	39576	30481	7350	1031	1	714
茂名市	32177	27040	4180	957		
肇庆市	40254	32132	4837	2832		454
清远市	29485	20385	8800	300		
潮州市	39965	36036	2586	1082	50	211
揭阳市	21576	19072	1000	1434		70
云浮市	8653	7461		842		350

3-9 小型工业企业科技活动经费筹集情况

单位：万元

项目	科技活动经费筹集总额	企业资金	金融机构贷款	政府资金	国外资金	其他资金
总计	**772672**	**640946**	**80904**	**35824**	**2834**	**12164**
总计中：国有控股企业	52322	42391	7051	2709	88	85
一、按登记注册类型分组						
内资企业	483403	401239	48652	26158	764	6590
国有企业	7682	6775		907		
集体企业	1761	1668		50	43	
股份合作企业	1604	1604				
联营企业	1495	971	504	20		
国有联营企业	153	153				
集体联营企业	220	200		20		
国有与集体联营企业	9	9				
其他联营企业	1112	608	504			
有限责任公司	148923	121822	18156	6256	123	2567
国有独资公司	6085	5910		150		25
其他有限责任公司	142838	115912	18156	6106	123	2542
股份有限公司	35173	31799	543	2625		207
私营企业	285209	235417	29449	15929	598	3816
私营独资企业	13545	11111	1470	818	50	96
私营合伙企业	1509	1293	150	66		
私营有限责任公司	250046	207900	26084	12824	548	2690
私营股份有限公司	20109	15113	1745	2221		1030
其他企业	1556	1183		373		
港、澳、台商投资企业	190705	154233	26590	5783	964	3135
合资经营企业(港或澳、台资)	74513	59172	12044	3023	40	235
合作经营企业(港或澳、台资)	16217	10487	3500	1657		574
港、澳、台商独资经营企业	99928	84532	11045	1100	924	2327
港、澳、台商投资股份有限公司	46	43		4		
外商投资企业	98564	85474	5663	3883	1106	2438
中外合资经营企业	40182	32283	2169	3379	19	2333
中外合作经营企业	1189	1000		170		18
外资企业	48923	44520	2944	334	1037	88
外商投资股份有限公司	8271	7671	550		50	
二、按工业行业中类分组						
采矿业	19902	19805		98		
煤炭开采和洗选业						
烟煤和无烟煤的开采洗选						
褐煤的开采洗选						
其他煤炭采选						
石油和天然气开采业	19593	19546		48		
天然原油和天然气开采	19210	19163		48		
与石油和天然气开采有关的服务活动	383	383				

3-9　续表 1　　　　单位：万元

项　目	科技活动经费筹集总额	企业资金	金融机构贷款	政府资金	国外资金	其他资金
黑色金属矿采选业						
铁矿采选						
其他黑色金属矿采选						
有色金属矿采选业	200	150		50		
常用有色金属矿采选						
贵金属矿采选						
稀有稀土金属矿采选	200	150		50		
非金属矿采选业	109	109				
土砂石开采	100	100				
化学矿采选						
采盐	9	9				
石棉及其他非金属矿采选						
其他采矿业						
其他采矿业						
制造业	751392	619763	80904	35726	2834	12164
农副食品加工业	25216	20634	2695	661		1227
谷物磨制	1148	982	100	54		12
饲料加工	20322	16522	2095	502		1203
植物油加工	945	743	200			2
制糖						
屠宰及肉类加工	180	180				
水产品加工	2124	1749	300	75		
蔬菜、水果和坚果加工						
其他农副食品加工	498	458		30		10
食品制造业	11858	10809	100	833		116
焙烤食品制造	2302	2015		287		
糖果、巧克力及蜜饯制造	2155	2033	100	20		2
方便食品制造	200	200				
液体乳及乳制品制造	180	143		37		
罐头制造	3092	2789		189		114
调味品、发酵制品制造	160	105		55		
其他食品制造	3769	3524		245		
饮料制造业	6956	5486	1270	150		51
酒精制造	1427	781	500	100		46
酒的制造	1567	1512		50		5
软饮料制造	2543	2543				
精制茶加工	1419	649	770			
烟草制品业	1334	1124	200	10		
烟叶复烤	938	938				
卷烟制造						
其他烟草制品加工	396	186	200	10		
纺织业	2522	2062	200	260		
棉、化纤纺织及印染精加工	422	422				
毛纺织和染整精加工						

3-9 续表 2

单位：万元

项目	科技活动经费筹集总额	企业资金	金融机构贷款	政府资金	国外资金	其他资金
麻纺织						
丝绢纺织及精加工	160	100		60		
纺织制成品制造	1613	1413		200		
针织品、编织品及其制品制造	328	128	200			
纺织服装、鞋、帽制造业	681	631		40		10
纺织服装制造	657	607		40		10
纺织面料鞋的制造	5	5				
制帽	19	19				
皮革、毛皮、羽毛(绒)及其制品业	642	627		5		10
皮革鞣制加工	206	206				
皮革制品制造	403	393				10
毛皮鞣制及制品加工						
羽毛(绒)加工及制品制造	33	28		5		
木材加工及木、竹、藤、棕、草制品业	6503	2596	3780	57		70
锯材、木片加工						
人造板制造	6382	2475	3780	57		70
木制品制造	119	119				
竹、藤、棕、草制品制造	2	2				
家具制造业	1194	1194				
木质家具制造	785	785				
竹、藤家具制造						
金属家具制造						
塑料家具制造						
其他家具制造	409	409				
造纸及纸制品业	4599	3133	100	856		510
纸浆制造						
造纸	3693	2227	100	856		510
纸制品制造	906	906				
印刷业和记录媒介的复制	6104	4414		252		1438
印刷	4403	3366		172		864
装订及其他印刷服务活动	43	43				
记录媒介的复制	1659	1005		80		574
文教体育用品制造业	1643	1430	200			13
文化用品制造	263	263				
体育用品制造	362	152	200			10
乐器制造						
玩具制造	1019	1016				3
游艺器材及娱乐用品制造						
石油加工、炼焦及核燃料加工业	14230	5530	8590	60		50
精炼石油产品的制造	14230	5530	8590	60		50
炼焦						
核燃料加工						

3-9　续表 3　　　　单位：万元

项　目	科技活动经费筹集总额	企业资金	金融机构贷款	政府资金	国外资金	其他资金
化学原料及化学制品制造业	79830	70353	3536	4870	50	1022
基础化学原料制造	5579	5174		405		
肥料制造	1892	1812		80		
农药制造	2609	2474		135		
涂料、油墨、颜料及类似产品制造	23179	18860	1603	1761		955
合成材料制造	8513	7576	500	436		
专用化学产品制造	30475	27695	1180	1510	50	40
日用化学产品制造	7584	6762	253	542		27
医药制造业	35333	29421	2096	3066	88	662
化学药品原药制造	1114	744	360	10		
化学药品制剂制造	11126	9551	1000	575		
中药饮片加工	929	914		15		
中成药制造	6043	4776	521	656	88	2
兽用药品制造	3234	2764		470		
生物、生化制品的制造	11305	9446	200	999		660
卫生材料及医药用品制造	1583	1227	15	341		
化学纤维制造业	5772	5736		37		
纤维素纤维原料及纤维制造	95	95				
合成纤维制造	5677	5641		37		
橡胶制品业	3877	3697		181		
轮胎制造						
橡胶板、管、带的制造	83	82		2		
橡胶零件制造	646	631		15		
再生橡胶制造						
日用及医用橡胶制品制造	330	325		5		
橡胶靴鞋制造	220	220				
其他橡胶制品制造	2599	2440		159		
塑料制品业	24771	20956	2481	1005	282	47
塑料薄膜制造	2325	2276		49		
塑料板、管、型材的制造	9952	8152	1211	549		40
塑料丝、绳及编织品的制造	628	467	120	41		
泡沫塑料制造	690	653		30		7
塑料人造革、合成革制造						
塑料包装箱及容器制造	1199	1189		10		
塑料零件制造	1343	1185		159		
日用塑料制造	2226	2226				
其他塑料制品制造	6409	4809	1150	168	282	
非金属矿物制品业	24513	20487	2320	1246		460
水泥、石灰和石膏的制造	3839	3539				300
水泥及石膏制品制造	266	230	30	6		
砖瓦、石材及其他建筑材料制造	983	863		115		5
玻璃及玻璃制品制造	8033	6367	865	801		

3-9 续表 4 单位：万元

项目	科技活动经费筹集总额	企业资金	金融机构贷款	政府资金	国外资金	其他资金
陶瓷制品制造	8003	6592	1075	231		105
耐火材料制品制造	320	285		35		
石墨及其他非金属矿物制品制造	3069	2611	350	58		50
黑色金属冶炼及压延加工业	4861	4334	200	70	35	222
炼铁						
炼钢	900	700				200
钢压延加工	3961	3634	200	70	35	22
铁合金冶炼						
有色金属冶炼及压延加工业	27705	18245	7600	1836		25
常用有色金属冶炼	376	376				
贵金属冶炼						
稀有稀土金属冶炼	14704	9664	3500	1540		
有色金属合金制造	1349	1068	100	181		
有色金属压延加工	11277	7138	4000	115		25
金属制品业	23691	20907	1484	255	9	1037
结构性金属制品制造	3923	3187	645	91		
金属工具制造	2893	2638	200	20		35
集装箱及金属包装容器制造	1215	1215				
金属丝绳及其制品的制造	590	501	89			
建筑、安全用金属制品制造	3679	3119	500	60		
金属表面处理及热处理加工	1708	1647	50	2	9	
搪瓷制品制造	325	300		25		
不锈钢及类似日用金属制品制造	5548	4489		57		1002
其他金属制品制造	3811	3811				
通用设备制造业	35387	29058	3551	2001		776
锅炉及原动机制造	2236	2236				
金属加工机械制造	9969	7869	1103	997		
起重运输设备制造	3285	2505		150		630
泵、阀门、压缩机及类似机械的制造	7493	6416	655	330		92
轴承、齿轮、传动和驱动部件的制造	696	696				
烘炉、熔炉及电炉制造						
风机、衡器、包装设备等通用设备制造	10241	7909	1793	524		15
通用零部件制造及机械修理	1295	1256				40
金属铸、锻加工	171	171				
专用设备制造业	69694	51798	11928	4304	172	1491
矿山、冶金、建筑专用设备制造	3902	3765	30	107		
化工、木材、非金属加工专用设备制造	16148	12843	2298	743	104	160
食品、饮料、烟草及饲料生产专用设备制造	2315	1509	520	286		
印刷、制药、日化生产专用设备制造	4639	3876	340	423		
纺织、服装和皮革工业专用设备制造	687	473	135	6	63	10
电子和电工机械专用设备制造	10212	7536	800	596	5	1275
农、林、牧、渔专用机械制造	276	269		4		4
医疗仪器设备及器械制造	19883	11837	6305	1699		43
环保、社会公共安全及其他专用设备制造	11631	9691	1500	440		

3-9 续表 5

单位：万元

项 目	科技活动经费筹集总额	企业资金	金融机构贷款	政府资金	国外资金	其他资金
交通运输设备制造业	27535	23746	3068	567		155
铁路运输设备制造	1257	1257				
汽车制造	14851	13612	768	317		155
摩托车制造	8365	6065	2300			
自行车制造	1770	1770				
船舶及浮动装置制造	1143	893		250		
航空航天器制造						
交通器材及其他交通运输设备制造	150	150				
电气机械及器材制造业	100349	83264	10488	3436	945	2216
电机制造	4131	3393	540	198		
输配电及控制设备制造	35174	30373	2054	1317	445	984
电线、电缆、光缆及电工器材制造	15509	9077	4674	702		1056
电池制造	9221	8550		629		42
家用电力器具制造	16142	13981	1520	121	500	20
非电力家用器具制造	4058	3210	750	98		
照明器具制造	12424	11204	820	316		84
其他电气机械及器材制造	3692	3476	130	56		30
通信设备、计算机及其他电子设备制造业	171218	148770	12838	7941	1234	436
通信设备制造	38321	30729	5100	1784	652	56
雷达及配套设备制造						
广播电视设备制造	7816	6365		1421		30
电子计算机制造	33846	29970	2790	1086		
电子器件制造	25642	22963	916	1371	292	100
电子元件制造	35430	33122	627	1153	290	238
家用视听设备制造	14588	11070	3274	244		
其他电子设备制造	15575	14550	130	883		12
仪器仪表及文化、办公用机械制造业	27969	24956	1629	1290	19	75
通用仪器仪表制造	13967	12489	980	473	19	6
专用仪器仪表制造	7520	6377	624	452		67
钟表与计时仪器制造	1088	1058		30		
光学仪器及眼镜制造	1213	1038		175		
文化、办公用机械制造	3087	2946		140		2
其他仪器仪表的制造及修理	1094	1049	25	20		
工艺品及其他制造业	3800	3428		326		46
工艺美术品制造	1726	1664		15		46
日用杂品制造	1272	972		300		
煤制品制造						
核辐射加工						
其他未列明的制造业	802	792		11		

3-9 续表 6 单位：万元

项目	科技活动经费筹集总额	企业资金	金融机构贷款	政府资金	国外资金	其他资金
废弃资源和废旧材料回收加工业	1604	940	550	114		
金属废料和碎屑的加工处理	1268	694	550	24		
非金属废料和碎屑的加工处理	336	246		90		
电力、燃气及水的生产和供应业	1379	1379				
电力、热力的生产和供应业	1359	1359				
电力生产	1359	1359				
电力供应						
热力生产和供应						
燃气生产和供应业						
燃气生产和供应业						
水的生产和供应业	20	20				
自来水的生产和供应	20	20				
污水处理及其再生利用						
其他水的处理、利用与分配						
三、按隶属关系分组						
中央	20383	20260		88		35
省（自治区、直辖市）	9087	7946		1141		
地（区、市、州、盟）	99524	82390	9853	6219	50	1013
县（区、市、旗）	38268	34224	1513	2348	35	148
其他	605410	496126	69538	26028	2749	10968
四、按地区分组						
广州市	136631	121466	6901	6706	301	1258
深圳市	271765	222726	34308	10257	642	3833
珠海市	34976	27841	3120	3161		854
汕头市	19620	16951	180	2371		118
佛山市	54961	40609	11338	2111	677	227
韶关市	21635	15856	4000	1727		53
河源市	4800	4005	548	247		
梅州市	14074	12856	300	618		300
惠州市	10178	8736	760	651		30
汕尾市	340	300	40			
东莞市	45522	39303	3195	2012	379	633
中山市	40736	33567	3308	1820	792	1250
江门市	17527	15053	1625	648	44	159
阳江市	5921	5428	290	203		
湛江市	40461	33912	4590	918		1040
茂名市	1948	1812		136		
肇庆市	19213	15440	2335	379		1060
清远市	10318	6652	2472	174		1020
潮州市	15068	13168	1195	630		75
揭阳市	4322	3114	400	563		245
云浮市	2657	2153		494		10

3-10　规模以上工业企业科技活动经费支出情况

单位：万元

项　　目	科技活动经费支出总　额	1.内　部经费支出	经常费支　出	科研基建支出	2.外　部经费支出	#对研究院所及高等学校支出	#对 其 他企业支出
总　　计	**7362405**	**7098468**	**6651634**	**446834**	**263937**	**88560**	**157702**
总计中：国有控股企业	1661363	1620803	1438933	181870	40561	17068	20765
一、按企业规模分组							
大中型企业	6588199	6357442	5976166	381276	230756	75817	144195
大型企业	4208021	4050314	3831237	219078	157706	49078	105658
中型企业	2380178	2307128	2144929	162199	73050	26739	38537
小型企业	774207	741026	675468	65558	33181	12743	13507
二、按登记注册类型分组							
内资企业	4068504	3930946	3622051	308895	137558	70619	57899
国有企业	74511	67950	57280	10670	6561	1777	4784
集体企业	10230	9799	8880	920	431	398	33
股份合作企业	3561	3561	3405	156			
联营企业	9460	9291	8939	352	169	169	
国有联营企业	6400	6231	5906	325	169	169	
集体联营企业	246	246	220	26			
国有与集体联营企业	9	9	9				
其他联营企业	2804	2804	2804				
有限责任公司	1787802	1717893	1585758	132135	69910	43052	23938
国有独资公司	248149	238692	189931	48761	9457	5165	3485
其他有限责任公司	1539653	1479200	1395827	83373	60453	37887	20453
股份有限公司	1437798	1397346	1300873	96473	40452	14884	23076
私营企业	731447	711688	646498	65190	19759	10105	6042
私营独资企业	40960	38339	35822	2518	2621	1961	309
私营合伙企业	2721	2708	2247	461	13	13	
私营有限责任公司	585502	570175	527125	43050	15327	6868	5704
私营股份有限公司	102264	100466	81304	19161	1798	1263	29
其他企业	13696	13419	10419	3000	276	235	26
港、澳、台商投资企业	1371106	1324945	1281446	43499	46162	14999	25537
合资经营企业(港或澳、台资)	570305	540034	519943	20091	30271	8296	19936
合作经营企业(港或澳、台资)	14102	12924	12509	415	1178	117	50
港、澳、台商独资经营企业	699784	685753	662821	22932	14030	6224	5396
港、澳、台商投资股份有限公司	86916	86233	86172	61	683	363	155
外商投资企业	1922795	1842577	1748137	94440	80217	2943	74266
中外合资经营企业	1171522	1106665	1053854	52811	64857	1638	62537
中外合作经营企业	16144	16102	15369	733	42	30	12
外资企业	689291	674427	634943	39485	14864	969	11570
外商投资股份有限公司	45838	45383	43972	1411	455	307	147
三、按工业行业中类分组							
采矿业	38573	32882	32488	394	5690	4020	1670
煤炭开采和洗选业							
烟煤和无烟煤的开采洗选							
褐煤的开采洗选							
其他煤炭采选							

3-10 续表 1

单位：万元

项　目	科技活动经费支出总额	1.内部经费支出	经常费支出	科研基建支出	2.外部经费支出	#对研究院所及高等学校支出	#对其他企业支出
石油和天然气开采业	31613	27881	27881		3731	2489	1243
天然原油和天然气开采	31230	27539	27539		3691	2454	1237
与石油和天然气开采有关的服务活动	383	342	342		41	35	6
黑色金属矿采选业							
铁矿采选							
其他黑色金属矿采选							
有色金属矿采选业	2822	2247	2054	193	575	567	8
常用有色金属矿采选	616	218	218		398	398	
贵金属矿采选	1998	1829	1686	143	169	169	
稀有稀土金属矿采选	208	200	150	50	8		8
非金属矿采选业	4139	2755	2553	201	1384	965	420
土砂石开采	522	522	383	139			
化学矿采选	3442	2058	1996	62	1384	965	420
采盐	52	52	52				
石棉及其他非金属矿采选	122	122	122				
其他采矿业							
其他采矿业							
制造业	7238445	6986796	6562883	423913	251649	83142	151591
农副食品加工业	42983	41596	38699	2897	1387	439	25
谷物磨制	1139	1032	1007	25	107	99	8
饲料加工	21417	20338	19147	1191	1080	202	5
植物油加工	1940	1935	1854	81	5	5	
制糖	5611	5611	4513	1098			
屠宰及肉类加工	207	207	207				
水产品加工	6187	6010	5811	198	177	115	12
蔬菜、水果和坚果加工	3546	3546	3546				
其他农副食品加工	2935	2917	2613	304	18	18	
食品制造业	103092	100979	92816	8164	2113	977	1130
焙烤食品制造	7046	7038	7021	17	9	3	
糖果、巧克力及蜜饯制造	17303	17268	17248	20	35	35	
方便食品制造	1744	1703	1683	20	41	38	3
液体乳及乳制品制造	9263	9168	8168	1000	95	50	45
罐头制造	3977	3945	2687	1259	32	22	10
调味品、发酵制品制造	43409	42694	37084	5610	716	634	82
其他食品制造	20351	19165	18926	239	1186	196	990
饮料制造业	26190	25796	24556	1241	394	174	195
酒精制造	1180	1145	793	351	35		34
酒的制造	14459	14254	14202	52	205	123	59
软饮料制造	8773	8619	8142	477	154	52	102
精制茶加工	1779	1779	1419	360			
烟草制品业	34686	32740	21687	11053	1946	1596	351
烟叶复烤	328	325	325		3		3
卷烟制造	33916	31973	21012	10961	1943	1596	348
其他烟草制品加工	442	442	350	92			

3-10　续表 2　　　　单位：万元

项　　目	科技活动经费支出总额	1.内部经费支出	经常费支出	科研基建支出	2.外部经费支出	#对研究院所及高等学校支出	#对其他企业支出
纺织业	13648	12634	11504	1129	1015	20	23
棉、化纤纺织及印染精加工	2587	2582	1925	657	5	5	
毛纺织和染整精加工	354	354	177	177			
麻纺织							
丝绢纺织及精加工	80	65	65		15	15	
纺织制成品制造	4041	4008	3713	295	33		23
针织品、编织品及其制品制造	6587	5625	5625	1	962		
纺织服装、鞋、帽制造业	35382	35064	32623	2441	318	59	143
纺织服装制造	35341	35023	32582	2441	318	59	143
纺织面料鞋的制造	21	21	21				
制帽	20	20	20				
皮革、毛皮、羽毛(绒)及其制品业	5140	5132	4844	288	9	4	3
皮革鞣制加工	584	584	584				
皮革制品制造	4390	4383	4149	235	7	4	3
毛皮鞣制及制品加工							
羽毛(绒)加工及制品制造	166	165	111	54	2		
木材加工及木、竹、藤、棕、草制品业	5199	5007	4443	564	192	30	29
锯材、木片加工	518	518	518				
人造板制造	4554	4362	3804	558	192	30	29
木制品制造	124	124	119	5			
竹、藤、棕、草制品制造	3	3	2	1			
家具制造业	8802	8561	7518	1043	241	39	
木质家具制造	5525	5317	4507	810	207	7	
竹、藤家具制造							
金属家具制造	2346	2346	2166	180			
塑料家具制造							
其他家具制造	932	899	845	53	33	31	
造纸及纸制品业	58207	57973	54637	3336	234	127	22
纸浆制造	1455	1455	1245	210			
造纸	35050	34954	33659	1295	96	23	
纸制品制造	21702	21564	19734	1831	138	104	22
印刷业和记录媒介的复制	29603	29281	27700	1581	323	47	276
印刷	21889	21806	20245	1561	83	47	36
装订及其他印刷服务活动	963	963	943	20			
记录媒介的复制	6752	6512	6512		240		240
文教体育用品制造业	27623	26307	25817	491	1316	427	865
文化用品制造	1466	1442	1432	10	24		
体育用品制造	3686	3686	3684	2			
乐器制造	8516	7681	7416	265	835		835
玩具制造	13397	12947	12733	214	450	420	30
游艺器材及娱乐用品制造	558	551	551		7	7	

3-10 续表 3 单位：万元

项 目	科技活动经费支出总额	1.内部经费支出	经常费支出	科研基建支出	2.外部经费支出	#对研究院所及高等学校支出	#对其他企业支出
石油加工、炼焦及核燃料加工业	31291	29930	28224	1706	1361	745	616
精炼石油产品的制造	30613	29252	28224	1028	1361	745	616
炼焦	678	678		678			
核燃料加工							
化学原料及化学制品制造业	238216	231314	214675	16640	6902	4317	1176
基础化学原料制造	20257	19786	18511	1275	471	82	303
肥料制造	24259	23997	22503	1493	262	262	
农药制造	6881	4633	4539	94	2248	1143	233
涂料、油墨、颜料及类似产品制造	45042	43965	43446	519	1077	622	35
合成材料制造	54046	53677	48769	4908	369	335	34
专用化学产品制造	45580	43531	37511	6020	2049	1531	489
日用化学产品制造	42152	41726	39395	2331	426	343	83
医药制造业	136825	128613	121995	6618	8212	4824	2995
化学药品原药制造	13196	12551	10680	1870	646	278	368
化学药品制剂制造	67071	63908	61730	2178	3163	2035	848
中药饮片加工	4971	4439	4370	69	532	492	40
中成药制造	15728	14595	14075	520	1133	678	394
兽用药品制造	5288	5099	4849	250	189	189	
生物、生化制品的制造	18964	17277	16378	898	1688	683	955
卫生材料及医药用品制造	11607	10745	9912	833	861	469	390
化学纤维制造业	17979	17939	17109	830	40	20	20
纤维素纤维原料及纤维制造	243	223	223		20		20
合成纤维制造	17736	17716	16886	830	20	20	
橡胶制品业	28483	27267	27145	122	1216	129	1087
轮胎制造	23202	22143	22138	5	1060	10	1050
橡胶板、管、带的制造	333	283	283		50	30	20
橡胶零件制造	1572	1570	1570		2	2	
再生橡胶制造							
日用及医用橡胶制品制造	107	107	68	39			
橡胶靴鞋制造	256	236	200	36	20	12	8
其他橡胶制品制造	3013	2929	2886	42	84	75	9
塑料制品业	166071	164189	147884	16306	1882	792	749
塑料薄膜制造	40210	39042	34653	4389	1168	395	646
塑料板、管、型材的制造	75402	75014	67857	7157	388	288	100
塑料丝、绳及编织品的制造	2021	2021	628	1393			
泡沫塑料制造	2682	2670	2580	89	12	8	3
塑料人造革、合成革制造	145	145	145				
塑料包装箱及容器制造	5781	5781	5704	77			
塑料零件制造	11477	11311	10285	1027	165	10	
日用塑料制造	6455	6405	6070	335	50	50	
其他塑料制品制造	21899	21800	19961	1839	99	42	
非金属矿物制品业	130179	126364	112119	14244	3815	541	1708
水泥、石灰和石膏的制造	8947	8397	7649	748	550	10	540

3-10　续表 4　　　　单位：万元

项　　目	科技活动经费支出总额	1.内部经费支出	经常费支出	科研基建支出	2.外部经费支出	#对研究院所及高等学校支出	#对其他企业支出
水泥及石膏制品制造	10096	10076	7890	2186	20	20	
砖瓦、石材及其他建筑材料制造	47811	46546	39378	7168	1266	377	817
玻璃及玻璃制品制造	27498	25679	23455	2224	1819	30	315
陶瓷制品制造	25956	25819	24150	1669	137	80	37
耐火材料制品制造	5358	5336	5336		22	22	
石墨及其他非金属矿物制品制造	4513	4511	4261	250	2	2	
黑色金属冶炼及压延加工业	212168	209103	184395	24709	3065	2383	509
炼铁							
炼钢	53032	52872	51117	1755	160		
钢压延加工	159137	156232	133278	22954	2905	2383	509
铁合金冶炼							
有色金属冶炼及压延加工业	82834	77319	66926	10393	5515	4654	631
常用有色金属冶炼	6281	2485	2452	33	3796	3563	233
贵金属冶炼							
稀有稀土金属冶炼	6694	6694	6273	421			
有色金属合金制造	4650	4623	1623	3000	27	17	0
有色金属压延加工	65209	63516	56578	6939	1693	1074	398
金属制品业	110131	108487	99622	8865	1644	911	693
结构性金属制品制造	20042	19101	17172	1929	941	533	377
金属工具制造	8313	8264	7173	1090	50	8	40
集装箱及金属包装容器制造	3063	2927	2927		136		136
金属丝绳及其制品的制造	614	614	602	12			
建筑、安全用金属制品制造	25070	24950	21720	3230	120	100	20
金属表面处理及热处理加工	21326	21110	20428	682	216	140	70
搪瓷制品制造	5020	4895	4882	13	125	123	2
不锈钢及类似日用金属制品制造	16284	16228	14367	1860	56	8	47
其他金属制品制造	10399	10398	10350	48	1		
通用设备制造业	166379	162087	150377	11710	4292	972	3048
锅炉及原动机制造	11859	11776	11740	36	83	80	3
金属加工机械制造	18648	18106	14443	3663	543	245	219
起重运输设备制造	24797	24769	24288	482	28	10	18
泵、阀门、压缩机及类似机械的制造	40274	38048	35454	2593	2226	187	1993
轴承、齿轮、传动和驱动部件的制造	9721	9545	8695	850	176	5	171
烘炉、熔炉及电炉制造							
风机、衡器、包装设备等通用设备制造	51040	49815	46689	3126	1225	444	634
通用零部件制造及机械修理	6982	6972	6450	522	10		10
金属铸、锻加工	3058	3058	2620	438			
专用设备制造业	221044	216346	193688	22659	4698	3591	807
矿山、冶金、建筑专用设备制造	8423	8387	8265	122	36	16	20
化工、木材、非金属加工专用设备制造	49631	47263	44581	2682	2368	2034	153
食品、饮料、烟草及饲料生产专用设备制造	4160	4135	3483	652	25	11	2
印刷、制药、日化生产专用设备制造	12811	12281	9983	2298	530	523	6
纺织、服装和皮革工业专用设备制造	1874	1864	1755	109	10		10

3-10 续表 5 单位：万元

项　　目	科技活动经费支出总额	1.内部经费支出	经常费支出	科研基建支出	2.外部经费支出	#对研究院所及高等学校支出	#对其他企业支出
电子和电工机械专用设备制造	48827	48432	35787	12644	395	321	24
农、林、牧、渔专用机械制造	3224	3199	3199		25	25	
医疗仪器设备及器械制造	63175	62505	61766	739	670	309	331
环保、社会公共安全及其他专用设备制造	28920	28280	24868	3412	639	351	261
交通运输设备制造业	908659	846186	794245	51942	62473	4162	55368
铁路运输设备制造	1472	1398	1398		74	65	
汽车制造	714918	673997	629546	44452	40920	976	39402
摩托车制造	91088	74715	74666	49	16373	2180	13825
自行车制造	5263	4943	4943		319	33	9
船舶及浮动装置制造	94420	89634	82193	7441	4786	908	2132
航空航天器制造	1348	1348	1348				
交通器材及其他交通运输设备制造	150	150	150				
电气机械及器材制造业	1295496	1247964	1109836	138128	47532	11985	34447
电机制造	51879	51830	26952	24878	49	42	4
输配电及控制设备制造	159017	155378	136084	19295	3639	1424	1990
电线、电缆、光缆及电工器材制造	119233	116384	110757	5628	2849	2769	79
电池制造	100389	98486	87295	11191	1904	1099	283
家用电力器具制造	755761	721192	650751	70441	34569	4482	29980
非电力家用器具制造	34233	32053	28732	3321	2180	1800	380
照明器具制造	69373	67180	63903	3277	2193	313	1640
其他电气机械及器材制造	5611	5461	5363	98	150	57	91
通信设备、计算机及其他电子设备制造业	2989234	2903474	2844604	58870	85760	38311	41860
通信设备制造	1633455	1597650	1587269	10380	35806	31842	3862
雷达及配套设备制造							
广播电视设备制造	28477	28165	28002	163	313	100	213
电子计算机制造	346091	330011	317087	12925	16079	142	13704
电子器件制造	263328	254897	253706	1191	8431	214	8117
电子元件制造	354122	346935	319765	27170	7187	875	4493
家用视听设备制造	311761	295951	292452	3499	15810	4203	10953
其他电子设备制造	52001	49866	46324	3542	2135	935	520
仪器仪表及文化、办公用机械制造业	101867	98276	92771	5505	3591	727	2789
通用仪器仪表制造	34318	33783	33396	387	535	354	121
专用仪器仪表制造	17472	17191	16252	939	281	249	27
钟表与计时仪器制造	2718	2638	1796	842	80		80
光学仪器及眼镜制造	7590	6066	6054	13	1523	18	1505
文化、办公用机械制造	38676	37538	34213	3325	1138	106	1022
其他仪器仪表的制造及修理	1094	1060	1060		34		34
工艺品及其他制造业	9127	8960	8883	77	168	140	28
工艺美术品制造	3937	3904	3878	26	33	25	8
日用杂品制造	3272	3197	3191	6	75	55	20
煤制品制造							
核辐射加工							
其他未列明的制造业	1919	1859	1814	45	60	60	

3-10　续表 6　　单位：万元

项　　目	科技活动经费支出总　额	1.内　部经费支出	经常费支　出	科研基建支出	2.外　部经费支出	#对研究院所及高等学校支出	#对其他企业支出
废弃资源和废旧材料回收加工业	1907	1907	1543	364			
金属废料和碎屑的加工处理	1581	1581	1217	364			
非金属废料和碎屑的加工处理	326	326	326				
电力、燃气及水的生产和供应业	85388	78790	56264	22526	6598	1399	4440
电力、热力的生产和供应业	68727	62313	44639	17674	6414	1215	4440
电力生产	27004	22730	22730		4274	168	4106
电力供应	41724	39584	21910	17674	2140	1047	334
热力生产和供应							
燃气生产和供应业	1645	1610	1610		35	35	
燃气生产和供应业	1645	1610	1610		35	35	
水的生产和供应业	15016	14867	10014	4852	149	149	
自来水的生产和供应	15016	14867	10014	4852	149	149	
污水处理及其再生利用							
其他水的处理、利用与分配							
四、按隶属关系分组							
中央	534440	522441	461097	61344	12000	5487	4008
省（自治区、直辖市）	183312	167600	145995	21605	15712	9191	6521
地（区、市、州、盟）	800884	778496	694139	84358	22388	6990	14184
县（区、市、旗）	133673	129943	125044	4899	3730	1034	741
其他	5710096	5499988	5225360	274628	210108	65859	132248
五、按地区分组							
广州市	1619572	1557039	1421798	135241	62533	10334	49836
深圳市	2819899	2750841	2694725	56116	69059	40620	24812
珠海市	278839	275619	242293	33326	3221	1191	1654
汕头市	72272	70727	61688	9039	1545	662	582
佛山市	918206	875405	801717	73688	42800	9026	32918
韶关市	135896	129435	109324	20111	6461	6098	363
河源市	6606	6356	6140	216	251	10	241
梅州市	16966	16180	15402	778	786	98	608
惠州市	229346	215709	214053	1656	13638	678	12960
汕尾市	15827	15827	15727	100			
东莞市	406949	381579	335015	46564	25370	5482	14145
中山市	351499	344168	310254	33914	7331	2924	2403
江门市	151474	136763	124837	11927	14711	759	13396
阳江市	16184	16176	15751	425	8	8	
湛江市	76839	73057	70056	3001	3782	2206	1387
茂名市	27783	27000	24775	2225	783	447	328
肇庆市	62554	58669	51856	6813	3885	2774	1014
清远市	44929	41298	38487	2810	3631	2307	446
潮州市	58335	57777	49981	7796	557	262	148
揭阳市	41828	39760	38934	826	2068	1620	30
云浮市	10603	9085	8823	262	1518	1057	432

3-11 大中型工业企业科技活动经费支出情况

单位：万元

项目	科技活动经费支出总额	1.内部经费支出	经常费支出	科研基建支出	2.外部经费支出	#对研究院所及高等学校支出	#对其他企业支出
总计	**6588199**	**6357442**	**5976166**	**381276**	**230756**	**75817**	**144195**
总计中：国有控股企业	1607171	1569793	1397476	172317	37378	16530	18167
一、按企业规模分组							
大型企业	4208021	4050314	3831237	219078	157706	49078	105658
中型企业	2380178	2307128	2144929	162199	73050	26739	38537
二、按登记注册类型分组							
内资企业	3579706	3460672	3198026	262647	119034	63694	51145
国有企业	66401	59902	50301	9601	6499	1730	4769
集体企业	8170	7749	7145	604	421	388	33
股份合作企业	1821	1821	1821				
联营企业	7938	7770	7444	325	169	169	
国有联营企业	6247	6078	5753	325	169	169	
集体联营企业							
国有与集体联营企业							
其他联营企业	1692	1692	1692				
有限责任公司	1643291	1578612	1464218	114394	64678	41278	22222
国有独资公司	241873	232817	184408	48409	9056	5027	3269
其他有限责任公司	1401418	1345795	1279811	65985	55623	36250	18953
股份有限公司	1400779	1365748	1272170	93578	35032	14551	20463
私营企业	442564	430563	386419	44144	12001	5345	3658
私营独资企业	25600	23489	23254	235	2111	1631	304
私营合伙企业	1137	1137	859	278			
私营有限责任公司	338276	329079	298803	30276	9197	3522	3354
私营股份有限公司	77551	76858	63504	13355	693	192	1
其他企业	8742	8507	8507		235	235	
港、澳、台商投资企业	1195101	1155942	1121665	34277	39159	10097	23780
合资经营企业(港或澳、台资)	497989	471098	453688	17409	26891	5443	19528
合作经营企业(港或澳、台资)	11078	10107	9828	279	971	12	
港、澳、台商独资经营企业	599166	588551	572022	16529	10615	4280	4098
港、澳、台商投资股份有限公司	86869	86186	86126	60	683	363	155
外商投资企业	1813391	1740828	1656475	84353	72564	2025	69270
中外合资经营企业	1131048	1067452	1015146	52307	63595	1144	62251
中外合作经营企业	14653	14613	14243	371	40	28	12
外资企业	630579	622106	591483	30623	8474	547	6860
外商投资股份有限公司	37111	36657	35605	1052	455	307	147
三、按工业行业中类分组							
采矿业	18683	15470	15126	344	3213	2381	832
煤炭开采和洗选业							
烟煤和无烟煤的开采洗选							
褐煤的开采洗选							
其他煤炭采选							

3-11　续表 1

单位：万元

项　　目	科技活动经费支出总额	1.内部经费支出	经常费支出	科研基建支出	2.外部经费支出	#对研究院所及高等学校支出	#对其他企业支出
石油和天然气开采业	12019	10757	10757		1262	850	412
天然原油和天然气开采	12019	10757	10757		1262	850	412
与石油和天然气开采有关的服务活动							
黑色金属矿采选业							
铁矿采选							
其他黑色金属矿采选							
有色金属矿采选业	2614	2047	1904	143	567	567	
常用有色金属矿采选	616	218	218		398	398	
贵金属矿采选	1998	1829	1686	143	169	169	
稀有稀土金属矿采选							
非金属矿采选业	4050	2666	2465	201	1384	965	420
土砂石开采	486	486	347	139			
化学矿采选	3442	2058	1996	62	1384	965	420
采盐							
石棉及其他非金属矿采选	122	122	122				
其他采矿业							
其他采矿业							
制造业	6485572	6264474	5906069	358405	221098	72155	138957
农副食品加工业	17233	17167	15909	1258	66	58	8
谷物磨制	159	159	159				
饲料加工	278	278	278				
植物油加工	914	914	914				
制糖	5611	5611	4513	1098			
屠宰及肉类加工	27	27	27				
水产品加工	4441	4393	4287	106	48	40	8
蔬菜、水果和坚果加工	3546	3546	3546				
其他农副食品加工	2257	2239	2185	54	18	18	
食品制造业	89539	87687	80970	6718	1852	732	1120
焙烤食品制造	5060	5057	5057		3	3	
糖果、巧克力及蜜饯制造	15199	15199	15199				
方便食品制造	544	503	483	20	41	38	3
液体乳及乳制品制造	9033	8988	7988	1000	45		45
罐头制造	17	17	17				
调味品、发酵制品制造	43263	42548	36938	5610	716	634	82
其他食品制造	16425	15377	15289	88	1048	58	990
饮料制造业	18448	18212	18160	53	236	99	137
酒精制造							
酒的制造	12840	12706	12654	52	134	99	35
软饮料制造	5608	5506	5505	1	102		102
精制茶加工							
烟草制品业	33916	31973	21012	10961	1943	1596	348
烟叶复烤							
卷烟制造	33916	31973	21012	10961	1943	1596	348
其他烟草制品加工							

3-11 续表 2

单位：万元

项　目	科技活动经费支出总　额	1.内　部经费支出	经常费支　出	科研基建支出	2.外　部经费支出	#对研究院所及高等学校支出	#对其他企业支出
纺织业	10200	9234	8992	242	967	5	
棉、化纤纺织及印染精加工	1460	1455	1455		5	5	
毛纺织和染整精加工	354	354	177	177			
麻纺织							
丝绢纺织及精加工							
纺织制成品制造	2204	2204	2140	65			
针织品、编织品及其制品制造	6183	5221	5221		962		
纺织服装、鞋、帽制造业	33299	33023	31399	1625	276	24	136
纺织服装制造	33299	33023	31399	1625	276	24	136
纺织面料鞋的制造							
制帽							
皮革、毛皮、羽毛(绒)及其制品业	4094	4092	3842	250	2	2	
皮革鞣制加工							
皮革制品制造	3974	3972	3762	210	2	2	
毛皮鞣制及制品加工							
羽毛(绒)加工及制品制造	120	120	80	40			
木材加工及木、竹、藤、棕、草制品业	1548	1384	1267	117	164	30	29
锯材、木片加工	518	518	518				
人造板制造	1030	866	749	117	164	30	29
木制品制造							
竹、藤、棕、草制品制造							
家具制造业	7437	7200	6217	983	237	37	
木质家具制造	4678	4471	3671	800	207	7	
竹、藤家具制造							
金属家具制造	2346	2346	2166	180			
塑料家具制造							
其他家具制造	413	384	380	3	29	29	
造纸及纸制品业	52942	52816	51200	1616	126	95	22
纸浆制造	1255	1255	1245	10			
造纸	32095	32072	30987	1085	23	23	
纸制品制造	19593	19490	18968	521	103	72	22
印刷业和记录媒介的复制	23074	23023	22643	380	51	15	36
印刷	16274	16223	15863	360	51	15	36
装订及其他印刷服务活动	920	920	900	20			
记录媒介的复制	5880	5880	5880				
文教体育用品制造业	25783	24467	24026	441	1316	427	865
文化用品制造	1153	1129	1129		24		
体育用品制造	3293	3293	3293				
乐器制造	8516	7681	7416	265	835		835
玩具制造	12263	11812	11636	176	450	420	30
游艺器材及娱乐用品制造	558	551	551		7	7	
石油加工、炼焦及核燃料加工业	16718	15417	14514	904	1301	685	616
精炼石油产品的制造	16718	15417	14514	904	1301	685	616
炼焦							
核燃料加工							

3-11　续表 3　　　　单位：万元

项　目	科技活动经费支出总　额	1.内　部经费支出			2.外　部经费支出		
			经常费支　出	科研基建支出		#对研究院所及高等学校支出	#对 其 他企业支出
化学原料及化学制品制造业	151481	148705	141043	7662	2776	2264	476
基础化学原料制造	14526	14143	13240	903	383	44	303
肥料制造	21600	21524	20176	1348	76	76	
农药制造	4043	3001	2931	70	1042	970	73
涂料、油墨、颜料及类似产品制造	21234	20808	20732	76	426	426	
合成材料制造	46409	46088	42588	3501	321	291	30
专用化学产品制造	9253	8999	8703	296	254	254	
日用化学产品制造	34416	34142	32674	1468	274	204	71
医药制造业	109241	103441	99346	4095	5801	3516	2005
化学药品原药制造	11826	11192	9370	1822	634	266	368
化学药品制剂制造	63980	60995	59818	1177	2985	1923	781
中药饮片加工	4228	3854	3841	14	374	374	
中成药制造	10073	9234	9159	75	840	526	314
兽用药品制造	1926	1866	1777	90	60	60	
生物、生化制品的制造	8175	8017	7835	182	158	7	152
卫生材料及医药用品制造	9033	8283	7547	735	750	360	390
化学纤维制造业	12519	12499	11749	750	20	20	
纤维素纤维原料及纤维制造	148	148	148				
合成纤维制造	12371	12351	11601	750	20	20	
橡胶制品业	24545	23435	23430	5	1110	40	1070
轮胎制造	23202	22143	22138	5	1060	10	1050
橡胶板、管、带的制造	250	200	200		50	30	20
橡胶零件制造	826	826	826				
再生橡胶制造							
日用及医用橡胶制品制造							
橡胶靴鞋制造							
其他橡胶制品制造	267	267	267				
塑料制品业	136623	135063	122665	12398	1560	562	716
塑料薄膜制造	36622	35484	31149	4335	1138	395	616
塑料板、管、型材的制造	66109	65842	58690	7152	268	168	100
塑料丝、绳及编织品的制造							
泡沫塑料制造	1866	1866	1866				
塑料人造革、合成革制造	145	145	145				
塑料包装箱及容器制造	4395	4395	4327	68			
塑料零件制造	9630	9475	8975	500	155		
日用塑料制造	4411	4411	4076	335			
其他塑料制品制造	13446	13446	13437	9			
非金属矿物制品业	102046	98963	89118	9845	3082	479	1237
水泥、石灰和石膏的制造	4759	4659	3959	700	100		100
水泥及石膏制品制造	8256	8236	7560	676	20	20	
砖瓦、石材及其他建筑材料制造	45605	44405	38526	5878	1201	342	787

3-11　续表 4　　单位：万元

项　目	科技活动经费支出总额	1.内部经费支出	经常费支出	科研基建支出	2.外部经费支出	#对研究院所及高等学校支出	#对其他企业支出
玻璃及玻璃制品制造	18832	17193	15469	1724	1639	30	315
陶瓷制品制造	18292	18191	17325	867	101	65	36
耐火材料制品制造	5107	5086	5086		22	22	
石墨及其他非金属矿物制品制造	1194	1194	1194				
黑色金属冶炼及压延加工业	207279	204328	179682	24646	2951	2324	467
炼铁							
炼钢	52232	52072	50317	1755	160		
钢压延加工	155047	152256	129366	22891	2791	2324	467
铁合金冶炼							
有色金属冶炼及压延加工业	67552	62191	55043	7149	5361	4629	581
常用有色金属冶炼	5862	2066	2066		3796	3563	233
贵金属冶炼							
稀有稀土金属冶炼	4314	4314	3893	421			
有色金属合金制造							
有色金属压延加工	57376	55811	49084	6728	1565	1066	348
金属制品业	81174	79720	76974	2746	1454	821	603
结构性金属制品制造	14650	13773	13086	687	877	473	374
金属工具制造	4532	4532	4532				
集装箱及金属包装容器制造	1786	1649	1649		136		136
金属丝绳及其制品的制造	24	24	12	12			
建筑、安全用金属制品制造	19411	19306	17939	1367	105	100	5
金属表面处理及热处理加工	19587	19378	18791	587	210	140	70
搪瓷制品制造	4657	4557	4557		100	100	
不锈钢及类似日用金属制品制造	9339	9313	9220	93	26	8	17
其他金属制品制造	7189	7189	7189				
通用设备制造业	134786	131276	120969	10307	3509	674	2645
锅炉及原动机制造	10053	9979	9979		73	70	3
金属加工机械制造	9820	9495	6030	3465	325	126	199
起重运输设备制造	21492	21492	21450	42			
泵、阀门、压缩机及类似机械的制造	33608	31459	28916	2543	2149	116	1986
轴承、齿轮、传动和驱动部件的制造	9025	8854	8004	850	171		171
烘炉、熔炉及电炉制造							
风机、衡器、包装设备等通用设备制造	42134	41352	38888	2464	782	361	275
通用零部件制造及机械修理	5795	5785	5266	519	10		10
金属铸、锻加工	2859	2859	2436	423			
专用设备制造业	158535	155994	136749	19245	2541	2199	304
矿山、冶金、建筑专用设备制造	4887	4868	4868		20		20
化工、木材、非金属加工专用设备制造	32313	30431	28325	2106	1882	1821	53
食品、饮料、烟草及饲料生产专用设备制造	1303	1303	907	396			
印刷、制药、日化生产专用设备制造	8498	8488	6336	2152	10	10	
纺织、服装和皮革工业专用设备制造	1062	1062	1062				
电子和电工机械专用设备制造	38074	37840	26104	11736	234	234	
农、林、牧、渔专用机械制造	2948	2948	2948				
医疗仪器设备及器械制造	49724	49418	49393	25	306	45	231
环保、社会公共安全及其他专用设备制造	19725	19636	16807	2829	90	90	

3-11　续表 5　　单位：万元

项　　目	科技活动经费支出总额	1.内部经费支出	经常费支出	科研基建支出	2.外部经费支出	#对研究院所及高等学校支出	#对其他企业支出
交通运输设备制造业	879335	820318	772762	47556	59017	2052	54446
铁路运输设备制造	241	241	241				
汽车制造	697171	657560	617450	40110	39611	976	38506
摩托车制造	83806	69473	69468	5	14333	140	13825
自行车制造	3492	3182	3182		310	33	
船舶及浮动装置制造	93277	88514	81074	7441	4763	902	2115
航空航天器制造	1348	1348	1348				
交通器材及其他交通运输设备制造							
电气机械及器材制造业	1189285	1144252	1012144	132108	45033	10378	33695
电机制造	47840	47803	22925	24878	37	32	4
输配电及控制设备制造	124482	121245	103388	17856	3237	1348	1789
电线、电缆、光缆及电工器材制造	101316	99694	96396	3298	1622	1577	45
电池制造	91056	89329	78709	10621	1727	934	271
家用电力器具制造	735944	701533	631821	69712	34411	4402	29903
非电力家用器具制造	30799	28619	25967	2652	2180	1800	380
照明器具制造	56357	54538	51447	3092	1819	285	1303
其他电气机械及器材制造	1492	1492	1492				
通信设备、计算机及其他电子设备制造业	2817201	2741624	2691615	50010	75576	37917	35124
通信设备制造	1598508	1563222	1552904	10318	35286	31750	3485
雷达及配套设备制造							
广播电视设备制造	19054	18942	18934	8	113	100	13
电子计算机制造	314590	300054	287309	12744	14536	137	13617
电子器件制造	238261	232121	231293	828	6141	166	5903
电子元件制造	311519	308429	287944	20486	3090	652	834
家用视听设备制造	298486	283460	280616	2844	15026	4176	10820
其他电子设备制造	36783	35397	32616	2781	1386	935	452
仪器仪表及文化、办公用机械制造业	73800	71067	66735	4332	2733	448	2267
通用仪器仪表制造	20980	20657	20657		323	300	10
专用仪器仪表制造	10257	10216	9301	915	41	24	12
钟表与计时仪器制造	1630	1630	788	842			
光学仪器及眼镜制造	6503	4980	4980		1523	18	1505
文化、办公用机械制造	34430	33584	31009	2575	846	106	740
其他仪器仪表的制造及修理							
工艺品及其他制造业	5940	5902	5896	6	38	30	8
工艺美术品制造	2644	2626	2625	0	18	10	8
日用杂品制造	2225	2225	2219	6			
煤制品制造							
核辐射加工							
其他未列明的制造业	1072	1052	1052		20	20	

3-11 续表 6

单位：万元

项目	科技活动经费支出总额	1.内部经费支出	经常费支出	科研基建支出	2.外部经费支出	#对研究院所及高等学校支出	#对其他企业支出
废弃资源和废旧材料回收加工业							
金属废料和碎屑的加工处理							
非金属废料和碎屑的加工处理							
电力、燃气及水的生产和供应业	83944	77498	54972	22526	6446	1281	4406
电力、热力的生产和供应业	67303	61041	43367	17674	6262	1097	4406
电力生产	25580	21458	21458		4122	50	4072
电力供应	41724	39584	21910	17674	2140	1047	334
热力生产和供应							
燃气生产和供应业	1645	1610	1610		35	35	
燃气生产和供应业	1645	1610	1610		35	35	
水的生产和供应业	14996	14847	9994	4852	149	149	
自来水的生产和供应	14996	14847	9994	4852	149	149	
污水处理及其再生利用							
其他水的处理、利用与分配							
四、按隶属关系分组							
中央	514037	504617	443274	61344	9420	3795	3121
省（自治区、直辖市）	172554	157064	135797	21267	15490	9089	6401
地（区、市、州、盟）	699127	681138	611251	69887	17989	5892	11175
县（区、市、旗）	100448	98864	97515	1349	1583	837	639
其他	5102033	4915759	4688330	227429	186274	56205	122859
五、按地区分组							
广州市	1481247	1422279	1294444	127835	58968	8619	48471
深圳市	2551043	2494607	2454238	40369	56436	39065	16741
珠海市	246741	244253	214299	29954	2489	746	1445
汕头市	51769	50631	45782	4850	1138	467	543
佛山市	857679	815860	750472	65388	41819	8495	32670
韶关市	128397	122000	102031	19969	6397	6034	363
河源市	1400	1400	1400				
梅州市	8442	8247	7905	342	195	15	100
惠州市	220106	206895	205931	964	13212	481	12731
汕尾市	15337	15337	15337				
东莞市	352404	330146	292802	37344	22258	3962	13888
中山市	305365	298892	267084	31808	6473	2597	1986
江门市	130021	115738	110077	5661	14283	478	13309
阳江市	11701	11693	11466	227	8	8	
湛江市	38980	38843	37077	1766	137	58	43
茂名市	25929	25276	23684	1592	653	327	318
肇庆市	42142	40889	37600	3289	1254	591	578
清远市	33291	31619	29253	2365	1672	1234	433
潮州市	41836	41496	34931	6565	339	96	116
揭阳市	35803	34185	33359	826	1618	1570	30
云浮市	8565	7158	6996	162	1407	976	432

3-12　小型工业企业科技活动经费支出情况

单位：万元

项　目	科技活动经费支出总额	1.内部经费支出	经常费支出	科研基建支出	2.外部经费支出	#对研究院所及高等学校支出	#对其他企业支出
总　计	**774207**	**741026**	**675468**	**65558**	**33181**	**12743**	**13507**
总计中：国有控股企业	54193	51010	41457	9553	3183	538	2598
一、按登记注册类型分组							
内资企业	488799	470274	424026	46248	18525	6924	6753
国有企业	8110	8048	6978	1070	62	47	15
集体企业	2060	2050	1735	316	10	10	
股份合作企业	1740	1740	1584	156			
联营企业	1521	1521	1495	26			
国有联营企业	153	153	153				
集体联营企业	246	246	220	26			
国有与集体联营企业	9	9	9				
其他联营企业	1112	1112	1112				
有限责任公司	144512	139280	121540	17741	5232	1775	1716
国有独资公司	6277	5875	5523	352	401	138	216
其他有限责任公司	138235	133405	116016	17389	4830	1637	1500
股份有限公司	37019	31598	28703	2895	5421	333	2613
私营企业	288884	281125	260079	21046	7759	4760	2384
私营独资企业	15361	14851	12568	2283	510	329	5
私营合伙企业	1584	1571	1388	183	13	13	
私营有限责任公司	247226	241096	228323	12774	6130	3347	2351
私营股份有限公司	24713	23607	17801	5806	1106	1071	29
其他企业	4954	4912	1912	3000	42		26
港、澳、台商投资企业	176005	169003	159780	9222	7003	4901	1757
合资经营企业(港或澳、台资)	72316	68936	66254	2682	3380	2853	408
合作经营企业(港或澳、台资)	3024	2817	2681	136	207	105	50
港、澳、台商独资经营企业	100618	97202	90799	6403	3416	1944	1299
港、澳、台商投资股份有限公司	47	47	46	1			
外商投资企业	109403	101749	91662	10087	7654	918	4997
中外合资经营企业	40475	39213	38708	504	1262	494	287
中外合作经营企业	1491	1489	1127	362	2	2	
外资企业	58711	52322	43460	8862	6390	422	4710
外商投资股份有限公司	8726	8726	8367	359			
二、按工业行业中类分组							
采矿业	19890	17412	17362	50	2477	1639	839
煤炭开采和洗选业							
烟煤和无烟煤的开采洗选							
褐煤的开采洗选							
其他煤炭采选							
石油和天然气开采业	19593	17124	17124		2469	1639	831
天然原油和天然气开采	19210	16781	16781		2429	1604	825
与石油和天然气开采有关的服务活动	383	342	342		41	35	6

3-12 续表 1

单位：万元

项目	科技活动经费支出总额	1.内部经费支出	经常费支出	科研基建支出	2.外部经费支出	#对研究院所及高等学校支出	#对其他企业支出
黑色金属矿采选业							
铁矿采选							
其他黑色金属矿采选							
有色金属矿采选业	208	200	150	50	8		8
常用有色金属矿采选							
贵金属矿采选							
稀有稀土金属矿采选	208	200	150	50	8		8
非金属矿采选业	89	89	89				
土砂石开采	36	36	36				
化学矿采选							
采盐	52	52	52				
石棉及其他非金属矿采选							
其他采矿业							
其他采矿业							
制造业	752873	722322	656814	65508	30552	10987	12634
农副食品加工业	25750	24429	22790	1640	1321	381	17
谷物磨制	981	874	849	25	107	99	8
饲料加工	21140	20060	18869	1191	1080	202	5
植物油加工	1026	1021	940	81	5	5	
制糖							
屠宰及肉类加工	180	180	180				
水产品加工	1746	1617	1524	93	129	75	4
蔬菜、水果和坚果加工							
其他农副食品加工	678	678	428	250			
食品制造业	13552	13292	11846	1446	261	245	10
焙烤食品制造	1987	1981	1964	17	6		
糖果、巧克力及蜜饯制造	2104	2069	2049	20	35	35	
方便食品制造	1200	1200	1200				
液体乳及乳制品制造	230	180	180		50	50	
罐头制造	3960	3928	2670	1259	32	22	10
调味品、发酵制品制造	146	146	146				
其他食品制造	3926	3788	3638	151	138	138	
饮料制造业	7742	7584	6396	1188	158	76	58
酒精制造	1180	1145	793	351	35		34
酒的制造	1619	1548	1548		71	24	24
软饮料制造	3165	3113	2637	477	52	52	
精制茶加工	1779	1779	1419	360			
烟草制品业	770	767	675	92	3		3
烟叶复烤	328	325	325		3		3
卷烟制造							
其他烟草制品加工	442	442	350	92			
纺织业	3448	3400	2512	888	48	15	23
棉、化纤纺织及印染精加工	1127	1127	470	657			
毛纺织和染整精加工							

3-12　续表 2　　　　　　　　　　　　　　　　　　　　　　单位：万元

项　目	科技活动经费支出总额	1.内部经费支出	经常费支出	科研基建支出	2.外部经费支出	#对研究院所及高等学校支出	#对其他企业支出
麻纺织							
丝绢纺织及精加工	80	65	65		15	15	
纺织制成品制造	1836	1803	1573	230	33		23
针织品、编织品及其制品制造	404	404	404	1			
纺织服装、鞋、帽制造业	2083	2041	1224	817	42	35	7
纺织服装制造	2042	2000	1183	817	42	35	7
纺织面料鞋的制造	21	21	21				
制帽	20	20	20				
皮革、毛皮、羽毛(绒)及其制品业	1047	1040	1002	38	7	2	3
皮革鞣制加工	584	584	584				
皮革制品制造	417	412	387	25	5	2	3
毛皮鞣制及制品加工							
羽毛(绒)加工及制品制造	46	45	31	14	2		
木材加工及木、竹、藤、棕、草制品业	3651	3623	3176	447	28		
锯材、木片加工							
人造板制造	3524	3496	3055	441	28		
木制品制造	124	124	119	5			
竹、藤、棕、草制品制造	3	3	2	1			
家具制造业	1366	1362	1302	60	4	2	
木质家具制造	847	847	837	10			
竹、藤家具制造							
金属家具制造							
塑料家具制造							
其他家具制造	519	515	465	50	4	2	
造纸及纸制品业	5265	5157	3437	1720	108	32	
纸浆制造	200	200		200			
造纸	2955	2882	2672	210	73		
纸制品制造	2110	2075	765	1309	35	32	
印刷业和记录媒介的复制	6529	6257	5057	1201	272	32	240
印刷	5615	5583	4382	1201	32	32	
装订及其他印刷服务活动	43	43	43				
记录媒介的复制	872	632	632		240		240
文教体育用品制造业	1840	1840	1790	50			
文化用品制造	313	313	303	10			
体育用品制造	392	392	391	2			
乐器制造							
玩具制造	1135	1135	1097	38			
游艺器材及娱乐用品制造							
石油加工、炼焦及核燃料加工业	14573	14513	13710	803	60	60	
精炼石油产品的制造	13895	13835	13710	125	60	60	
炼焦	678	678		678			
核燃料加工							

3-12 续表 3 单位：万元

项 目	科技活动经费支出总额	1.内部经费支出	经常费支出	科研基建支出	2.外部经费支出	#对研究院所及高等学校支出	#对其他企业支出
化学原料及化学制品制造业	86735	82609	73632	8978	4126	2054	699
基础化学原料制造	5732	5644	5272	372	88	38	
肥料制造	2659	2473	2328	145	186	186	
农药制造	2837	1632	1608	24	1206	173	160
涂料、油墨、颜料及类似产品制造	23808	23157	22714	443	651	196	35
合成材料制造	7636	7588	6181	1408	48	44	4
专用化学产品制造	36328	34532	28808	5724	1796	1277	489
日用化学产品制造	7735	7584	6721	862	152	140	12
医药制造业	27583	25172	22649	2523	2411	1308	990
化学药品原药制造	1370	1358	1310	48	12	12	
化学药品制剂制造	3092	2913	1912	1002	178	112	66
中药饮片加工	743	585	529	56	158	118	40
中成药制造	5654	5361	4917	445	293	152	80
兽用药品制造	3362	3233	3073	160	129	129	
生物、生化制品的制造	10789	9259	8543	716	1530	676	804
卫生材料及医药用品制造	2574	2463	2365	98	111	109	
化学纤维制造业	5460	5440	5360	80	20		20
纤维素纤维原料及纤维制造	95	75	75		20		20
合成纤维制造	5365	5365	5285	80			
橡胶制品业	3938	3832	3715	118	106	89	17
轮胎制造							
橡胶板、管、带的制造	83	83	83				
橡胶零件制造	746	744	744		2	2	
再生橡胶制造							
日用及医用橡胶制品制造	107	107	68	39			
橡胶靴鞋制造	256	236	200	36	20	12	8
其他橡胶制品制造	2746	2662	2620	42	84	75	9
塑料制品业	29447	29126	25219	3907	321	230	33
塑料薄膜制造	3588	3558	3504	54	30		30
塑料板、管、型材的制造	9293	9173	9167	6	120	120	
塑料丝、绳及编织品的制造	2021	2021	628	1393			
泡沫塑料制造	816	804	714	89	12	8	3
塑料人造革、合成革制造							
塑料包装箱及容器制造	1386	1386	1377	9			
塑料零件制造	1846	1836	1310	527	10	10	
日用塑料制造	2045	1995	1995		50	50	
其他塑料制品制造	8453	8354	6524	1830	99	42	
非金属矿物制品业	28134	27401	23001	4399	733	62	471
水泥、石灰和石膏的制造	4188	3738	3690	48	450	10	440
水泥及石膏制品制造	1841	1841	331	1510			
砖瓦、石材及其他建筑材料制造	2206	2141	852	1289	65	35	30
玻璃及玻璃制品制造	8665	8485	7985	500	180		

3-12　续表 4　　单位：万元

项　　目	科技活动经费支出总　　额	1.内　部经费支出			2.外　部经费支出		
			经常费支　出	科研基建支出		#对研究院所及高等学校支出	#对 其 他企业支出
陶瓷制品制造	7663	7627	6825	802	36	15	1
耐火材料制品制造	250	250	250				
石墨及其他非金属矿物制品制造	3319	3317	3067	250	2	2	
黑色金属冶炼及压延加工业	4889	4775	4712	63	114	59	42
炼铁							
炼钢	800	800	800				
钢压延加工	4089	3975	3912	63	114	59	42
铁合金冶炼							
有色金属冶炼及压延加工业	15282	15128	11884	3244	155	25	50
常用有色金属冶炼	419	419	386	33			
贵金属冶炼							
稀有稀土金属冶炼	2380	2380	2380				
有色金属合金制造	4650	4623	1623	3000	27	17	0
有色金属压延加工	7833	7705	7494	211	128	8	50
金属制品业	28957	28767	22649	6119	190	91	91
结构性金属制品制造	5392	5328	4086	1242	64	60	3
金属工具制造	3781	3732	2641	1090	50	8	40
集装箱及金属包装容器制造	1278	1278	1278				
金属丝绳及其制品的制造	590	590	590				
建筑、安全用金属制品制造	5659	5644	3781	1863	15		15
金属表面处理及热处理加工	1739	1733	1638	95	6		
搪瓷制品制造	363	338	325	13	25	23	2
不锈钢及类似日用金属制品制造	6945	6915	5148	1767	30		30
其他金属制品制造	3210	3210	3162	48	1		
通用设备制造业	31593	30811	29408	1403	782	298	404
锅炉及原动机制造	1806	1796	1760	36	10	10	
金属加工机械制造	8828	8610	8412	198	218	119	21
起重运输设备制造	3305	3277	2837	440	28	10	18
泵、阀门、压缩机及类似机械的制造	6666	6589	6539	50	78	71	7
轴承、齿轮、传动和驱动部件的制造	696	691	691		5	5	
烘炉、熔炉及电炉制造							
风机、衡器、包装设备等通用设备制造	8906	8462	7801	661	444	83	359
通用零部件制造及机械修理	1187	1187	1184	3			
金属铸、锻加工	199	199	184	15			
专用设备制造业	62509	60353	56939	3414	2156	1391	504
矿山、冶金、建筑专用设备制造	3536	3520	3398	122	16	16	
化工、木材、非金属加工专用设备制造	17317	16831	16255	576	486	213	100
食品、饮料、烟草及饲料生产专用设备制造	2857	2832	2576	256	25	11	2
印刷、制药、日化生产专用设备制造	4312	3793	3647	146	520	513	6
纺织、服装和皮革工业专用设备制造	812	802	694	109	10		10
电子和电工机械专用设备制造	10753	10592	9683	908	161	87	24
农、林、牧、渔专用机械制造	276	251	251		25	25	
医疗仪器设备及器械制造	13451	13087	12373	714	364	264	100
环保、社会公共安全及其他专用设备制造	9194	8645	8062	583	550	262	261

3-12 续表 5

单位：万元

项目	科技活动经费支出总额	1.内部经费支出	经常费支出	科研基建支出	2.外部经费支出	#对研究院所及高等学校支出	#对其他企业支出
交通运输设备制造业	29324	25868	21483	4385	3456	2111	922
铁路运输设备制造	1231	1157	1157		74	65	
汽车制造	17747	16438	12096	4341	1310		896
摩托车制造	7283	5243	5198	44	2040	2040	
自行车制造	1770	1761	1761		9		9
船舶及浮动装置制造	1143	1120	1120		23	6	17
航空航天器制造							
交通器材及其他交通运输设备制造	150	150	150				
电气机械及器材制造业	106212	103712	97692	6020	2499	1608	752
电机制造	4039	4027	4027		13	10	
输配电及控制设备制造	34536	34134	32695	1439	402	76	201
电线、电缆、光缆及电工器材制造	17917	16690	14360	2330	1226	1192	34
电池制造	9333	9157	8586	571	176	165	12
家用电力器具制造	19818	19660	18930	729	158	81	78
非电力家用器具制造	3434	3434	2766	669			
照明器具制造	13016	12642	12457	185	374	28	336
其他电气机械及器材制造	4119	3969	3872	98	150	57	91
通信设备、计算机及其他电子设备制造业	172033	161849	152990	8860	10184	394	6737
通信设备制造	34948	34428	34365	62	520	91	377
雷达及配套设备制造							
广播电视设备制造	9423	9223	9068	155	200		200
电子计算机制造	31501	29958	29778	180	1543	5	86
电子器件制造	25066	22776	22413	363	2291	48	2213
电子元件制造	42603	38505	31821	6685	4097	223	3659
家用视听设备制造	13275	12491	11836	654	784	27	133
其他电子设备制造	15217	14469	13709	761	748		68
仪器仪表及文化、办公用机械制造业	28068	27209	26036	1173	858	279	523
通用仪器仪表制造	13338	13126	12739	387	213	54	111
专用仪器仪表制造	7215	6975	6951	24	240	225	15
钟表与计时仪器制造	1088	1008	1008		80		80
光学仪器及眼镜制造	1086	1086	1074	13			
文化、办公用机械制造	4246	3954	3204	750	292		282
其他仪器仪表的制造及修理	1094	1060	1060		34		34
工艺品及其他制造业	3187	3057	2987	71	130	110	20
工艺美术品制造	1293	1278	1253	26	15	15	
日用杂品制造	1047	972	972		75	55	20
煤制品制造							
核辐射加工							
其他未列明的制造业	847	807	762	45	40	40	

3-12　续表 6　　　　单位：万元

项　目	科技活动经费支出总额	1.内部经费支出	经常费支出	科研基建支出	2.外部经费支出	#对研究院所及高等学校支出	#对其他企业支出
废弃资源和废旧材料回收加工业	1907	1907	1543	364			
金属废料和碎屑的加工处理	1581	1581	1217	364			
非金属废料和碎屑的加工处理	326	326	326				
电力、燃气及水的生产和供应业	1444	1292	1292		152	118	34
电力、热力的生产和供应业	1424	1272	1272		152	118	34
电力生产	1424	1272	1272		152	118	34
电力供应							
热力生产和供应							
燃气生产和供应业							
燃气生产和供应业							
水的生产和供应业	20	20	20				
自来水的生产和供应	20	20	20				
污水处理及其再生利用							
其他水的处理、利用与分配							
三、按隶属关系分组							
中央	20403	17823	17823		2580	1692	887
省（自治区、直辖市）	10757	10535	10197	338	222	103	120
地（区、市、州、盟）	101758	97358	82888	14471	4399	1098	3009
县（区、市、旗）	33226	31079	27529	3550	2147	198	102
其他	608063	584230	537031	47199	23834	9653	9389
四、按地区分组							
广州市	138325	134760	127354	7406	3565	1716	1365
深圳市	268856	256234	240487	15747	12622	1555	8071
珠海市	32098	31366	27994	3372	732	445	209
汕头市	20503	20096	15906	4189	407	195	40
佛山市	60527	59545	51245	8300	982	531	249
韶关市	7499	7435	7293	142	64	64	
河源市	5206	4956	4740	216	251	10	241
梅州市	8524	7933	7497	436	591	83	508
惠州市	9240	8814	8122	692	426	197	229
汕尾市	490	490	390	100			
东莞市	54545	51434	42213	9221	3111	1520	258
中山市	46134	45276	43171	2106	858	326	417
江门市	21453	21025	14760	6265	428	281	87
阳江市	4483	4483	4285	198			
湛江市	37859	34214	32979	1235	3645	2148	1344
茂名市	1854	1724	1091	633	130	120	10
肇庆市	20412	17781	14256	3525	2631	2183	436
清远市	11638	9679	9234	445	1959	1073	13
潮州市	16499	16281	15050	1231	218	166	32
揭阳市	6025	5575	5575		450	50	
云浮市	2038	1927	1827	100	111	81	

3-13 规模以上工业企业研究与发展(R&D)活动情况

项　目	R&D人员折合全时当量(人年)	#科学家工程师	#应用研究	#试验发展	R&D经费内部支出(万元)	#应用研究	#试验发展
总　计	**197490**	**172531**	**160**	**197330**	**4423514**	**4974**	**4392859**
总计中：国有控股企业	35996	32306	12	35984	1006289	39	996221
一、按企业规模分组							
大中型企业	177501	156085	143	177358	4109579	4695	4081398
大型企业	129716	118171	18	129698	2974348	4210	2957051
中型企业	47785	37914	125	47660	1135231	485	1124347
小型企业	19988	16447	17	19972	313935	279	311461
二、按登记注册类型分组							
内资企业	125652	115056	157	125495	2682967	4894	2658920
国有企业	1810	1165		1810	21020		20797
集体企业	333	299		333	4154		4132
股份合作企业	57	34		57	1053		1053
联营企业	218	105		218	1755	1	1742
国有联营企业	161	58		161	1012		1000
集体联营企业	5	3		5	220		220
国有与集体联营企业							
其他联营企业	53	44		53	523	1	522
有限责任公司	69480	65244	131	69349	1347149	504	1337708
国有独资公司	2937	2293		2937	144389		141370
其他有限责任公司	66543	62951	131	66412	1202761	504	1196339
股份有限公司	35975	33304	18	35957	994654	4210	983937
私营企业	17603	14750	8	17595	303550	179	299935
私营独资企业	894	751		894	17295	1	17122
私营合伙企业	103	70		103	1050		1034
私营有限责任公司	14780	12232	8	14773	225207	178	223397
私营股份有限公司	1826	1697		1826	59998		58381
其他企业	177	155		177	9633		9616
港、澳、台商投资企业	33029	26924	2	33026	763827	76	761418
合资经营企业(港或澳、台资)	13441	11460		13441	329470	4	328461
合作经营企业(港或澳、台资)	382	301		382	4640		4621
港、澳、台商独资经营企业	16924	13519	2	16922	364073	72	362699
港、澳、台商投资股份有限公司	2282	1644		2282	65643		65637
外商投资企业	38809	30551		38808	976719	4	972522
中外合资经营企业	8987	7741		8987	511377		508632
中外合作经营企业	324	198		324	5872		5812
外资企业	27903	21479		27903	423827	4	422495
外商投资股份有限公司	1595	1134		1595	35643		35582
三、按工业行业中类分组							
采矿业	456	353		456	16113		16091
煤炭开采和洗选业							
烟煤和无烟煤的开采洗选							
褐煤的开采洗选							
其他煤炭采选							

3-13　续表 1

项　　目	R&D人员折合全时当量（人年）	#科学家工程师	#应用研究	#试验发展	R&D经费内部支出（万元）	#应用研究	#试验发展
石油和天然气开采业	255	255		255	14519		14519
天然原油和天然气开采	247	247		247	14340		14340
与石油和天然气开采有关的服务活动	8	8		8	179		179
黑色金属矿采选业							
铁矿采选							
其他黑色金属矿采选							
有色金属矿采选业	132	34		132	900		892
常用有色金属矿采选							
贵金属矿采选	132	34		132	900		892
稀有稀土金属矿采选							
非金属矿采选业	69	65		69	695		680
土砂石开采	39	35		39	353		339
化学矿采选	30	30		30	220		219
采盐							
石棉及其他非金属矿采选	1			1	122		122
其他采矿业							
其他采矿业							
制造业	195819	171461	160	195659	4378365	4974	4348339
农副食品加工业	768	676		768	20203		20070
谷物磨制	29	22		29	591		590
饲料加工	371	339		371	12066		12022
植物油加工	2	1		2	262		260
制糖	24	20		24	1672		1602
屠宰及肉类加工	77	77		77	191		191
水产品加工	220	187		220	3231		3221
蔬菜、水果和坚果加工							
其他农副食品加工	45	30		45	2190		2185
食品制造业	823	700	4	819	42819	149	42239
焙烤食品制造	60	57		60	687		687
糖果、巧克力及蜜饯制造	115	110		115	8769		8769
方便食品制造	7			7	166		166
液体乳及乳制品制造	104	101		104	5321		5266
罐头制造	12	10	4	8	2118	149	1844
调味品、发酵制品制造	257	175		257	16167		15929
其他食品制造	269	247		269	9593		9579
饮料制造业	701	619	9	692	18961	100	18841
酒精制造							
酒的制造	633	564	9	624	12473	100	12368
软饮料制造	65	51		65	6470		6455
精制茶加工	3	3		3	18		18
烟草制品业	137	43		137	9644		9168
烟叶复烤	98	11		98	287		287
卷烟制造	39	32		39	9357		8881
其他烟草制品加工							

3-13 续表 2

项　目	R&D人员折合全时当量(人年)	#科学家工程师	#应用研究	#试验发展	R&D经费内部支出(万元)	#应用研究	#试验发展
纺织业	350	242		350	8378		8354
棉、化纤纺织及印染精加工	79	38		79	1188		1188
毛纺织和染整精加工	12	8		12	195		177
麻纺织							
丝绢纺织及精加工							
纺织制成品制造	114	88		114	1771		1764
针织品、编织品及其制品制造	145	108		145	5225		5225
纺织服装、鞋、帽制造业	642	443		642	16522		16456
纺织服装制造	634	435		634	16502		16436
纺织面料鞋的制造							
制帽	8	8		8	20		20
皮革、毛皮、羽毛(绒)及其制品业	189	76		189	1725		1721
皮革鞣制加工							
皮革制品制造	177	73		177	1640		1640
毛皮鞣制及制品加工							
羽毛(绒)加工及制品制造	11	4		11	85		81
木材加工及木、竹、藤、棕、草制品业	123	79		123	1933		1897
锯材、木片加工	33	9		33	518		518
人造板制造	54	39		54	1305		1269
木制品制造	36	31		36	109		109
竹、藤、棕、草制品制造							
家具制造业	214	166		214	1975		1894
木质家具制造	107	92		107	1309		1248
竹、藤家具制造							
金属家具制造	73	51		73	436		422
塑料家具制造							
其他家具制造	33	23		33	229		224
造纸及纸制品业	787	605		787	22545		22523
纸浆制造							
造纸	484	335		484	18430		18424
纸制品制造	304	270		304	4114		4100
印刷业和记录媒介的复制	773	520		773	11681		11611
印刷	668	447		668	10380		10312
装订及其他印刷服务活动	51	24		51	682		680
记录媒介的复制	55	49		55	619		619
文教体育用品制造业	870	444		870	14617		14589
文化用品制造	13	6		13	109		109
体育用品制造	256	100		256	1283		1283
乐器制造	246	117		246	5928		5907
玩具制造	346	213		346	7109		7103
游艺器材及娱乐用品制造	10	9		10	188		188

3-13　续表 3

项　　目	R&D人员折合全时当量（人年）	#科学家工程师	#应用研究	#试验发展	R&D经费内部支出（万元）	#应用研究	#试验发展
石油加工、炼焦及核燃料加工业	925	815		925	12622		12619
精炼石油产品的制造	925	815		925	12622		12619
炼焦							
核燃料加工							
化学原料及化学制品制造业	5288	4205		5288	131253		130215
基础化学原料制造	493	312		493	13714		13593
肥料制造	376	359		376	5720		5675
农药制造	163	112		163	2548		2542
涂料、油墨、颜料及类似产品制造	1363	1091		1363	20764		20748
合成材料制造	622	559		622	33799		33477
专用化学产品制造	1326	1026		1326	23903		23522
日用化学产品制造	944	746		944	30807		30659
医药制造业	3426	2861	12	3414	68984	36	68628
化学药品原药制造	762	460	12	751	8288	35	8122
化学药品制剂制造	1235	1113		1235	32501		32448
中药饮片加工	168	151		168	3374		3367
中成药制造	538	476		538	8617		8586
兽用药品制造	124	115		124	2539		2528
生物、生化制品的制造	380	339		380	10329		10253
卫生材料及医药用品制造	217	208		217	3336		3325
化学纤维制造业	369	222		369	5119		5077
纤维素纤维原料及纤维制造	21	18		21	223		223
合成纤维制造	348	204		348	4897		4855
橡胶制品业	690	637		690	17969		17963
轮胎制造	448	426		448	14518		14518
橡胶板、管、带的制造	5	3		5	65		65
橡胶零件制造	56	45		56	1064		1064
再生橡胶制造							
日用及医用橡胶制品制造	5	5		5	63		60
橡胶靴鞋制造	26	24		26	60		60
其他橡胶制品制造	150	134		150	2198		2196
塑料制品业	9790	4899		9790	87308		86083
塑料薄膜制造	390	278		390	14991		14661
塑料板、管、型材的制造	8070	3631		8070	48911		48230
塑料丝、绳及编织品的制造	16	10		16	552		442
泡沫塑料制造	363	360		363	984		984
塑料人造革、合成革制造	7	3		7	50		50
塑料包装箱及容器制造	147	125		147	3449		3448
塑料零件制造	313	134		313	6288		6238
日用塑料制造	160	94		160	2034		2017
其他塑料制品制造	324	264		324	10049		10014
非金属矿物制品业	2580	1976		2580	46658		46093
水泥、石灰和石膏的制造	1	1		1	5		5

3-13 续表 4

项 目	R&D人员折合全时当量(人年)	#科学家工程师	#应用研究	#试验发展	R&D经费内部支出(万元)	#应用研究	#试验发展
水泥及石膏制品制造	350	215		350	5125		5062
砖瓦、、石材及其他建筑材料制造	714	601		714	20717		20385
玻璃及玻璃制品制造	948	764		948	10059		9959
陶瓷制品制造	524	366		524	9152		9083
耐火材料制品制造	4	4		4	47		47
石墨及其他非金属矿物制品制造	40	26		40	1554		1554
黑色金属冶炼及压延加工业	1549	1457		1549	177188		174771
炼铁							
炼钢	382	362		382	48807		48632
钢压延加工	1167	1095		1167	128381		126139
铁合金冶炼							
有色金属冶炼及压延加工业	1413	831		1413	30146		29991
常用有色金属冶炼	173	67		173	1264		1261
贵金属冶炼							
稀有稀土金属冶炼	85	34		85	2157		2132
有色金属合金制造	16	13		16	1271		1254
有色金属压延加工	1139	716		1139	25455		25344
金属制品业	2439	1747		2439	50065		49688
结构性金属制品制造	551	346		551	6989		6841
金属工具制造	150	86		150	3901		3820
集装箱及金属包装容器制造	86	79		86	580		580
金属丝绳及其制品的制造	5	5		5	590		590
建筑、安全用金属制品制造	873	640		873	16121		16012
金属表面处理及热处理加工	208	191		208	5699		5691
搪瓷制品制造	134	86		134	4677		4677
不锈钢及类似日用金属制品制造	245	176		245	7193		7165
其他金属制品制造	187	138		187	4315		4313
通用设备制造业	3858	2939	99	3759	80649	315	79373
锅炉及原动机制造	259	139		259	8503		8499
金属加工机械制造	448	312	1	447	6638	3	6298
起重运输设备制造	82	63		82	1806		1776
泵、阀门、压缩机及类似机械的制造	1034	744		1033	24697	1	24464
轴承、齿轮、传动和驱动部件的制造	352	224		352	6271		6213
烘炉、熔炉及电炉制造							
风机、衡器、包装设备等通用设备制造	1294	1173	98	1196	26636	311	26082
通用零部件制造及机械修理	283	179		283	4975		4929
金属铸、锻加工	106	105		106	1124		1112
专用设备制造业	4240	3389		4240	114891		113926
矿山、冶金、建筑专用设备制造	56	56		56	4708		4702
化工、木材、非金属加工专用设备制造	1131	774		1131	20559		20444
食品、饮料、烟草及饲料生产专用设备制造	179	178		179	1786		1722
印刷、制药、日化生产专用设备制造	468	434		468	7008		6806
纺织、服装和皮革工业专用设备制造	67	54		67	1306		1306

3-13　续表 5

项　　目	R&D人员折合全时当量(人年)	#科学家工程师	#应用研究	#试验发展	R&D经费内部支出(万元)	#应用研究	#试验发展
电子和电工机械专用设备制造	882	619		882	21210		20980
农、林、牧、渔专用机械制造	152	131		152	2228		2228
医疗仪器设备及器械制造	870	771		870	42422		42388
环保、社会公共安全及其他专用设备制造	434	372		434	13664		13350
交通运输设备制造业	7896	5809		7896	391501		389008
铁路运输设备制造	34	34		34	246		246
汽车制造	4117	3049		4117	296656		294255
摩托车制造	1966	1366		1966	49118		49117
自行车制造	54	41		54	1209		1209
船舶及浮动装置制造	1365	960		1365	42925		42833
航空航天器制造	359	359		359	1348		1348
交通器材及其他交通运输设备制造							
电气机械及器材制造业	26099	22068	6	26093	713706	4202	700465
电机制造	1106	1002		1106	21714		19704
输配电及控制设备制造	3772	2784		3772	66847	6	65636
电线、电缆、光缆及电工器材制造	1704	1351		1704	47972	5	47555
电池制造	8255	7941		8255	61103		60550
家用电力器具制造	8667	7095	6	8661	464610	4177	456050
非电力家用器具制造	433	369		433	14284		14102
照明器具制造	1808	1202		1808	35154	9	34856
其他电气机械及器材制造	352	324		352	2022	4	2013
通信设备、计算机及其他电子设备制造业	115041	109661	29	115012	2224372	172	2220413
通信设备制造	78075	77147		78075	1444281		1443705
雷达及配套设备制造							
广播电视设备制造	882	759		882	21018		21009
电子计算机制造	14537	13958		14537	238757		237999
电子器件制造	4544	3840		4544	146077		145983
电子元件制造	10715	8576	5	10710	190697	83	188843
家用视听设备制造	5111	4333	24	5087	157575	89	157244
其他电子设备制造	1178	1048		1178	25966		25630
仪器仪表及文化、办公用机械制造业	3596	3149		3596	50307		50077
通用仪器仪表制造	1096	1070		1096	15611		15611
专用仪器仪表制造	476	453		476	7011		6958
钟表与计时仪器制造	39	39		39	765		765
光学仪器及眼镜制造	458	300		458	3637		3637
文化、办公用机械制造	1503	1264		1503	23225		23048
其他仪器仪表的制造及修理	24	23		24	58		58
工艺品及其他制造业	187	149		187	3859		3857
工艺美术品制造	110	93		110	2852		2849
日用杂品制造	78	56		78	1007		1007
煤制品制造							
核辐射加工							
其他未列明的制造业							

3-13 续表 6

项　　目	R&D人员折合全时当量（人年）	#科学家工程师	#应用研究	#试验发展	R&D经费内部支出（万元）	#应用研究	#试验发展
废弃资源和废旧材料回收加工业	55	34		55	765		729
金属废料和碎屑的加工处理	55	34		55	765		729
非金属废料和碎屑的加工处理							
电力、燃气及水的生产和供应业	1214	717		1214	29036		28430
电力、热力的生产和供应业	885	587		885	24704		24099
电力生产	674	432		674	18253		18253
电力供应	210	155		210	6451		5846
热力生产和供应							
燃气生产和供应业	263	64		263	1410		1410
燃气生产和供应业	263	64		263	1410		1410
水的生产和供应业	67	66		67	2922		2921
自来水的生产和供应	67	66		67	2922		2921
污水处理及其再生利用							
其他水的处理、利用与分配							
四、按隶属关系分组							
中央	21791	21324		21791	392917		389697
省（自治区、直辖市）	2037	1916	9	2028	117613	100	115434
地（区、市、州、盟）	20782	17381	38	20743	353927	196	349889
县（区、市、旗）	2317	1772		2317	63694		63502
其他	150563	130139	112	150451	3495362	4678	3474338
五、按地区分组							
广州市	23836	19162		23836	909995		901412
深圳市	116799	109065	1	116798	2048734	17	2045239
珠海市	4383	3644		4383	109804		108776
汕头市	1512	1205		1512	31893		31288
佛山市	12603	10669	6	12596	547349	4176	538534
韶关市	1533	1261		1533	85143		83312
河源市	124	113		124	2459		2453
梅州市	200	117		200	4030		4006
惠州市	3908	3338	27	3881	81530	102	81329
汕尾市	337	195		337	398		398
东莞市	12205	9695		12204	190329	3	189214
中山市	9187	6752		9187	226147	10	223658
江门市	3267	1965		3267	71123	1	70503
阳江市	10	8		10	216		216
湛江市	1413	1143		1413	23618		23517
茂名市	1394	1050	4	1390	19213	149	18912
肇庆市	2253	1152	12	2241	21397	36	21051
清远市	469	298		469	12968		12881
潮州市	1119	841		1119	21177		20691
揭阳市	787	755	109	678	14318	480	13798
云浮市	150	104		150	1674		1673

3-14　大中型工业企业研究与发展(R&D)活动情况

项　目	R&D人员折合全时当量(人年)	#科学家工程师	#应用研究	#试验发展	R&D经费内部支出(万元)	#应用研究	#试验发展
总　计	**177501**	**156085**	**143**	**177358**	**4109579**	**4695**	**4081398**
总计中：国有控股企业	34743	31277	12	34731	986502	36	976576
一、按企业规模分组							
大型企业	129716	118171	18	129698	2974348	4210	2957051
中型企业	47785	37914	125	47660	1135231	485	1124347
二、按登记注册类型分组							
内资企业	112009	103688	141	111868	2487618	4622	2465791
国有企业	1651	1019		1651	17440		17318
集体企业	290	288		290	3566		3546
股份合作企业	35	27		35	969		969
联营企业	161	58		161	1012		1000
国有联营企业	161	58		161	1012		1000
集体联营企业							
国有与集体联营企业							
其他联营企业							
有限责任公司	65457	61787	122	65335	1289217	400	1280626
国有独资公司	2766	2153		2766	140250		137251
其他有限责任公司	62691	59635	122	62569	1148967	400	1143375
股份有限公司	35035	32585	18	35017	979157	4210	968641
私营企业	9273	7817	1	9272	187892	12	185326
私营独资企业	403	314		403	11698		11676
私营合伙企业	3	3		3	470		455
私营有限责任公司	7669	6388	1	7668	125600	12	124340
私营股份有限公司	1199	1112		1199	50125		48855
其他企业	108	108		108	8365		8365
港、澳、台商投资企业	29214	23841	2	29212	691454	71	689171
合资经营企业(港或澳、台资)	11724	10055		11724	298124		297172
合作经营企业(港或澳、台资)	295	230		295	3644		3626
港、澳、台商独资经营企业	14913	11912	2	14911	324043	71	322736
港、澳、台商投资股份有限公司	2282	1644		2282	65643		65637
外商投资企业	36278	28556		36278	930507	1	926436
中外合资经营企业	8065	6993		8065	496000		493268
中外合作经营企业	254	139		254	4715		4690
外资企业	26505	20380		26505	401252	1	399996
外商投资股份有限公司	1453	1044		1453	28541		28481
三、按工业行业中类分组							
采矿业	321	218		321	12352		12330
煤炭开采和洗选业							
烟煤和无烟煤的开采洗选							
褐煤的开采洗选							
其他煤炭采选							

3-14 续表 1

项目	R&D人员折合全时当量(人年)	#科学家工程师	#应用研究	#试验发展	R&D经费内部支出(万元)	#应用研究	#试验发展
石油和天然气开采业	119	119		119	10757		10757
天然原油和天然气开采	119	119		119	10757		10757
与石油和天然气开采有关的服务活动							
黑色金属矿采选业							
铁矿采选							
其他黑色金属矿采选							
有色金属矿采选业	132	34		132	900		892
常用有色金属矿采选							
贵金属矿采选	132	34		132	900		892
稀有稀土金属矿采选							
非金属矿采选业	69	65		69	695		680
土砂石开采	39	35		39	353		339
化学矿采选	30	30		30	220		219
采盐							
石棉及其他非金属矿采选	1			1	122		122
其他采矿业							
其他采矿业							
制造业	176051	155232	143	175908	4069158	4695	4041606
农副食品加工业	231	187		231	6251		6173
谷物磨制							
饲料加工	18	11		18	278		278
植物油加工							
制糖	24	20		24	1672		1602
屠宰及肉类加工	2	2		2	11		11
水产品加工	141	124		141	2100		2098
蔬菜、水果和坚果加工							
其他农副食品加工	45	30		45	2190		2185
食品制造业	598	500		598	36943		36651
焙烤食品制造	31	29		31	560		560
糖果、巧克力及蜜饯制造	87	84		87	7446		7446
方便食品制造	7			7	166		166
液体乳及乳制品制造	104	101		104	5321		5266
罐头制造	3	2		3	5		5
调味品、发酵制品制造	250	170		250	16133		15895
其他食品制造	115	113		115	7312		7312
饮料制造业	556	480		556	16404		16399
酒精制造							
酒的制造	523	459		523	11240		11235
软饮料制造	33	20		33	5164		5164
精制茶加工							
烟草制品业	39	32		39	9357		8881
烟叶复烤							
卷烟制造	39	32		39	9357		8881
其他烟草制品加工							

3-14　续表 2

项　目	R&D人员折合全时当量(人年)	#科学家工程师	#应用研究	#试验发展	R&D经费内部支出(万元)	#应用研究	#试验发展
纺织业	287	195		287	7426		7402
棉、化纤纺织及印染精加工	73	34		73	955		955
毛纺织和染整精加工	12	8		12	195		177
麻纺织							
丝绢纺织及精加工							
纺织制成品制造	68	54		68	1187		1181
针织品、编织品及其制品制造	134	98		134	5089		5089
纺织服装、鞋、帽制造业	609	415		609	16276		16210
纺织服装制造	609	415		609	16276		16210
纺织面料鞋的制造							
制帽							
皮革、毛皮、羽毛(绒)及其制品业	149	43		149	1417		1415
皮革鞣制加工							
皮革制品制造	146	41		146	1365		1365
毛皮鞣制及制品加工							
羽毛(绒)加工及制品制造	3	2		3	53		50
木材加工及木、竹、藤、棕、草制品业	44	18		44	834		828
锯材、木片加工	33	9		33	518		518
人造板制造	11	9		11	316		310
木制品制造							
竹、藤、棕、草制品制造							
家具制造业	179	142		179	1743		1668
木质家具制造	106	91		106	1307		1246
竹、藤家具制造							
金属家具制造	73	51		73	436		422
塑料家具制造							
其他家具制造							
造纸及纸制品业	734	569		734	20545		20525
纸浆制造							
造纸	443	310		443	16892		16886
纸制品制造	292	259		292	3653		3638
印刷业和记录媒介的复制	659	430		659	10302		10267
印刷	601	402		601	9594		9560
装订及其他印刷服务活动	51	24		51	682		680
记录媒介的复制	7	5		7	27		27
文教体育用品制造业	749	416		749	14254		14227
文化用品制造							
体育用品制造	158	83		158	1060		1060
乐器制造	246	117		246	5928		5907
玩具制造	335	207		335	7079		7072
游艺器材及娱乐用品制造	10	9		10	188		188
石油加工、炼焦及核燃料加工业	867	759		867	8989		8986
精炼石油产品的制造	867	759		867	8989		8986
炼焦							
核燃料加工							

3-14 续表 3

项目	R&D人员折合全时当量(人年)	#科学家工程师	#应用研究	#试验发展	R&D经费内部支出(万元)	#应用研究	#试验发展
化学原料及化学制品制造业	2963	2315		2963	89315		88784
基础化学原料制造	408	253		408	12145		12057
肥料制造	284	284		284	4391		4354
农药制造	148	97		148	2359		2353
涂料、油墨、颜料及类似产品制造	643	470		643	8595		8594
合成材料制造	472	440		472	30878		30578
专用化学产品制造	340	213		340	4361		4355
日用化学产品制造	670	558		670	26588		26493
医药制造业	2392	1910	12	2380	56045	36	55823
化学药品原药制造	697	416	12	685	7313	35	7150
化学药品制剂制造	1018	901		1018	31227		31188
中药饮片加工	129	119		129	2859		2858
中成药制造	315	277		315	6028		6023
兽用药品制造	49	44		49	1770		1761
生物、生化制品的制造	145	114		145	5726		5722
卫生材料及医药用品制造	39	39		39	1121		1120
化学纤维制造业	318	186		318	4173		4131
纤维素纤维原料及纤维制造	13	13		13	148		148
合成纤维制造	305	173		305	4025		3983
橡胶制品业	490	467		490	15502		15502
轮胎制造	448	426		448	14518		14518
橡胶板、管、带的制造	3	2		3	25		25
橡胶零件制造	24	23		24	692		692
再生橡胶制造							
日用及医用橡胶制品制造							
橡胶靴鞋制造							
其他橡胶制品制造	16	16		16	267		267
塑料制品业	9195	4471		9195	75132		74058
塑料薄膜制造	268	217		268	12075		11750
塑料板、管、型材的制造	7924	3518		7924	42892		42212
塑料丝、绳及编织品的制造							
泡沫塑料制造	357	355		357	968		968
塑料人造革、合成革制造	7	3		7	50		50
塑料包装箱及容器制造	81	69		81	3118		3117
塑料零件制造	245	79		245	5647		5597
日用塑料制造	114	55		114	1649		1632
其他塑料制品制造	198	175		198	8732		8732
非金属矿物制品业	2171	1641		2171	40380		39849
水泥、石灰和石膏的制造							
水泥及石膏制品制造	332	201		332	5055		4993
砖瓦、石材及其他建筑材料制造	686	584		686	20483		20151

3-14　续表 4

项　目	R&D人员折合全时当量(人年)	#科学家工程师	#应用研究	#试验发展	R&D经费内部支出(万元)	#应用研究	#试验发展
玻璃及玻璃制品制造	787	607		787	7805		7717
陶瓷制品制造	345	242		345	6691		6643
耐火材料制品制造	4	4		4	47		47
石墨及其他非金属矿物制品制造	17	4		17	300		300
黑色金属冶炼及压延加工业	1530	1442		1530	176744		174329
炼铁							
炼钢	382	362		382	48807		48632
钢压延加工	1148	1080		1148	127937		125698
铁合金冶炼							
有色金属冶炼及压延加工业	1278	706		1278	24108		23980
常用有色金属冶炼	159	55		159	1063		1063
贵金属冶炼							
稀有稀土金属冶炼	80	31		80	1937		1912
有色金属合金制造							
有色金属压延加工	1040	620		1040	21108		21006
金属制品业	1865	1273		1865	39161		39021
结构性金属制品制造	536	331		536	6484		6456
金属工具制造	78	41		78	3057		3057
集装箱及金属包装容器制造	33	33		33	145		145
金属丝绳及其制品的制造							
建筑、安全用金属制品制造	727	501		727	14130		14021
金属表面处理及热处理加工	146	136		146	4721		4721
搪瓷制品制造	130	81		130	4557		4557
不锈钢及类似日用金属制品制造	163	101		163	3448		3445
其他金属制品制造	53	49		53	2620		2620
通用设备制造业	3004	2242	99	2905	66013	313	64834
锅炉及原动机制造	205	105		205	7110		7110
金属加工机械制造	206	107		206	2877	3	2546
起重运输设备制造	25	21		25	475		475
泵、阀门、压缩机及类似机械的制造	816	541		815	20853		20621
轴承、齿轮、传动和驱动部件的制造	320	198		320	5928		5870
烘炉、熔炉及电炉制造							
风机、衡器、包装设备等通用设备制造	1093	1013	98	995	23752	310	23251
通用零部件制造及机械修理	237	154		237	3975		3929
金属铸、锻加工	103	103		103	1043		1032
专用设备制造业	2629	2069		2629	92101		91319
矿山、冶金、建筑专用设备制造	2	2		2	2918		2918
化工、木材、非金属加工专用设备制造	729	462		729	13751		13682
食品、饮料、烟草及饲料生产专用设备制造	68	68		68	947		907
印刷、制药、日化生产专用设备制造	361	348		361	5764		5575
纺织、服装和皮革工业专用设备制造	60	48		60	1062		1062
电子和电工机械专用设备制造	700	471		700	19075		18853
农、林、牧、渔专用机械制造	49	49		49	1977		1977
医疗仪器设备及器械制造	401	374		401	35643		35641
环保、社会公共安全及其他专用设备制造	260	247		260	10965		10705

3-14 续表 5

项目	R&D人员折合全时当量(人年)	#科学家工程师	#应用研究	#试验发展	R&D经费内部支出(万元)	#应用研究	#试验发展
交通运输设备制造业	7362	5349		7362	381009		378556
铁路运输设备制造							
汽车制造	3747	2734		3747	289263		286902
摩托车制造	1879	1290		1879	47331		47330
自行车制造	12	5		12	143		143
船舶及浮动装置制造	1365	960		1365	42925		42833
航空航天器制造	359	359		359	1348		1348
交通器材及其他交通运输设备制造							
电气机械及器材制造业	22883	19644	6	22876	665379	4187	652452
电机制造	967	877		967	18890		16881
输配电及控制设备制造	2720	1989		2720	51227		50038
电线、电缆、光缆及电工器材制造	1345	1120		1345	40657	5	40455
电池制造	7894	7633		7894	56307		55755
家用电力器具制造	8060	6703	6	8054	455797	4176	447243
非电力家用器具制造	374	312		374	13348		13215
照明器具制造	1348	841		1348	28550	5	28262
其他电气机械及器材制造	175	170		175	604		604
通信设备、计算机及其他电子设备制造业	109604	105066	26	109577	2151770	159	2147966
通信设备制造	76934	76076		76934	1427922		1427350
雷达及配套设备制造							
广播电视设备制造	455	379		455	17789		17789
电子计算机制造	13562	13136		13562	225458		224702
电子器件制造	3883	3309		3883	138029		137955
电子元件制造	9588	7726	2	9586	172426	70	170596
家用视听设备制造	4510	3849	24	4486	152321	89	152013
其他电子设备制造	670	591		670	17826		17561
仪器仪表及文化、办公用机械制造业	2581	2193		2581	39382		39169
通用仪器仪表制造	591	570		591	10537		10537
专用仪器仪表制造	256	243		256	4542		4490
钟表与计时仪器制造	10	10		10	48		48
光学仪器及眼镜制造	359	228		359	2922		2922
文化、办公用机械制造	1366	1142		1366	21333		21172
其他仪器仪表的制造及修理							
工艺品及其他制造业	86	73		86	2204		2204
工艺美术品制造	46	40		46	1910		1910
日用杂品制造	40	33		40	294		294
煤制品制造							
核辐射加工							
其他未列明的制造业							

3-14　续表 6

项　　目	R&D人员折合全时当量(人年)	#科学家工程师	#应用研究	#试验发展	R&D经费内部支出(万元)	#应用研究	#试验发展
废弃资源和废旧材料回收加工业							
金属废料和碎屑的加工处理							
非金属废料和碎屑的加工处理							
电力、燃气及水的生产和供应业	1129	635		1129	28069		27463
电力、热力的生产和供应业	800	505		800	23737		23132
电力生产	590	351		590	17286		17286
电力供应	210	155		210	6451		5846
热力生产和供应							
燃气生产和供应业	263	64		263	1410		1410
燃气生产和供应业	263	64		263	1410		1410
水的生产和供应业	67	66		67	2922		2921
自来水的生产和供应	67	66		67	2922		2921
污水处理及其再生利用							
其他水的处理、利用与分配							
四、按隶属关系分组							
中央	21623	21156		21623	388611		385391
省（自治区、直辖市）	1739	1623		1739	114172		112122
地（区、市、州、盟）	18246	15325	38	18208	312317	195	308805
县（区、市、旗）	1618	1233		1618	52236		52197
其他	134275	116747	105	134170	3242244	4500	3222883
五、按地区分组							
广州市	19465	15431		19465	808263		800130
深圳市	110607	103625		110606	1971844	7	1968666
珠海市	2942	2448		2942	93085		92165
汕头市	1001	804		1001	22496		22135
佛山市	11510	9781	6	11503	526044	4175	517463
韶关市	1329	1151		1329	81049		79218
河源市	32	27		32	125		125
梅州市	149	72		149	3630		3606
惠州市	3603	3073	24	3578	78614	89	78466
汕尾市	328	187		328	336		336
东莞市	10530	8460		10530	170731		169677
中山市	7640	5649		7640	204745	6	202366
江门市	2881	1654		2881	64838	1	64526
阳江市	10	8		10	216		216
湛江市	563	432		563	8807		8769
茂名市	1381	1040		1381	18359		18262
肇庆市	1947	913	12	1934	18289	36	18101
清远市	258	231		258	8590		8541
潮州市	603	409		603	16136		15672
揭阳市	652	627	100	552	12452	380	12032
云浮市	73	62		73	931		930

3-15 小型工业企业研究与发展(R&D)活动情况

项 目	R&D人员折合全时当量(人年)	#科学家工程师	#应用研究	#试验发展	R&D经费内部支出(万元)	#应用研究	#试验发展
总 计	**19989**	**16446**	**17**	**19972**	**313935**	**279**	**311461**
总计中：国有控股企业	1253	1029		1253	19787	4	19645
一、按登记注册类型分组							
内资企业	13643	11368	16	13627	195349	272	193128
国有企业	159	146		159	3581		3479
集体企业	43	11		43	588		586
股份合作企业	22	7		22	84		84
联营企业	57	47		57	743	1	742
国有联营企业							
集体联营企业	5	3		5	220		220
国有与集体联营企业							
其他联营企业	53	44		53	523	1	522
有限责任公司	4023	3457	9	4014	57932	104	57083
国有独资公司	171	140		171	4139		4119
其他有限责任公司	3852	3316	9	3843	53793	104	52964
股份有限公司	940	719		940	15497		15296
私营企业	8330	6933	7	8323	115658	167	114609
私营独资企业	491	437		491	5597	1	5446
私营合伙企业	100	67		100	581		580
私营有限责任公司	7111	5844	7	7105	99607	166	99057
私营股份有限公司	627	585		627	9873		9525
其他企业	69	47		69	1267		1251
港、澳、台商投资企业	3815	3083		3814	72374	5	72247
合资经营企业(港或澳、台资)	1717	1405		1717	31346	4	31289
合作经营企业(港或澳、台资)	87	71		87	997		995
港、澳、台商独资经营企业	2011	1607		2011	40031	1	39963
港、澳、台商投资股份有限公司							
外商投资企业	2531	1995		2530	46212	3	46086
中外合资经营企业	922	748		922	15377		15364
中外合作经营企业	70	59		70	1158		1122
外资企业	1398	1099		1398	22576	3	22499
外商投资股份有限公司	142	90		142	7101		7101
二、按工业行业中类分组							
采矿业	135	135		135	3761		3761
煤炭开采和洗选业							
烟煤和无烟煤的开采洗选							
褐煤的开采洗选							
其他煤炭采选							
石油和天然气开采业	136	136		136	3761		3761
天然原油和天然气开采	128	128		128	3583		3583
与石油和天然气开采有关的服务活动	8	8		8	179		179

3-15 续表 1

项目	R&D人员折合全时当量(人年)	#科学家工程师	#应用研究	#试验发展	R&D经费内部支出(万元)	#应用研究	#试验发展
黑色金属矿采选业							
铁矿采选							
其他黑色金属矿采选							
有色金属矿采选业							
常用有色金属矿采选							
贵金属矿采选							
稀有稀土金属矿采选							
非金属矿采选业							
土砂石开采							
化学矿采选							
采盐							
石棉及其他非金属矿采选							
其他采矿业							
其他采矿业							
制造业	19768	16229	17	19751	309207	279	306733
农副食品加工业	537	489		537	13952		13897
谷物磨制	29	22		29	591		590
饲料加工	353	328		353	11788		11744
植物油加工	2	1		2	262		260
制糖							
屠宰及肉类加工	75	75		75	180		180
水产品加工	79	63		79	1130		1123
蔬菜、水果和坚果加工							
其他农副食品加工							
食品制造业	225	200	4	221	5876	149	5589
焙烤食品制造	29	28		29	126		126
糖果、巧克力及蜜饯制造	28	26		28	1323		1323
方便食品制造							
液体乳及乳制品制造							
罐头制造	9	8	4	5	2113	149	1839
调味品、发酵制品制造	7	5		7	34		34
其他食品制造	154	134		154	2281		2267
饮料制造业	145	139	9	136	2557	100	2442
酒精制造							
酒的制造	110	105	9	101	1233	100	1133
软饮料制造	32	31		32	1306		1291
精制茶加工	3	3		3	18		18
烟草制品业	98	11		98	287		287
烟叶复烤	98	11		98	287		287
卷烟制造							
其他烟草制品加工							
纺织业	63	47		63	952		952
棉、化纤纺织及印染精加工	6	4		6	232		232
毛纺织和染整精加工							

3-15 续表 2

项目	R&D人员折合全时当量(人年)	#科学家工程师	#应用研究	#试验发展	R&D经费内部支出(万元)	#应用研究	#试验发展
麻纺织							
丝绢纺织及精加工							
纺织制成品制造	46	34		46	583		583
针织品、编织品及其制品制造	11	10		11	137		137
纺织服装、鞋、帽制造业	33	28		33	246		246
纺织服装制造	25	20		25	226		226
纺织面料鞋的制造							
制帽	8	8		8	20		20
皮革、毛皮、羽毛(绒)及其制品业	40	33		40	308		306
皮革鞣制加工							
皮革制品制造	31	32		31	275		275
毛皮鞣制及制品加工							
羽毛(绒)加工及制品制造	8	2		8	33		31
木材加工及木、竹、藤、棕、草制品业	79	61		79	1099		1068
锯材、木片加工							
人造板制造	43	30		43	990		959
木制品制造	36	31		36	109		109
竹、藤、棕、草制品制造							
家具制造业	35	24		35	231		226
木质家具制造	1	1		1	2		2
竹、藤家具制造							
金属家具制造							
塑料家具制造							
其他家具制造	33	23		33	229		224
造纸及纸制品业	53	36		53	2000		1999
纸浆制造							
造纸	41	25		41	1538		1537
纸制品制造	12	11		12	462		462
印刷业和记录媒介的复制	114	90		114	1379		1344
印刷	67	45		67	787		752
装订及其他印刷服务活动							
记录媒介的复制	48	44		48	592		592
文教体育用品制造业	121	28		121	363		363
文化用品制造	13	6		13	109		109
体育用品制造	98	17		98	223		223
乐器制造							
玩具制造	11	6		11	31		31
游艺器材及娱乐用品制造							
石油加工、炼焦及核燃料加工业	58	56		58	3633		3633
精炼石油产品的制造	58	56		58	3633		3633
炼焦							
核燃料加工							

3-15　续表 3

项　　目	R&D人员折合全时当量（人年）	#科学家工程师	#应用研究	#试验发展	R&D经费内部支出（万元）	#应用研究	#试验发展
化学原料及化学制品制造业	2325	1890		2325	41939		41431
基础化学原料制造	85	59		85	1569		1536
肥料制造	92	75		92	1329		1321
农药制造	15	15		15	189		189
涂料、油墨、颜料及类似产品制造	720	621		720	12169		12154
合成材料制造	150	119		150	2921		2900
专用化学产品制造	986	813		986	19541		19167
日用化学产品制造	274	188		274	4220		4166
医药制造业	1034	951		1034	12938		12806
化学药品原药制造	65	44		66	975		972
化学药品制剂制造	217	212		217	1275		1260
中药饮片加工	39	32		39	514		509
中成药制造	223	199		223	2589		2562
兽用药品制造	75	71		75	768		767
生物、生化制品的制造	235	225		235	4603		4531
卫生材料及医药用品制造	178	169		178	2214		2205
化学纤维制造业	51	36		51	946		946
纤维素纤维原料及纤维制造	8	5		8	75		75
合成纤维制造	43	31		43	871		871
橡胶制品业	200	170		200	2467		2462
轮胎制造							
橡胶板、管、带的制造	2	1		2	40		40
橡胶零件制造	32	22		32	372		372
再生橡胶制造							
日用及医用橡胶制品制造	5	5		5	63		60
橡胶靴鞋制造	26	24		26	60		60
其他橡胶制品制造	134	118		134	1931		1930
塑料制品业	595	428		595	12176		12026
塑料薄膜制造	122	61		122	2916		2911
塑料板、管、型材的制造	146	113		146	6018		6018
塑料丝、绳及编织品的制造	16	10		16	552		442
泡沫塑料制造	6	5		6	16		16
塑料人造革、合成革制造							
塑料包装箱及容器制造	66	56		66	331		331
塑料零件制造	68	55		68	641		641
日用塑料制造	46	39		46	385		385
其他塑料制品制造	126	89		126	1317		1282
非金属矿物制品业	409	335		409	6278		6244
水泥、石灰和石膏的制造	1	1		1	5		5
水泥及石膏制品制造	18	14		18	70		69
砖瓦、石材及其他建筑材料制造	28	17		28	233		233
玻璃及玻璃制品制造	161	157		161	2255		2242

3-15 续表 4

项 目	R&D人员折合全时当量(人年)	#科学家工程师	#应用研究	#试验发展	R&D经费内部支出(万元)	#应用研究	#试验发展
陶瓷制品制造	179	124		179	2461		2440
耐火材料制品制造							
石墨及其他非金属矿物制品制造	23	22		23	1254		1254
黑色金属冶炼及压延加工业	19	15		19	444		442
炼铁							
炼钢							
钢压延加工	19	15		19	444		442
铁合金冶炼							
有色金属冶炼及压延加工业	135	125		135	6039		6011
常用有色金属冶炼	14	12		14	201		198
贵金属冶炼							
稀有稀土金属冶炼	5	3		5	220		220
有色金属合金制造	16	13		16	1271		1254
有色金属压延加工	99	96		99	4347		4339
金属制品业	574	474		574	10904		10667
结构性金属制品制造	15	15		15	505		385
金属工具制造	72	45		72	844		763
集装箱及金属包装容器制造	53	46		53	436		436
金属丝绳及其制品的制造	5	5		5	590		590
建筑、安全用金属制品制造	146	139		146	1991		1991
金属表面处理及热处理加工	62	55		62	977		969
搪瓷制品制造	4	5		4	120		120
不锈钢及类似日用金属制品制造	82	75		82	3745		3720
其他金属制品制造	134	89		134	1695		1693
通用设备制造业	854	697		854	14636	2	14539
锅炉及原动机制造	54	34		54	1392		1389
金属加工机械制造	242	205	1	241	3760	1	3752
起重运输设备制造	57	42		57	1331		1301
泵、阀门、压缩机及类似机械的制造	218	203		218	3844	1	3843
轴承、齿轮、传动和驱动部件的制造	32	26		32	343		343
烘炉、熔炉及电炉制造							
风机、衡器、包装设备等通用设备制造	201	160		201	2884		2831
通用零部件制造及机械修理	46	25		46	1000		1000
金属铸、锻加工	3	2		3	82		80
专用设备制造业	1611	1320		1611	22790		22607
矿山、冶金、建筑专用设备制造	54	54		54	1790		1784
化工、木材、非金属加工专用设备制造	402	312		402	6807		6762
食品、饮料、烟草及饲料生产专用设备制造	111	110		111	840		816
印刷、制药、日化生产专用设备制造	107	86		107	1245		1231
纺织、服装和皮革工业专用设备制造	7	6		7	244		244
电子和电工机械专用设备制造	182	148		182	2136		2128
农、林、牧、渔专用机械制造	103	82		103	251		251
医疗仪器设备及器械制造	469	397		469	6779		6747
环保、社会公共安全及其他专用设备制造	174	125		174	2699		2645

3-15　续表 5

项　　目	R&D人员折合全时当量（人年）	#科学家工程师	#应用研究	#试验发展	R&D经费内部支出（万元）	#应用研究	#试验发展
交通运输设备制造业	534	460		534	10492		10452
铁路运输设备制造	34	34		34	246		246
汽车制造	370	315		370	7393		7353
摩托车制造	87	76		87	1787		1787
自行车制造	42	36		42	1066		1066
船舶及浮动装置制造							
航空航天器制造							
交通器材及其他交通运输设备制造							
电气机械及器材制造业	3216	2424		3217	48327	15	48013
电机制造	139	125		139	2823		2823
输配电及控制设备制造	1052	795		1052	15620	6	15598
电线、电缆、光缆及电工器材制造	359	231		359	7315		7101
电池制造	361	308		361	4796		4795
家用电力器具制造	607	392		607	8813	1	8806
非电力家用器具制造	59	57		59	936		887
照明器具制造	460	361		460	6605	4	6594
其他电气机械及器材制造	177	154		177	1418	4	1409
通信设备、计算机及其他电子设备制造业	5437	4595	3	5435	72603	13	72447
通信设备制造	1141	1071		1141	16360		16355
雷达及配套设备制造							
广播电视设备制造	427	380		427	3229		3220
电子计算机制造	975	822		975	13299		13297
电子器件制造	661	531		661	8049		8028
电子元件制造	1127	850	3	1124	18272	13	18247
家用视听设备制造	601	484		601	5254		5231
其他电子设备制造	508	457		508	8140		8069
仪器仪表及文化、办公用机械制造业	1015	956		1015	10926		10908
通用仪器仪表制造	505	500		505	5074		5074
专用仪器仪表制造	220	210		220	2469		2468
钟表与计时仪器制造	29	29		29	718		718
光学仪器及眼镜制造	99	72		99	715		715
文化、办公用机械制造	137	122		137	1892		1876
其他仪器仪表的制造及修理	24	23		24	58		58
工艺品及其他制造业	101	76		101	1655		1653
工艺美术品制造	64	53		64	942		939
日用杂品制造	38	23		38	713		713
煤制品制造							
核辐射加工							
其他未列明的制造业							

3-15 续表 6

项　　目	R&D人员折合全时当量(人年)	#科学家工程师	#应用研究	#试验发展	R&D经费内部支出(万元)	#应用研究	#试验发展
废弃资源和废旧材料回收加工业	55	34		55	765		729
金属废料和碎屑的加工处理	55	34		55	765		729
非金属废料和碎屑的加工处理							
电力、燃气及水的生产和供应业	85	82		85	967		967
电力、热力的生产和供应业	85	82		85	967		967
电力生产	84	81		84	967		967
电力供应							
热力生产和供应							
燃气生产和供应业							
燃气生产和供应业							
水的生产和供应业							
自来水的生产和供应							
污水处理及其再生利用							
其他水的处理、利用与分配							
三、按隶属关系分组							
中央	168	168		168	4306		4306
省（自治区、直辖市）	298	293	9	289	3441	100	3312
地（区、市、州、盟）	2536	2056		2535	41611	1	41084
县（区、市、旗）	699	539		699	11459		11305
其他	16288	13392	7	16281	253118	178	251454
四、按地区分组							
广州市	4371	3731		4371	101733		101282
深圳市	6192	5440	1	6192	76890	10	76573
珠海市	1441	1196		1441	16719		16612
汕头市	511	401		511	9397		9153
佛山市	1093	888		1093	21305	1	21072
韶关市	204	110		204	4093		4093
河源市	92	86		92	2335		2328
梅州市	51	45		51	400		400
惠州市	305	265	3	303	2915	13	2864
汕尾市	9	8		9	62		62
东莞市	1675	1235		1674	19598	3	19537
中山市	1547	1103		1547	21402	4	21292
江门市	386	311		386	6285		5977
阳江市							
湛江市	850	711		850	14811		14748
茂名市	13	10	4	9	855	149	650
肇庆市	306	239		307	3108		2950
清远市	211	67		211	4378		4340
潮州市	516	432		516	5041		5019
揭阳市	135	128	9	126	1865	100	1765
云浮市	77	42		77	743		743

3-16　规模以上工业企业办科技活动机构情况

项　目	企业办科技机构数合计(个)	科技活动人员(人)	#博士毕业	#硕士毕业	机构科技经费内部支出(万元)
总　计	**2942**	**219708**	**3294**	**34719**	**4260658**
总计中：国有控股企业	274	41223	766	2240	647767
一、按企业规模分组					
大中型企业	1678	194498	2641	32392	3974245
大型企业	344	128491	1703	26964	2754857
中型企业	1334	66007	938	5428	1219388
小型企业	1264	25210	653	2327	286413
二、按登记注册类型分组					
内资企业	1682	138600	2329	28585	2431954
国有企业	34	1557	50	269	18341
集体企业	10	256	5	33	3880
股份合作企业	7	103		13	1244
联营企业	5	191	7	16	2063
国有联营企业	2	113	1	8	576
集体联营企业	1	10	2	2	220
国有与集体联营企业					
其他联营企业	2	68	4	6	1266
有限责任公司	536	73707	951	23814	1335707
国有独资公司	42	4060	68	327	140768
其他有限责任公司	494	69647	883	23487	1194939
股份有限公司	277	39025	796	2613	768447
私营企业	809	23652	517	1823	301824
私营独资企业	54	1273	29	85	14099
私营合伙企业	8	240	6	19	2086
私营有限责任公司	690	19656	406	1349	228590
私营股份有限公司	57	2483	76	370	57049
其他企业	4	109	3	4	450
港、澳、台商投资企业	733	42796	611	2612	748869
合资经营企业(港或澳、台资)	264	15752	315	1080	268733
合作经营企业(港或澳、台资)	23	574	3	34	4169
港、澳、台商独资经营企业	420	24129	280	1401	435449
港、澳、台商投资股份有限公司	26	2341	13	97	40518
外商投资企业	527	38312	354	3522	1079835
中外合资经营企业	219	11038	133	1070	648157
中外合作经营企业	20	487	9	111	7802
外资企业	256	24913	182	2186	395170
外商投资股份有限公司	32	1874	30	155	28706
三、按工业行业中类分组					
采矿业	8	588	13	199	23811
煤炭开采和洗选业					
烟煤和无烟煤的开采洗选					
褐煤的开采洗选					
其他煤炭采选					

3-16 续表 1

项　　目	企业办科技机构数合计（个）	科技活动人员（人）	#博士毕业	#硕士毕业	机构科技经费内部支出（万元）
石油和天然气开采业	3	255	12	174	21881
天然原油和天然气开采	2	249	12	174	21745
与石油和天然气开采有关的服务活动	1	6			135
黑色金属矿采选业					
铁矿采选					
其他黑色金属矿采选					
有色金属矿采选业	2	115	1	6	458
常用有色金属矿采选	1	32	1	3	35
贵金属矿采选	1	83		3	423
稀有稀土金属矿采选					
非金属矿采选业	3	218		19	1472
土砂石开采	2	62		4	336
化学矿采选	1	156		15	1136
采盐					
石棉及其他非金属矿采选					
其他采矿业					
其他采矿业					
制造业	2914	217715	3215	34304	4208917
农副食品加工业	55	1142	64	176	17044
谷物磨制	2	29	1	2	205
饲料加工	25	505	46	100	7338
植物油加工	1	32	3	2	914
制糖	5	150		13	2643
屠宰及肉类加工	1	40			180
水产品加工	16	245	12	45	2884
蔬菜、水果和坚果加工	1	60		8	526
其他农副食品加工	4	81	2	6	2355
食品制造业	51	1917	25	146	47610
焙烤食品制造	6	128	6	18	679
糖果、巧克力及蜜饯制造	10	596		5	15395
方便食品制造	2	110	1	3	72
液体乳及乳制品制造	5	245	7	36	2518
罐头制造	2	11		2	22
调味品、发酵制品制造	12	488	2	24	18472
其他食品制造	14	339	9	58	10453
饮料制造业	16	695	10	68	15694
酒精制造	1	45	1	6	300
酒的制造	7	492	7	46	12694
软饮料制造	6	94	2	15	2201
精制茶加工	2	64		1	498
烟草制品业	3	196	5	39	14756
烟叶复烤					
卷烟制造	2	126	4	36	14542
其他烟草制品加工	1	70	1	3	214

3-16　续表 2

项　　目	企业办科技机构数合计(个)	科技活动人员(人)	#博士毕业	#硕士毕业	机构科技经费内部支出(万元)
纺织业	20	466	2	12	5844
棉、化纤纺织及印染精加工	8	232	2	3	607
毛纺织和染整精加工	1	46		5	177
麻纺织					
丝绢纺织及精加工	1	9			65
纺织制成品制造	4	77			1128
针织品、编织品及其制品制造	6	102		4	3867
纺织服装、鞋、帽制造业	42	2572	33	86	29499
纺织服装制造	41	2566	33	86	29484
纺织面料鞋的制造	1	6			15
制帽					
皮革、毛皮、羽毛(绒)及其制品业	17	642	3	9	2614
皮革鞣制加工	2	52			196
皮革制品制造	13	552	2	7	2307
毛皮鞣制及制品加工					
羽毛(绒)加工及制品制造	2	38	1	2	111
木材加工及木、竹、藤、棕、草制品业	11	208	1	5	1013
锯材、木片加工	1	29		1	50
人造板制造	7	155	1	3	844
木制品制造	3	24		1	119
竹、藤、棕、草制品制造					
家具制造业	23	727	4	14	4052
木质家具制造	10	367	4	9	2545
竹、藤家具制造					
金属家具制造	7	295		3	891
塑料家具制造					
其他家具制造	6	65		2	616
造纸及纸制品业	41	1493	6	73	17933
纸浆制造	2	33			181
造纸	15	600	1	23	3898
纸制品制造	24	860	5	50	13854
印刷业和记录媒介的复制	22	586	8	33	11949
印刷	17	452	8	27	6685
装订及其他印刷服务活动	1	80		1	800
记录媒介的复制	4	54		5	4464
文教体育用品制造业	40	1878	34	72	9141
文化用品制造	4	70			1041
体育用品制造	12	517	7	6	1842
乐器制造	3	317	10	20	1011
玩具制造	19	914	17	41	5157
游艺器材及娱乐用品制造	2	60		5	90

3-16 续表 3

项目	企业办科技机构数合计(个)	科技活动人员(人)	#博士毕业	#硕士毕业	机构科技经费内部支出(万元)
石油加工、炼焦及核燃料加工业	15	700	7	45	19360
精炼石油产品的制造	15	700	7	45	19360
炼焦					
核燃料加工					
化学原料及化学制品制造业	219	5743	192	702	140362
基础化学原料制造	12	367	8	40	13314
肥料制造	7	184	5	27	18366
农药制造	7	348	7	20	4185
涂料、油墨、颜料及类似产品制造	60	1392	49	153	19539
合成材料制造	20	821	48	160	38981
专用化学产品制造	77	1624	56	217	20853
日用化学产品制造	36	1007	19	85	25124
医药制造业	136	4701	125	595	71893
化学药品原药制造	26	624	7	34	5254
化学药品制剂制造	31	1754	34	163	36245
中药饮片加工	4	90	6	15	378
中成药制造	29	811	16	70	8711
兽用药品制造	11	296	20	80	1968
生物、生化制品的制造	25	640	33	186	13236
卫生材料及医药用品制造	10	486	9	47	6101
化学纤维制造业	7	561	7	25	11320
纤维素纤维原料及纤维制造					
合成纤维制造	7	561	7	25	11320
橡胶制品业	26	1258	27	60	23990
轮胎制造	4	913	11	20	20905
橡胶板、管、带的制造	2	26			251
橡胶零件制造	4	76		4	437
再生橡胶制造					
日用及医用橡胶制品制造	1	6		1	39
橡胶靴鞋制造	1	30	1	2	140
其他橡胶制品制造	14	207	15	33	2218
塑料制品业	110	3635	55	256	66574
塑料薄膜制造	21	459	5	57	15640
塑料板、管、型材的制造	25	967	18	97	25482
塑料丝、绳及编织品的制造	1	6			142
泡沫塑料制造	2	47	1	3	329
塑料人造革、合成革制造	1	18			80
塑料包装箱及容器制造	13	318	6	14	3492
塑料零件制造	13	745	7	23	5354
日用塑料制造	12	288	1	12	2334
其他塑料制品制造	22	787	17	50	13720
非金属矿物制品业	117	3646	53	153	44456
水泥、石灰和石膏的制造	8	111			1144

3-16　续表 4

项　　目	企业办科技机构数合计(个)	科技活动人员(人)	#博士毕业	#硕士毕业	机构科技经费内部支出(万元)
水泥及石膏制品制造	7	262	6	11	2999
砖瓦、石材及其他建筑材料制造	28	1038	14	48	20952
玻璃及玻璃制品制造	26	826	16	42	6843
陶瓷制品制造	38	1074	13	24	8929
耐火材料制品制造	2	46		9	471
石墨及其他非金属矿物制品制造	8	289	4	19	3118
黑色金属冶炼及压延加工业	14	1495	11	137	114003
炼铁					
炼钢	3	450	4	28	3327
钢压延加工	11	1045	7	109	110676
铁合金冶炼					
有色金属冶炼及压延加工业	53	1827	44	158	32387
常用有色金属冶炼	5	206	4	16	1308
贵金属冶炼					
稀有稀土金属冶炼	8	191	2	2	2955
有色金属合金制造	4	85	2	11	1005
有色金属压延加工	36	1345	36	129	27119
金属制品业	98	3289	105	234	54252
结构性金属制品制造	16	873	7	37	13205
金属工具制造	13	409	3	21	5258
集装箱及金属包装容器制造	4	84	4	4	1192
金属丝绳及其制品的制造	1	18			12
建筑、安全用金属制品制造	23	930	10	57	12947
金属表面处理及热处理加工	12	199	5	26	9859
搪瓷制品制造	3	122	3	15	2080
不锈钢及类似日用金属制品制造	18	450	4	61	7787
其他金属制品制造	8	204	69	13	1912
通用设备制造业	166	5597	97	331	80264
锅炉及原动机制造	4	123	32	16	1137
金属加工机械制造	31	824	6	21	9012
起重运输设备制造	13	763	12	29	7397
泵、阀门、压缩机及类似机械的制造	40	1606	13	117	28400
轴承、齿轮、传动和驱动部件的制造	12	486	14	10	7392
烘炉、熔炉及电炉制造					
风机、衡器、包装设备等通用设备制造	45	1349	16	93	20892
通用零部件制造及机械修理	14	357	2	39	4735
金属铸、锻加工	7	89	2	6	1299
专用设备制造业	198	6994	185	975	110789
矿山、冶金、建筑专用设备制造	6	77	1	4	2018
化工、木材、非金属加工专用设备制造	63	1737	42	71	16135
食品、饮料、烟草及饲料生产专用设备制造	7	202	1	5	2248
印刷、制药、日化生产专用设备制造	12	198	20	31	7313
纺织、服装和皮革工业专用设备制造	4	72		2	324

3-16 续表 5

项　　目	企业办科技机构数合计(个)	科技活动人员(人)	#博士毕业	#硕士毕业	机构科技经费内部支出(万元)
电子和电工机械专用设备制造	26	1279	17	227	22409
农、林、牧、渔专用机械制造	7	137	3	8	1392
医疗仪器设备及器械制造	43	2474	72	561	49627
环保、社会公共安全及其他专用设备制造	30	818	29	66	9323
交通运输设备制造业	95	6774	34	346	459279
铁路运输设备制造	2	69	2	8	729
汽车制造	51	3248	12	193	386470
摩托车制造	22	1240	6	93	28811
自行车制造	7	145	8	5	618
船舶及浮动装置制造	10	1548	4	27	41302
航空航天器制造	3	524	2	20	1348
交通器材及其他交通运输设备制造					
电气机械及器材制造业	552	29854	558	1841	716505
电机制造	20	1068	3	47	16537
输配电及控制设备制造	139	5617	71	310	59400
电线、电缆、光缆及电工器材制造	59	2033	35	158	65473
电池制造	60	8302	279	394	61831
家用电力器具制造	165	9942	111	768	475654
非电力家用器具制造	17	384	23	41	15477
照明器具制造	81	2324	29	102	21039
其他电气机械及器材制造	11	184	7	21	1093
通信设备、计算机及其他电子设备制造业	645	124732	1454	27118	2028873
通信设备制造	136	80099	1165	23490	1197563
雷达及配套设备制造					
广播电视设备制造	19	850	7	64	21966
电子计算机制造	95	14510	58	1632	202351
电子器件制造	88	5546	43	468	142717
电子元件制造	176	14624	100	600	187953
家用视听设备制造	88	7557	53	697	250113
其他电子设备制造	43	1546	28	167	26210
仪器仪表及文化、办公用机械制造业	103	3927	62	583	53167
通用仪器仪表制造	38	1322	24	319	20193
专用仪器仪表制造	28	696	26	111	10246
钟表与计时仪器制造	6	100		5	1239
光学仪器及眼镜制造	8	485	4	36	5204
文化、办公用机械制造	20	1237	8	102	15283
其他仪器仪表的制造及修理	3	87		10	1002
工艺品及其他制造业	17	425	2	12	4178
工艺美术品制造	8	140		5	1005
日用杂品制造	7	217			2818
煤制品制造					
核辐射加工					
其他未列明的制造业	2	68	2	7	355

3-16 续表 6

项 目	企业办科技机构数合计(个)	科技活动人员(人)	#博士毕业	#硕士毕业	机构科技经费内部支出(万元)
废弃资源和废旧材料回收加工业	2	35	2		118
金属废料和碎屑的加工处理	2	35	2		118
非金属废料和碎屑的加工处理					
电力、燃气及水的生产和供应业	20	1405	66	216	27930
电力、热力的生产和供应业	11	1214	54	181	24845
电力生产	8	793	15	47	17799
电力供应	3	421	39	134	7046
热力生产和供应					
燃气生产和供应业					
燃气生产和供应业					
水的生产和供应业	9	191	12	35	3085
自来水的生产和供应	9	191	12	35	3085
污水处理及其再生利用					
其他水的处理、利用与分配					
四、按隶属关系分组					
中央	40	21163	547	370	103273
省（自治区、直辖市）	39	3765	89	379	100604
地（区、市、州、盟）	397	30377	483	2551	465592
县（区、市、旗）	107	3996	64	260	78489
其他	2359	160407	2111	31159	3512700
五、按地区分组					
广州市	371	24325	464	2527	889537
深圳市	701	118171	1742	27170	1813461
珠海市	164	9495	82	936	197785
汕头市	86	2154	56	233	28739
佛山市	367	13214	300	1194	529094
韶关市	25	1675	12	116	84771
河源市	16	280	19	40	2826
梅州市	21	529	2	17	3416
惠州市	78	5753	33	311	153929
汕尾市	5	1308	2	57	14760
东莞市	344	16162	219	691	187111
中山市	392	12155	176	587	132134
江门市	73	2717	51	208	65847
阳江市	24	722	7	50	6590
湛江市	72	1876	37	216	51592
茂名市	17	939	7	58	13058
肇庆市	63	3677	19	77	25353
清远市	18	574	14	101	13546
潮州市	65	2045	22	44	24085
揭阳市	26	1402	27	66	20319
云浮市	14	535	3	20	2706

3-17 大中型工业企业办科技活动机构情况

项　　目	企业办科技机构数合计(个)	科技活动人员(人)	#博士毕业	#硕士毕业	机构科技经费内部支出(万元)
总　　计	**1678**	**194498**	**2641**	**32392**	**3974245**
总计中：国有控股企业	215	39957	731	2065	628264
一、按企业规模分组					
大型企业	344	128491	1703	26964	2754857
中型企业	1334	66007	938	5428	1219388
二、按登记注册类型分组					
内资企业	826	121310	1860	27119	2259992
国有企业	23	1401	43	240	17282
集体企业	7	223	2	29	3677
股份合作企业	3	47		13	323
联营企业	2	118	2	6	1337
国有联营企业	1	83		3	423
集体联营企业					
国有与集体联营企业					
其他联营企业	1	35	2	3	914
有限责任公司	270	68222	822	23346	1279357
国有独资公司	37	3938	66	310	138467
其他有限责任公司	233	64284	756	23036	1140890
股份有限公司	235	37903	767	2478	754986
私营企业	284	13382	221	1004	202719
私营独资企业	17	611	14	21	10410
私营合伙企业	2	92			859
私营有限责任公司	239	10884	148	706	142962
私营股份有限公司	26	1795	59	277	48488
其他企业	2	14	3	3	311
港、澳、台商投资企业	483	37824	503	2090	672289
合资经营企业(港或澳、台资)	166	13706	265	894	246671
合作经营企业(港或澳、台资)	13	360	1	22	2587
港、澳、台商独资经营企业	278	21417	224	1077	382514
港、澳、台商投资股份有限公司	26	2341	13	97	40518
外商投资企业	369	35364	278	3183	1041963
中外合资经营企业	147	9847	95	855	630114
中外合作经营企业	14	412	4	95	7093
外资企业	182	23386	151	2086	378312
外商投资股份有限公司	26	1719	28	147	26445
三、按工业行业中类分组					
采矿业	6	452	7	84	12688
煤炭开采和洗选业					
烟煤和无烟煤的开采洗选					
褐煤的开采洗选					
其他煤炭采选					

3-17　续表 1

项　目	企业办科技机构数合计(个)	科技活动人员(人)	#博士毕业	#硕士毕业	机构科技经费内部支出(万元)
石油和天然气开采业	1	119	6	59	10757
天然原油和天然气开采	1	119	6	59	10757
与石油和天然气开采有关的服务活动					
黑色金属矿采选业					
铁矿采选					
其他黑色金属矿采选					
有色金属矿采选业	2	115	1	6	458
常用有色金属矿采选	1	32	1	3	35
贵金属矿采选	1	83		3	423
稀有稀土金属矿采选					
非金属矿采选业	3	218		19	1472
土砂石开采	2	62		4	336
化学矿采选	1	156		15	1136
采盐					
石棉及其他非金属矿采选					
其他采矿业					
其他采矿业					
制造业	1654	192664	2568	32092	3933860
农副食品加工业	21	516	13	66	9019
谷物磨制	1	11	1	2	159
饲料加工	1	18			245
植物油加工	1	32	3	2	914
制糖	5	150		13	2643
屠宰及肉类加工					
水产品加工	10	185	7	37	2348
蔬菜、水果和坚果加工	1	60		8	526
其他农副食品加工	2	60	2	4	2185
食品制造业	28	1577	15	99	45990
焙烤食品制造	3	77	1	4	309
糖果、巧克力及蜜饯制造	3	481			14779
方便食品制造	1	80	1	2	60
液体乳及乳制品制造	4	235	7	34	2468
罐头制造	1	5		1	17
调味品、发酵制品制造	10	478		21	18471
其他食品制造	6	221	6	37	9887
饮料制造业	7	479	5	52	13482
酒精制造					
酒的制造	4	437	3	41	11475
软饮料制造	3	42	2	11	2007
精制茶加工					
烟草制品业	2	126	4	36	14542
烟叶复烤					
卷烟制造	2	126	4	36	14542
其他烟草制品加工					

3-17 续表 2

项　　目	企业办科技机构数合计（个）	科技活动人员（人）	#博士毕业	#硕士毕业	机构科技经费内部支出（万元）
纺织业	9	352		7	5108
棉、化纤纺织及印染精加工	4	183		2	452
毛纺织和染整精加工	1	46		5	177
麻纺织					
丝绢纺织及精加工					
纺织制成品制造	1	50			837
针织品、编织品及其制品制造	3	73			3642
纺织服装、鞋、帽制造业	38	2527	33	85	29388
纺织服装制造	38	2527	33	85	29388
纺织面料鞋的制造					
制帽					
皮革、毛皮、羽毛(绒)及其制品业	7	502	1	3	2025
皮革鞣制加工					
皮革制品制造	6	487		1	1945
毛皮鞣制及制品加工					
羽毛(绒)加工及制品制造	1	15	1	2	80
木材加工及木、竹、藤、棕、草制品业	5	149	1	4	529
锯材、木片加工	1	29		1	50
人造板制造	4	120	1	3	479
木制品制造					
竹、藤、棕、草制品制造					
家具制造业	17	643	3	13	3324
木质家具制造	7	300	3	8	2075
竹、藤家具制造					
金属家具制造	7	295		3	891
塑料家具制造					
其他家具制造	3	48		2	358
造纸及纸制品业	31	1372	4	66	17531
纸浆制造	2	33			181
造纸	12	538	1	23	3759
纸制品制造	17	801	3	43	13591
印刷业和记录媒介的复制	12	472	5	25	10682
印刷	9	362	5	22	5832
装订及其他印刷服务活动	1	80		1	800
记录媒介的复制	2	30		2	4050
文教体育用品制造业	30	1684	34	67	8363
文化用品制造	1	30			908
体育用品制造	9	450	7	6	1622
乐器制造	3	317	10	20	1011
玩具制造	15	827	17	36	4733
游艺器材及娱乐用品制造	2	60		5	90
石油加工、炼焦及核燃料加工业	10	609	5	32	7368
精炼石油产品的制造	10	609	5	32	7368
炼焦					
核燃料加工					

3-17　续表 3

项　目	企业办科技机构数合计（个）	科技活动人员（人）	#博士毕业	#硕士毕业	机构科技经费内部支出（万元）
化学原料及化学制品制造业	85	3123	89	396	105154
基础化学原料制造	7	274	4	26	11749
肥料制造	2	80	3	21	17174
农药制造	4	214		10	2865
涂料、油墨、颜料及类似产品制造	15	602	7	44	10759
合成材料制造	10	645	36	143	35020
专用化学产品制造	25	562	26	91	4745
日用化学产品制造	22	746	13	61	22843
医药制造业	74	3265	77	358	59124
化学药品原药制造	19	548	6	29	4500
化学药品制剂制造	27	1666	32	151	35646
中药饮片加工	4	90	6	15	378
中成药制造	14	455	5	30	6065
兽用药品制造	1	30	2	23	720
生物、生化制品的制造	4	195	18	83	7383
卫生材料及医药用品制造	5	281	8	27	4433
化学纤维制造业	3	485	5	17	10336
纤维素纤维原料及纤维制造					
合成纤维制造	3	485	5	17	10336
橡胶制品业	7	974	11	22	21417
轮胎制造	4	913	11	20	20905
橡胶板、管、带的制造	1	20			200
橡胶零件制造	1	21			45
再生橡胶制造					
日用及医用橡胶制品制造					
橡胶靴鞋制造					
其他橡胶制品制造	1	20		2	267
塑料制品业	51	2773	25	171	52601
塑料薄膜制造	8	328	1	45	13379
塑料板、管、型材的制造	13	763	12	75	19350
塑料丝、绳及编织品的制造					
泡沫塑料制造	1	7			16
塑料人造革、合成革制造	1	18			80
塑料包装箱及容器制造	5	245	5	11	3189
塑料零件制造	10	714	5	19	4687
日用塑料制造	6	232		7	1852
其他塑料制品制造	7	466	2	14	10049
非金属矿物制品业	72	2801	35	102	36311
水泥、石灰和石膏的制造	4	64			834
水泥及石膏制品制造	5	246	6	11	2942
砖瓦、石材及其他建筑材料制造	23	991	10	39	20505

3-17 续表 4

项　目	企业办科技机构数合计（个）	科技活动人员（人）	#博士毕业	#硕士毕业	机构科技经费内部支出（万元）
玻璃及玻璃制品制造	17	655	6	19	4656
陶瓷制品制造	19	610	13	20	6120
耐火材料制品制造	1	38		9	221
石墨及其他非金属矿物制品制造	3	197		4	1034
黑色金属冶炼及压延加工业	9	1427	11	131	113444
炼铁					
炼钢	2	443	4	28	3291
钢压延加工	7	984	7	103	110153
铁合金冶炼					
有色金属冶炼及压延加工业	39	1501	37	132	27422
常用有色金属冶炼	2	181	1	5	960
贵金属冶炼					
稀有稀土金属冶炼	6	121			585
有色金属合金制造					
有色金属压延加工	31	1199	36	127	25877
金属制品业	52	2644	93	179	41401
结构性金属制品制造	8	768	3	23	9775
金属工具制造	6	275	2	19	3671
集装箱及金属包装容器制造	1	10		1	575
金属丝绳及其制品的制造	1	18			12
建筑、安全用金属制品制造	16	808	10	51	11168
金属表面处理及热处理加工	7	150	3	17	9502
搪瓷制品制造	1	100	3	10	2000
不锈钢及类似日用金属制品制造	10	373	4	58	4595
其他金属制品制造	2	142	68		104
通用设备制造业	96	4108	58	274	67580
锅炉及原动机制造	1	46	6	13	608
金属加工机械制造	11	352	5	9	4247
起重运输设备制造	4	405	3	9	6390
泵、阀门、压缩机及类似机械的制造	21	1243	13	110	25319
轴承、齿轮、传动和驱动部件的制造	8	436	14	9	6769
烘炉、熔炉及电炉制造					
风机、衡器、包装设备等通用设备制造	32	1194	13	79	18663
通用零部件制造及机械修理	13	349	2	39	4366
金属铸、锻加工	6	83	2	6	1219
专用设备制造业	78	4858	125	817	90404
矿山、冶金、建筑专用设备制造	1	28	1		1690
化工、木材、非金属加工专用设备制造	31	1079	26	52	11324
食品、饮料、烟草及饲料生产专用设备制造	2	68		1	907
印刷、制药、日化生产专用设备制造	3	82	18	24	5958
纺织、服装和皮革工业专用设备制造					
电子和电工机械专用设备制造	12	1093	14	208	20319
农、林、牧、渔专用机械制造	5	106	3	5	1194
医疗仪器设备及器械制造	13	1924	50	483	42494
环保、社会公共安全及其他专用设备制造	11	478	13	44	6517

3-17　续表 5

项　　目	企业办科技机构数合计(个)	科技活动人员(人)	#博士毕业	#硕士毕业	机构科技经费内部支出(万元)
交通运输设备制造业	73	6171	28	328	451270
铁路运输设备制造					
汽车制造	39	2891	8	186	381526
摩托车制造	17	1161	6	93	26962
自行车制造	5	55	8	2	175
船舶及浮动装置制造	9	1540	4	27	41260
航空航天器制造	3	524	2	20	1348
交通器材及其他交通运输设备制造					
电气机械及器材制造业	352	25784	466	1531	678175
电机制造	12	975		35	14859
输配电及控制设备制造	70	4127	44	192	47038
电线、电缆、光缆及电工器材制造	35	1561	20	111	56334
电池制造	39	7860	259	347	57663
家用电力器具制造	136	9317	106	749	471292
非电力家用器具制造	13	317	18	31	14543
照明器具制造	46	1582	19	65	16165
其他电气机械及器材制造	1	45		1	280
通信设备、计算机及其他电子设备制造业	403	118990	1351	26666	1968934
通信设备制造	92	78840	1136	23320	1182523
雷达及配套设备制造					
广播电视设备制造	4	380	5	49	18158
电子计算机制造	56	13456	51	1567	195063
电子器件制造	52	4800	34	403	135511
电子元件制造	114	13419	58	522	174739
家用视听设备制造	65	7070	46	667	245305
其他电子设备制造	20	1025	21	138	17636
仪器仪表及文化、办公用机械制造业	35	2506	34	410	40265
通用仪器仪表制造	10	794	15	248	14738
专用仪器仪表制造	5	185	11	28	6372
钟表与计时仪器制造	3	41		3	271
光学仪器及眼镜制造	6	434	3	36	4980
文化、办公用机械制造	11	1052	5	95	13904
其他仪器仪表的制造及修理					
工艺品及其他制造业	8	246		3	2671
工艺美术品制造	3	69		3	566
日用杂品制造	5	177			2105
煤制品制造					
核辐射加工					
其他未列明的制造业					

3-17 续表 6

项　　目	企业办科技机构数合计（个）	科技活动人员（人）	#博士毕业	#硕士毕业	机构科技经费内部支出（万元）
废弃资源和废旧材料回收加工业					
金属废料和碎屑的加工处理					
非金属废料和碎屑的加工处理					
电力、燃气及水的生产和供应业	18	1382	66	216	27697
电力、热力的生产和供应业	9	1191	54	181	24612
电力生产	6	770	15	47	17566
电力供应	3	421	39	134	7046
热力生产和供应					
燃气生产和供应业					
燃气生产和供应业					
水的生产和供应业	9	191	12	35	3085
自来水的生产和供应	9	191	12	35	3085
污水处理及其再生利用					
其他水的处理、利用与分配					
四、按隶属关系分组					
中央	36	21006	541	254	91755
省（自治区、直辖市）	27	3493	69	327	96351
地（区、市、州、盟）	244	27189	395	2195	427969
县（区、市、旗）	53	2855	39	159	67847
其他	1318	139955	1597	29457	3290323
五、按地区分组					
广州市	235	21045	367	2106	831629
深圳市	313	110279	1525	26378	1716097
珠海市	79	7680	40	738	180551
汕头市	33	1278	31	183	21597
佛山市	265	11368	249	993	510783
韶关市	15	1481	11	111	83278
河源市	3	64	4	10	92
梅州市	10	343	2	17	2603
惠州市	50	5209	29	291	148600
汕尾市	3	1280	2	55	14398
东莞市	191	13879	147	509	166812
中山市	281	9589	120	465	119292
江门市	48	2320	39	181	61612
阳江市	16	530	5	42	5032
湛江市	28	936	9	38	30482
茂名市	15	922	6	58	12955
肇庆市	34	3181	10	40	21037
清远市	8	382	7	79	10709
潮州市	27	1158	19	30	16659
揭阳市	18	1187	19	53	17915
云浮市	6	387		15	2113

3-18　小型工业企业办科技活动机构情况

项　目	企业办科技机构数合计(个)	科技活动人员(人)	#博士毕业	#硕士毕业	机构科技经费内部支出(万元)
总　计	**1264**	**25210**	**653**	**2327**	**286413**
总计中：国有控股企业	59	1266	35	175	19503
一、按登记注册类型分组					
内资企业	856	17290	469	1466	171963
国有企业	11	156	7	29	1058
集体企业	3	33	3	4	203
股份合作企业	4	56			921
联营企业	3	73	5	10	726
国有联营企业	1	30	1	5	153
集体联营企业	1	10	2	2	220
国有与集体联营企业					
其他联营企业	1	33	2	3	353
有限责任公司	266	5485	129	468	56349
国有独资公司	5	122	2	17	2301
其他有限责任公司	261	5363	127	451	54049
股份有限公司	42	1122	29	135	13461
私营企业	525	10270	296	819	99105
私营独资企业	37	662	15	64	3689
私营合伙企业	6	148	6	19	1227
私营有限责任公司	451	8772	258	643	85628
私营股份有限公司	31	688	17	93	8561
其他企业	2	95		1	138
港、澳、台商投资企业	250	4972	108	522	76579
合资经营企业(港或澳、台资)	98	2046	50	186	22062
合作经营企业(港或澳、台资)	10	214	2	12	1582
港、澳、台商独资经营企业	142	2712	56	324	52935
港、澳、台商投资股份有限公司					
外商投资企业	158	2948	76	339	37871
中外合资经营企业	72	1191	38	215	18043
中外合作经营企业	6	75	5	16	710
外资企业	74	1527	31	100	16859
外商投资股份有限公司	6	155	2	8	2260
二、按工业行业中类分组					
采矿业	2	136	6	115	11123
煤炭开采和洗选业					
烟煤和无烟煤的开采洗选					
褐煤的开采洗选					
其他煤炭采选					
石油和天然气开采业	2	136	6	115	11123
天然原油和天然气开采	1	130	6	115	10988
与石油和天然气开采有关的服务活动	1	6			135

3-18 续表 1

项目	企业办科技机构数合计(个)	科技活动人员(人)	#博士毕业	#硕士毕业	机构科技经费内部支出(万元)
黑色金属矿采选业					
铁矿采选					
其他黑色金属矿采选					
有色金属矿采选业					
常用有色金属矿采选					
贵金属矿采选					
稀有稀土金属矿采选					
非金属矿采选业					
土砂石开采					
化学矿采选					
采盐					
石棉及其他非金属矿采选					
其他采矿业					
其他采矿业					
制造业	1260	25051	647	2212	275057
农副食品加工业	34	626	51	110	8025
谷物磨制	1	18			46
饲料加工	24	487	46	100	7093
植物油加工					
制糖					
屠宰及肉类加工	1	40			180
水产品加工	6	60	5	8	536
蔬菜、水果和坚果加工					
其他农副食品加工	2	21		2	170
食品制造业	23	340	10	47	1620
焙烤食品制造	3	51	5	14	370
糖果、巧克力及蜜饯制造	7	115		5	616
方便食品制造	1	30		1	12
液体乳及乳制品制造	1	10		2	50
罐头制造	1	6		1	5
调味品、发酵制品制造	2	10	2	3	1
其他食品制造	8	118	3	21	566
饮料制造业	9	216	5	16	2212
酒精制造	1	45	1	6	300
酒的制造	3	55	4	5	1219
软饮料制造	3	52		4	194
精制茶加工	2	64		1	498
烟草制品业	1	70	1	3	214
烟叶复烤					
卷烟制造					
其他烟草制品加工	1	70	1	3	214
纺织业	11	114	2	5	736
棉、化纤纺织及印染精加工	4	49	2	1	155
毛纺织和染整精加工					

3-18 续表 2

项目	企业办科技机构数合计(个)	科技活动人员(人)	#博士毕业	#硕士毕业	机构科技经费内部支出(万元)
麻纺织					
丝绢纺织及精加工	1	9			65
纺织制成品制造	3	27			291
针织品、编织品及其制品制造	3	29		4	226
纺织服装、鞋、帽制造业	4	45		1	111
纺织服装制造	3	39		1	96
纺织面料鞋的制造	1	6			15
制帽					
皮革、毛皮、羽毛(绒)及其制品业	10	140	2	6	590
皮革鞣制加工	2	52			196
皮革制品制造	7	65	2	6	362
毛皮鞣制及制品加工					
羽毛(绒)加工及制品制造	1	23			31
木材加工及木、竹、藤、棕、草制品业	6	59		1	484
锯材、木片加工					
人造板制造	3	35			365
木制品制造	3	24		1	119
竹、藤、棕、草制品制造					
家具制造业	6	84	1	1	728
木质家具制造	3	67	1	1	470
竹、藤家具制造					
金属家具制造					
塑料家具制造					
其他家具制造	3	17			258
造纸及纸制品业	10	121	2	7	402
纸浆制造					
造纸	3	62			139
纸制品制造	7	59	2	7	263
印刷业和记录媒介的复制	10	114	3	8	1267
印刷	8	90	3	5	853
装订及其他印刷服务活动					
记录媒介的复制	2	24		3	414
文教体育用品制造业	10	194		5	777
文化用品制造	3	40			133
体育用品制造	3	67			220
乐器制造					
玩具制造	4	87		5	424
游艺器材及娱乐用品制造					
石油加工、炼焦及核燃料加工业	5	91	2	13	11992
精炼石油产品的制造	5	91	2	13	11992
炼焦					
核燃料加工					

3-18 续表 3

项目	企业办科技机构数合计(个)	科技活动人员(人)	#博士毕业	#硕士毕业	机构科技经费内部支出(万元)
化学原料及化学制品制造业	134	2620	103	306	35208
基础化学原料制造	5	93	4	14	1565
肥料制造	5	104	2	6	1192
农药制造	3	134	7	10	1321
涂料、油墨、颜料及类似产品制造	45	790	42	109	8781
合成材料制造	10	176	12	17	3961
专用化学产品制造	52	1062	30	126	16107
日用化学产品制造	14	261	6	24	2281
医药制造业	62	1436	48	237	12769
化学药品原药制造	7	76	1	5	754
化学药品制剂制造	4	88	2	12	599
中药饮片加工					
中成药制造	15	356	11	40	2646
兽用药品制造	10	266	18	57	1248
生物、生化制品的制造	21	445	15	103	5853
卫生材料及医药用品制造	5	205	1	20	1668
化学纤维制造业	4	76	2	8	984
纤维素纤维原料及纤维制造					
合成纤维制造	4	76	2	8	984
橡胶制品业	19	284	16	38	2573
轮胎制造					
橡胶板、管、带的制造	1	6			51
橡胶零件制造	3	55		4	392
再生橡胶制造					
日用及医用橡胶制品制造	1	6		1	39
橡胶靴鞋制造	1	30	1	2	140
其他橡胶制品制造	13	187	15	31	1952
塑料制品业	59	862	30	85	13972
塑料薄膜制造	13	131	4	12	2261
塑料板、管、型材的制造	12	204	6	22	6132
塑料丝、绳及编织品的制造	1	6			142
泡沫塑料制造	1	40	1	3	313
塑料人造革、合成革制造					
塑料包装箱及容器制造	8	73	1	3	304
塑料零件制造	3	31	2	4	667
日用塑料制造	6	56	1	5	483
其他塑料制品制造	15	321	15	36	3671
非金属矿物制品业	45	845	18	51	8144
水泥、石灰和石膏的制造	4	47			310
水泥及石膏制品制造	2	16			57
砖瓦、石材及其他建筑材料制造	5	47	4	9	447
玻璃及玻璃制品制造	9	171	10	23	2187

3-18　续表 4

项　　目	企业办科技机构数合计（个）	科技活动人员（人）	#博士毕业	#硕士毕业	机构科技经费内部支出（万元）
陶瓷制品制造	19	464		4	2809
耐火材料制品制造	1	8			250
石墨及其他非金属矿物制品制造	5	92	4	15	2084
黑色金属冶炼及压延加工业	5	68		6	559
炼铁					
炼钢	1	7			36
钢压延加工	4	61		6	523
铁合金冶炼					
有色金属冶炼及压延加工业	14	326	7	26	4965
常用有色金属冶炼	3	25	3	11	348
贵金属冶炼					
稀有稀土金属冶炼	2	70	2	2	2370
有色金属合金制造	4	85	2	11	1005
有色金属压延加工	5	146		2	1242
金属制品业	46	645	12	55	12850
结构性金属制品制造	8	105	4	14	3430
金属工具制造	7	134	1	2	1587
集装箱及金属包装容器制造	3	74	4	3	617
金属丝绳及其制品的制造					
建筑、安全用金属制品制造	7	122		6	1779
金属表面处理及热处理加工	5	49	2	9	358
搪瓷制品制造	2	22		5	80
不锈钢及类似日用金属制品制造	8	77		3	3191
其他金属制品制造	6	62	1	13	1808
通用设备制造业	70	1489	39	57	12684
锅炉及原动机制造	3	77	26	3	529
金属加工机械制造	20	472	1	12	4765
起重运输设备制造	9	358	9	20	1007
泵、阀门、压缩机及类似机械的制造	19	363		7	3082
轴承、齿轮、传动和驱动部件的制造	4	50		1	623
烘炉、熔炉及电炉制造					
风机、衡器、包装设备等通用设备制造	13	155	3	14	2229
通用零部件制造及机械修理	1	8			370
金属铸、锻加工	1	6			80
专用设备制造业	120	2136	60	158	20385
矿山、冶金、建筑专用设备制造	5	49		4	328
化工、木材、非金属加工专用设备制造	32	658	16	19	4811
食品、饮料、烟草及饲料生产专用设备制造	5	134	1	4	1341
印刷、制药、日化生产专用设备制造	9	116	2	7	1355
纺织、服装和皮革工业专用设备制造	4	72		2	324
电子和电工机械专用设备制造	14	186	3	19	2090
农、林、牧、渔专用机械制造	2	31		3	198
医疗仪器设备及器械制造	30	550	22	78	7133
环保、社会公共安全及其他专用设备制造	19	340	16	22	2806

3-18 续表 5

项　　目	企业办科技机构数合计(个)	科技活动人员(人)	#博士毕业	#硕士毕业	机构科技经费内部支出(万元)
交通运输设备制造业	22	603	6	18	8009
铁路运输设备制造	2	69	2	8	729
汽车制造	12	357	4	7	4944
摩托车制造	5	79			1850
自行车制造	2	90		3	443
船舶及浮动装置制造	1	8			42
航空航天器制造					
交通器材及其他交通运输设备制造					
电气机械及器材制造业	200	4070	92	310	38329
电机制造	8	93	3	12	1678
输配电及控制设备制造	69	1490	27	118	12362
电线、电缆、光缆及电工器材制造	24	472	15	47	9139
电池制造	21	442	20	47	4168
家用电力器具制造	29	625	5	19	4362
非电力家用器具制造	4	67	5	10	934
照明器具制造	35	742	10	37	4874
其他电气机械及器材制造	10	139	7	20	813
通信设备、计算机及其他电子设备制造业	242	5742	103	452	59939
通信设备制造	44	1259	29	170	15040
雷达及配套设备制造					
广播电视设备制造	15	470	2	15	3808
电子计算机制造	39	1054	7	65	7288
电子器件制造	36	746	9	65	7206
电子元件制造	62	1205	42	78	13215
家用视听设备制造	23	487	7	30	4808
其他电子设备制造	23	521	7	29	8574
仪器仪表及文化、办公用机械制造业	68	1421	28	173	12902
通用仪器仪表制造	28	528	9	71	5455
专用仪器仪表制造	23	511	15	83	3874
钟表与计时仪器制造	3	59		2	968
光学仪器及眼镜制造	2	51	1		224
文化、办公用机械制造	9	185	3	7	1379
其他仪器仪表的制造及修理	3	87		10	1002
工艺品及其他制造业	9	179	2	9	1508
工艺美术品制造	5	71		2	439
日用杂品制造	2	40			713
煤制品制造					
核辐射加工					
其他未列明的制造业	2	68	2	7	355

3-18　续表 6

项　　目	企业办科技机构数合计（个）	科技活动人员（人）	#博士毕业	#硕士毕业	机构科技经费内部支出（万元）
废弃资源和废旧材料回收加工业	2	35	2		118
金属废料和碎屑的加工处理	2	35	2		118
非金属废料和碎屑的加工处理					
电力、燃气及水的生产和供应业	2	23			233
电力、热力的生产和供应业	2	23			233
电力生产	2	23			233
电力供应					
热力生产和供应					
燃气生产和供应业					
燃气生产和供应业					
水的生产和供应业					
自来水的生产和供应					
污水处理及其再生利用					
其他水的处理、利用与分配					
三、按隶属关系分组					
中央	4	157	6	116	11519
省（自治区、直辖市）	12	272	20	52	4253
地（区、市、州、盟）	153	3188	88	356	37623
县（区、市、旗）	54	1141	25	101	10641
其他	1041	20452	514	1702	222377
四、按地区分组					
广州市	136	3280	97	421	57908
深圳市	388	7892	217	792	97364
珠海市	85	1815	42	198	17234
汕头市	53	876	25	50	7143
佛山市	102	1846	51	201	18311
韶关市	10	194	1	5	1493
河源市	13	216	15	30	2735
梅州市	11	186			814
惠州市	28	544	4	20	5328
汕尾市	2	28		2	362
东莞市	153	2283	72	182	20299
中山市	111	2566	56	122	12842
江门市	25	397	12	27	4234
阳江市	8	192	2	8	1558
湛江市	44	940	28	178	21110
茂名市	2	17	1		104
肇庆市	29	496	9	37	4315
清远市	10	192	7	22	2837
潮州市	38	887	3	14	7426
揭阳市	8	215	8	13	2403
云浮市	8	148	3	5	594

3-19 规模以上工业企业科技活动项目情况(限额以上项目)

项目	科技项目数(项)	#新产品开发项目	#R&D项目	参加项目人员合计(人)	科学家工程师	项目经费内部支出(万元)	#R&D项目支出	#新产品项目支出
总计	**11838**	**9283**	**6800**	**268716**	**224864**	**5609174**	**4228004**	**3428980**
总计中:国有控股企业	2085	1451	1274	43418	37267	1302000	959418	714743
一、按企业规模分组								
大中型企业	7183	5431	4297	227018	191125	5093099	3940850	3008869
大型企业	1819	1286	1178	140704	125426	3305727	2877189	1581328
中型企业	5364	4145	3119	86314	65699	1787372	1063662	1427541
小型企业	4655	3852	2503	41698	33739	516075	287154	420111
二、按登记注册类型分组								
内资企业	6922	5438	3950	160281	140733	3188414	2552666	1472330
国有企业	232	101	112	2695	1807	41464	19972	15478
集体企业	61	42	33	561	387	5872	3575	4231
股份合作企业	20	13	5	207	138	3105	1045	1890
联营企业	31	28	6	384	204	5721	879	5144
国有联营企业	13	10	4	294	130	4611	659	4034
集体联营企业	2	2	2	20	13	220	220	220
国有与集体联营企业								
其他联营企业	16	16		70	61	891		891
有限责任公司	2148	1692	1314	79944	72754	1477514	1322528	384640
国有独资公司	398	319	279	3932	2905	159221	135825	126721
其他有限责任公司	1750	1373	1035	76012	69849	1318293	1186703	257919
股份有限公司	1417	1081	839	41186	36412	1145620	919508	662114
私营企业	2990	2468	1625	34995	28754	499681	276029	397580
私营独资企业	151	133	86	1871	1505	24377	16351	20905
私营合伙企业	16	14	7	282	210	1885	1029	1704
私营有限责任公司	2591	2115	1368	29962	24423	408875	206817	314997
私营股份有限公司	232	206	164	2880	2616	64545	51832	59975
其他企业	23	13	16	309	277	9436	9129	1253
港、澳、台商投资企业	2887	2202	1622	55087	41852	1020425	723752	802121
合资经营企业(港或澳、台资)	1165	900	657	21432	17117	438502	317656	351987
合作经营企业(港或澳、台资)	84	51	31	1078	646	11775	4277	5907
港、澳、台商独资经营企业	1462	1124	791	29413	22186	493300	339521	379604
港、澳、台商投资股份有限公司	176	127	143	3164	1903	76848	62297	64623
外商投资企业	2029	1643	1228	53348	42279	1400335	951586	1154529
中外合资经营企业	971	797	559	16866	14302	783749	500116	608525
中外合作经营企业	58	48	31	993	494	11449	4751	10062
外资企业	876	722	547	33347	26065	565715	413311	510766
外商投资股份有限公司	124	76	91	2142	1418	39422	33408	25175
三、按工业行业中类分组								
采矿业	48	11	33	559	448	7575	5950	922
煤炭开采和洗选业								
烟煤和无烟煤的开采洗选								
褐煤的开采洗选								
其他煤炭采选								

3-19　续表 1

项　　目	科　技项目数(项)	#新产品开发项目	#R&D项目	参加项目人员合计(人)	科学家工程师	项目经费内部支出(万元)	#R&D项目支出	#新产品项目支出
石油和天然气开采业	21	2	19	265	265	4795	4642	215
天然原油和天然气开采	17		17	238	238	4463	4463	
与石油和天然气开采有关的服务活动	4	2	2	27	27	332	179	215
黑色金属矿采选业								
铁矿采选								
其他黑色金属矿采选								
有色金属矿采选业	14	2	4	200	101	1178	659	266
常用有色金属矿采选	8			53	53	185		
贵金属矿采选	5	2	4	132	33	843	659	266
稀有稀土金属矿采选	1			15	15	150		
非金属矿采选业	13	7	10	94	82	1602	649	441
土砂石开采	5	4	4	24	20	366	330	330
化学矿采选	7	3	5	62	62	1116	199	111
采盐								
石棉及其他非金属矿采选	1		1	8		120	120	
其他采矿业								
其他采矿业								
制造业	11568	9218	6687	265684	222642	5558508	4196950	3405680
农副食品加工业	173	115	102	1959	1459	35620	19803	18185
谷物磨制	10	5	5	115	85	819	580	175
饲料加工	75	52	52	598	558	17355	11882	10044
植物油加工	16	14	1	49	45	1568	260	900
制糖	21	6	8	280	139	4426	1602	1087
屠宰及肉类加工	2	1	2	75	75	180	180	40
水产品加工	38	29	26	508	450	5362	3115	3997
蔬菜、水果和坚果加工	1			238	37	3546		
其他农副食品加工	10	8	8	96	70	2365	2185	1943
食品制造业	260	197	135	2312	1629	68831	41990	47791
焙烤食品制造	29	16	12	190	165	6101	549	1462
糖果、巧克力及蜜饯制造	30	22	14	522	258	13826	8631	7068
方便食品制造	15	12	1	125	101	1023	166	653
液体乳及乳制品制造	15	14	9	176	132	6345	5243	6323
罐头制造	5	3	3	50	22	2668	1988	164
调味品、发酵制品制造	64	38	45	682	492	20747	15926	15778
其他食品制造	102	92	51	567	459	18121	9488	16343
饮料制造业	86	42	67	969	855	23062	18655	8109
酒精制造	2			62	58	781		
酒的制造	61	28	52	650	578	12796	12201	3568
软饮料制造	20	12	14	212	174	8068	6435	4424
精制茶加工	3	2	1	45	45	1416	18	116
烟草制品业	44	27	31	271	136	9999	9058	6845
烟叶复烤	3		1	100	21	325	287	
卷烟制造	40	26	30	106	90	9324	8771	6495
其他烟草制品加工	1	1		65	25	350		350

3-19 续表 2

项目	科技项目数(项)	#新产品开发项目	#R&D项目	参加项目人员合计(人)	科学家工程师	项目经费内部支出(万元)	#R&D项目支出	#新产品项目支出
纺织业	57	37	37	685	448	10685	8110	8435
棉、化纤纺织及印染精加工	15	8	7	245	165	1663	1119	1304
毛纺织和染整精加工	4		4	40	29	177	177	
麻纺织								
丝绢纺织及精加工	3	1		9	9	46		29
纺织制成品制造	18	12	11	221	119	3514	1764	1889
针织品、编织品及其制品制造	17	16	15	170	126	5285	5051	5213
纺织服装、鞋、帽制造业	56	30	19	1680	1052	30062	15902	15586
纺织服装制造	55	29	18	1672	1044	30042	15882	15566
纺织面料鞋的制造								
制帽	1	1	1	8	8	20	20	20
皮革、毛皮、羽毛(绒)及其制品业	16	8	11	512	151	2282	1150	358
皮革鞣制加工								
皮革制品制造	14	7	9	484	142	2201	1069	308
毛皮鞣制及制品加工								
羽毛(绒)加工及制品制造	2	1	2	28	9	81	81	50
木材加工及木、竹、藤、棕、草制品业	29	22	15	384	255	3443	1778	1611
锯材、木片加工	2	2	2	80	22	518	518	518
人造板制造	23	16	10	255	190	2806	1151	974
木制品制造	4	4	3	49	43	119	109	119
竹、藤、棕、草制品制造								
家具制造业	48	20	9	650	494	4107	953	1488
木质家具制造	18	7	2	251	225	1786	388	547
竹、藤家具制造								
金属家具制造	17	3	4	266	162	1563	422	322
塑料家具制造								
其他家具制造	13	10	3	133	107	759	143	619
造纸及纸制品业	108	44	47	1795	1345	49871	21428	16917
纸浆制造	4			144	37	797		
造纸	63	26	35	1074	826	32030	17488	10940
纸制品制造	41	18	12	577	482	17045	3940	5976
印刷业和记录媒介的复制	80	53	39	1520	842	26518	10892	9635
印刷	61	43	30	1339	733	19339	9822	8665
装订及其他印刷服务活动	10	7	7	82	46	896	680	560
记录媒介的复制	9	3	2	99	63	6283	390	410
文教体育用品制造业	106	86	54	1325	690	18768	12425	14626
文化用品制造	8	7	1	55	43	1324	78	1306
体育用品制造	16	5	11	157	81	2018	252	1386
乐器制造	38	34	13	487	234	7068	5855	3830
玩具制造	43	39	28	616	323	8170	6052	7917
游艺器材及娱乐用品制造	1	1	1	10	9	188	188	188
石油加工、炼焦及核燃料加工业	113	51	82	1156	970	17763	12281	10224
精炼石油产品的制造	113	51	82	1156	970	17763	12281	10224
炼焦								
核燃料加工								

3-19　续表 3

项　目	科　技项目数(项)	#新产品开发项目	#R&D项目	参加项目人员合计(人)	科学家工程师	项目经费内部支出(万元)	#R&D项目支出	#新产品项目支出
化学原料及化学制品制造业	853	670	548	8025	6110	174583	120265	121465
基础化学原料制造	58	38	39	780	534	17878	13543	8735
肥料制造	22	16	13	509	462	21346	5315	4409
农药制造	53	34	30	294	238	4442	2528	3367
涂料、油墨、颜料及类似产品制造	235	178	142	1871	1407	30359	17464	20031
合成材料制造	77	68	45	819	740	34340	28577	32443
专用化学产品制造	258	217	164	2134	1661	31146	22515	27472
日用化学产品制造	150	119	115	1618	1068	35072	30324	25008
医药制造业	613	517	424	5315	4324	99919	65015	71455
化学药品原药制造	75	54	64	955	600	10385	8080	7724
化学药品制剂制造	172	147	131	1486	1277	44571	30717	28859
中药饮片加工	34	32	24	287	253	4318	3324	4258
中成药制造	178	148	105	1127	874	11616	7646	9734
兽用药品制造	41	38	28	277	258	3523	1895	3404
生物、生化制品的制造	70	64	49	753	667	15684	10075	10895
卫生材料及医药用品制造	43	34	23	430	395	9823	3278	6581
化学纤维制造业	33	22	13	777	486	12664	5007	8920
纤维素纤维原料及纤维制造	3	1	3	21	18	153	153	5
合成纤维制造	30	21	10	756	468	12511	4855	8915
橡胶制品业	82	64	54	1047	965	24951	17754	21721
轮胎制造	40	33	21	777	737	21140	14447	19397
橡胶板、管、带的制造	4	3	3	20	12	77	60	52
橡胶零件制造	9	8	4	76	62	1287	1052	1147
再生橡胶制造								
日用及医用橡胶制品制造	1	1	1	6	6	60	60	60
橡胶靴鞋制造								
其他橡胶制品制造	28	19	25	168	148	2387	2134	1065
塑料制品业	291	239	163	11982	6275	115261	84522	101029
塑料薄膜制造	51	38	27	721	431	19655	14143	12937
塑料板、管、型材的制造	80	71	55	8485	3949	58132	48132	54082
塑料丝、绳及编织品的制造	4	3	2	33	15	542	442	242
泡沫塑料制造	9	8	5	427	422	1627	974	1619
塑料人造革、合成革制造	4	1	4	28	12	49	49	12
塑料包装箱及容器制造	19	14	13	491	396	5339	3448	4598
塑料零件制造	33	25	24	510	256	8134	5568	7184
日用塑料制造	34	27	17	550	205	4748	1917	4007
其他塑料制品制造	57	52	16	737	589	17035	9849	16348
非金属矿物制品业	365	230	172	6748	4718	94979	45119	56687
水泥、石灰和石膏的制造	29	2		369	214	6869		1593
水泥及石膏制品制造	19	11	14	765	292	7563	5004	3658
砖瓦、石材及其他建筑材料制造	89	63	39	1545	1171	34275	20315	22954

3-19 续表 4

项　　目	科　技项目数（项）	#新产品开发项目	#R&D项目	参加项目人员合计（人）	科学家工程师	项目经费内部支出（万元）	#R&D项目支出	#新产品项目支出
玻璃及玻璃制品制造	77	55	47	2069	1714	17218	9774	11008
陶瓷制品制造	102	68	46	1598	980	20266	8433	10826
耐火材料制品制造	13	10	3	59	58	5336	47	3661
石墨及其他非金属矿物制品制造	36	21	23	343	289	3453	1547	2988
黑色金属冶炼及压延加工业	63	46	50	1026	901	172834	167206	150035
炼铁								
炼钢	14	11	13	154	130	44355	43691	43455
钢压延加工	49	35	37	872	771	128480	123516	106581
铁合金冶炼								
有色金属冶炼及压延加工业	157	104	86	2823	1795	57882	28531	34074
常用有色金属冶炼	19	5	9	390	195	2317	1181	888
贵金属冶炼								
稀有稀土金属冶炼	10	8	3	311	153	4423	1220	3980
有色金属合金制造	15	12	15	179	147	1254	1254	990
有色金属压延加工	113	79	59	1943	1300	49888	24876	28216
金属制品业	360	256	165	5188	3563	87085	48224	70971
结构性金属制品制造	65	50	28	1590	1101	15341	6508	12976
金属工具制造	45	38	29	363	253	6663	3363	5841
集装箱及金属包装容器制造	25	18	6	209	181	2724	565	1719
金属丝绳及其制品的制造	2	1	1	15	11	602	590	590
建筑、安全用金属制品制造	79	53	44	1123	805	18069	15643	11799
金属表面处理及热处理加工	29	24	13	272	249	17421	5642	13718
搪瓷制品制造	12	12	9	171	83	4725	4520	4725
不锈钢及类似日用金属制品制造	74	39	23	1048	586	13410	7109	11850
其他金属制品制造	29	21	12	397	294	8130	4284	7753
通用设备制造业	592	501	380	7100	5376	105318	76407	84424
锅炉及原动机制造	24	17	19	420	220	9767	8444	8988
金属加工机械制造	81	69	39	1178	878	11832	5385	9984
起重运输设备制造	38	34	11	628	455	5368	1764	4508
泵、阀门、压缩机及类似机械制造	155	128	94	1924	1477	27910	23155	21411
轴承、齿轮、传动和驱动部件制造	29	22	18	517	347	7991	6030	4969
烘炉、熔炉及电炉制造								
风机、衡器、包装设备等通用设备制造	197	172	143	1875	1594	34795	25622	28440
通用零部件制造及机械修理	53	46	47	387	262	5627	4909	4357
金属铸、锻加工	15	13	9	171	143	2028	1099	1768
专用设备制造业	747	626	417	9750	8049	155158	111084	135643
矿山、冶金、建筑专用设备制造	25	8	16	243	215	6797	4440	1146
化工、木材、非金属加工专用设备制造	229	166	122	3086	2304	32744	19680	25803
食品、饮料、烟草及饲料生产专用设备制造	34	34	29	263	255	2411	1722	2411
印刷、制药、日化生产专用设备制造	41	33	25	391	339	8221	6650	7969
纺织、服装和皮革工业专用设备制造	8	4	3	125	96	1509	1306	379
电子和电工机械专用设备制造	110	103	51	1513	1117	25383	20525	23844
农、林、牧、渔专用机械制造	16	15	13	290	259	3199	2228	2888
医疗仪器设备及器械制造	178	172	99	2751	2501	54419	41677	53655
环保、社会公共安全及其他专用设备制造	106	91	59	1088	963	20476	12856	17548

3-19　续表 5

项　　目	科技项目数(项)	#新产品开发项目	#R&D项目	参加项目人员合计(人)	科学家工程师	项目经费内部支出(万元)	#R&D项目支出	#新产品项目支出
交通运输设备制造业	502	384	319	11966	9061	559815	382138	408456
铁路运输设备制造	13	8	4	118	98	928	246	286
汽车制造	217	173	116	7474	5864	431639	292002	295073
摩托车制造	113	103	92	2025	1412	66220	46892	64562
自行车制造	15	8	4	326	312	2137	1089	1688
船舶及浮动装置制造	127	75	93	1852	1204	57394	40560	45349
航空航天器制造	10	10	10	145	145	1348	1348	1348
交通器材及其他交通运输设备制造	7	7		26	26	150		150
电气机械及器材制造业	2380	1962	1352	35204	28754	903662	634820	719467
电机制造	94	71	73	1167	989	21411	19017	10001
输配电及控制设备制造	600	520	373	7804	5598	107877	61509	93313
电线、电缆、光缆及电工器材制造	211	175	123	2985	2559	82353	43725	60272
电池制造	225	170	128	9903	9383	75832	56749	67427
家用电力器具制造	936	775	486	9075	6959	552435	406114	437261
非电力家用器具制造	57	42	30	675	548	15153	14054	12068
照明器具制造	208	166	115	3014	2181	46381	32476	37196
其他电气机械及器材制造	49	43	24	581	537	2219	1177	1932
通信设备、计算机及其他电子设备制造业	2767	2340	1606	136709	126209	2613027	2185064	1191112
通信设备制造	507	463	331	82957	81082	1567653	1440266	266668
雷达及配套设备制造								
广播电视设备制造	67	65	43	1215	1023	27535	20759	27474
电子计算机制造	414	345	263	16709	15705	278122	219757	264169
电子器件制造	435	373	225	8426	6273	227129	142780	206847
电子元件制造	745	548	435	17336	13247	263862	186054	200190
家用视听设备制造	429	402	213	7600	6567	215080	153128	195837
其他电子设备制造	170	144	96	2466	2312	33645	22322	29927
仪器仪表及文化、办公用机械制造业	540	500	273	5930	5176	71642	47109	66439
通用仪器仪表制造	240	230	133	2259	2163	24952	14580	24386
专用仪器仪表制造	131	114	59	887	785	12991	6239	9282
钟表与计时仪器制造	12	12	6	81	81	1096	765	1096
光学仪器及眼镜制造	43	42	17	603	436	4283	3601	4273
文化、办公用机械制造	107	95	56	2003	1619	27307	21869	26390
其他仪器仪表的制造及修理	7	7	2	97	92	1012	55	1012
工艺品及其他制造业	39	24	13	799	510	7222	3533	3873
工艺美术品制造	24	12	12	246	195	3808	2849	2728
日用杂品制造	4	3	1	133	85	2202	683	714
煤制品制造								
核辐射加工								
其他未列明的制造业	11	9		420	230	1213		432
废弃资源和废旧材料回收加工业	8	1	4	77	44	1495	729	104
金属废料和碎屑的加工处理	6	1	4	66	39	1169	729	104
非金属废料和碎屑的加工处理	2			11	5	326		

3-19 续表 6

项 目	科技项目数(项)	#新产品开发项目	#R&D项目	参加项目人员合计(人)	科学家工程师	项目经费内部支出(万元)	#R&D项目支出	#新产品项目支出
电力、燃气及水的生产和供应业	222	54	80	2473	1774	43091	25105	22378
电力、热力的生产和供应业	169	35	57	1850	1402	32652	20958	21596
电力生产	127	21	48	1239	915	22568	18192	16771
电力供应	42	14	9	611	487	10084	2766	4825
热力生产和供应								
燃气生产和供应业	10	3	9	275	70	1368	1226	153
燃气生产和供应业	10	3	9	275	70	1368	1226	153
水的生产和供应业	43	16	14	348	302	9072	2921	629
自来水的生产和供应	43	16	14	348	302	9072	2921	629
污水处理及其再生利用								
其他水的处理、利用与分配								
四、按隶属关系分组								
中央	308	171	229	22448	21847	405230	385926	56375
省(自治区、直辖市)	287	135	140	3362	2968	122658	101899	86215
地(区、市、州、盟)	2152	1724	1219	33322	25844	588167	339226	462693
县(区、市、旗)	435	342	206	6100	4245	101625	60618	87290
其他	8656	6911	5006	203484	169960	4391494	3340335	2736406
五、按地区分组								
广州市	2261	1877	1740	28090	22427	1078485	870059	873852
深圳市	3107	2608	1422	144112	132536	2506244	1997070	1082911
珠海市	890	734	482	7678	5890	223473	107249	174309
汕头市	283	216	154	3931	2775	60720	31190	45841
佛山市	1414	1139	782	18995	14785	628231	482435	473933
韶关市	108	59	48	1726	1274	105359	82143	76936
河源市	52	37	37	538	438	4053	2354	3441
梅州市	80	37	16	1085	700	11898	3611	5823
惠州市	350	289	151	6804	5700	131900	80048	109191
汕尾市	13	10	3	161	82	2558	146	2135
东莞市	960	534	648	18494	13317	262777	183857	149438
中山市	897	745	598	13713	10130	240973	211882	188467
江门市	449	326	196	6784	3852	108031	68882	91752
阳江市	54	44	2	1093	720	15027	206	10140
湛江市	225	134	150	2712	1993	54204	21828	17690
茂名市	99	57	79	1664	1234	23861	18933	16376
肇庆市	228	184	108	4455	2575	44436	18906	37760
清远市	70	38	37	1103	808	35708	12779	20601
潮州市	163	116	79	3093	1806	42520	19515	26532
揭阳市	73	62	47	1618	1414	22076	13337	17851
云浮市	62	37	21	867	408	6640	1574	4000

注：本表为立项经费10万元及以上科技项目情况

3-20　大中型工业企业科技活动项目情况(限额以上项目)

项　　目	科　技项目数(项)	#新产品开发项目	#R&D项目	参加项目人员合计(人)	科学家工程师	项目经费内部支出(万元)	#R&D项目支出	#新产品项目支出
总　　计	**7183**	**5431**	**4297**	**227018**	**191125**	**5093099**	**3940850**	**3008869**
总计中：国有控股企业	1798	1225	1120	40808	35183	1265822	941336	687358
一、按企业规模分组								
大型企业	1819	1286	1178	140704	125426	3305727	2877189	1581328
中型企业	5364	4145	3119	86314	65699	1787372	1063662	1427541
二、按登记注册类型分组								
内资企业	3692	2761	2230	131609	117211	2854398	2375564	1206312
国有企业	185	68	82	2366	1521	35102	16518	12268
集体企业	46	33	28	368	276	4720	3034	3628
股份合作企业	11	9	4	125	93	1579	969	1143
联营企业	25	22	4	333	160	5330	659	4753
国有联营企业	10	7	4	266	102	4457	659	3880
集体联营企业								
国有与集体联营企业								
其他联营企业	15	15		67	58	872		872
有限责任公司	1181	903	784	71405	65861	1382226	1270417	307788
国有独资公司	349	284	252	3631	2676	154075	131793	122406
其他有限责任公司	832	619	532	67774	63185	1228152	1138624	185382
股份有限公司	1234	916	729	39272	34858	1121235	905471	639514
私营企业	997	807	590	17549	14251	295700	170130	236895
私营独资企业	54	48	35	799	601	13982	11256	11875
私营合伙企业	2	2	1	73	64	850	455	850
私营有限责任公司	828	656	477	14847	11931	229730	115116	176565
私营股份有限公司	113	101	77	1830	1655	51137	43303	47605
其他企业	13	3	9	191	191	8507	8365	324
港、澳、台商投资企业	2026	1523	1159	47132	35709	911244	657133	712328
合资经营企业(港或澳、台资)	796	612	457	18093	14380	388197	289029	309895
合作经营企业(港或澳、台资)	46	23	24	811	456	9633	3484	4534
港、澳、台商独资经营企业	1010	762	535	25085	18991	436610	302322	333295
港、澳、台商投资股份有限公司	174	126	143	3143	1882	76805	62297	64605
外商投资企业	1465	1147	908	48277	38205	1327456	908153	1090228
中外合资经营企业	668	534	406	14519	12325	753035	485737	582226
中外合作经营企业	46	38	20	897	410	10323	3630	9006
外资企业	643	515	400	30928	24192	532754	392352	481899
外商投资股份有限公司	108	60	82	1933	1278	31345	26434	17098
三、按工业行业中类分组								
采矿业	35	9	24	398	287	3530	2244	707
煤炭开采和洗选业								
烟煤和无烟煤的开采洗选								
褐煤的开采洗选								
其他煤炭采选								

3-20 续表 1

项　　目	科　技项目数(项)	#新产品开发项目	#R&D项目	参加项目人员合计(人)	科学家工程师	项目经费内部支出(万元)	#R&D项目支出	#新产品项目支出
石油和天然气开采业	10		10	123	123	936	936	
天然原油和天然气开采	10		10	123	123	936	936	
与石油和天然气开采有关的服务活动								
黑色金属矿采选业								
铁矿采选								
其他黑色金属矿采选								
有色金属矿采选业	13	2	4	185	86	1028	659	266
常用有色金属矿采选	8			53	53	185		
贵金属矿采选	5	2	4	132	33	843	659	266
稀有稀土金属矿采选								
非金属矿采选业	12	7	10	90	78	1566	649	441
土砂石开采	4	4	4	20	16	330	330	330
化学矿采选	7	3	5	62	62	1116	199	111
采盐								
石棉及其他非金属矿采选	1		1	8		120	120	
其他采矿业								
其他采矿业								
制造业	6955	5372	4209	224322	189226	5047720	3914456	2985854
农副食品加工业	63	42	29	1053	639	14997	6142	6850
谷物磨制								
饲料加工	2	2	2	21	12	258	258	258
植物油加工	12	12		32	31	635		635
制糖	21	6	8	280	139	4426	1602	1087
屠宰及肉类加工								
水产品加工	19	15	11	407	369	3948	2098	2958
蔬菜、水果和坚果加工	1			238	37	3546		
其他农副食品加工	8	7	8	75	51	2185	2185	1913
食品制造业	165	117	90	1678	1154	58510	36466	41660
焙烤食品制造	15	5	7	104	101	4145	424	362
糖果、巧克力及蜜饯制造	14	6	7	404	158	12081	7446	5323
方便食品制造	11	11	1	80	73	323	166	323
液体乳及乳制品制造	13	12	9	162	124	6165	5243	6143
罐头制造								
调味品、发酵制品制造	57	33	43	638	458	20601	15892	15652
其他食品制造	55	50	23	290	240	15195	7295	13857
饮料制造业	60	24	50	651	556	16807	16115	5288
酒精制造								
酒的制造	46	14	39	505	443	11358	10969	2164
软饮料制造	14	10	11	146	113	5448	5146	3124
精制茶加工								
烟草制品业	40	26	30	106	90	9324	8771	6495
烟叶复烤								
卷烟制造	40	26	30	106	90	9324	8771	6495
其他烟草制品加工								

3-20　续表 2

项　目	科技项目数(项)	#新产品开发项目	#R&D项目	参加项目人员合计(人)	科学家工程师	项目经费内部支出(万元)	#R&D项目支出	#新产品项目支出
纺织业	33	20	24	499	321	8497	7160	6983
棉、化纤纺织及印染精加工	10	5	5	187	130	1222	887	887
毛纺织和染整精加工	4		4	40	29	177	177	
麻纺织								
丝绢纺织及精加工								
纺织制成品制造	5	2	2	126	57	2111	1181	1181
针织品、编织品及其制品制造	14	13	13	146	105	4987	4915	4915
纺织服装、鞋、帽制造业	49	24	17	1548	920	29591	15737	15146
纺织服装制造	49	24	17	1548	920	29591	15737	15146
纺织面料鞋的制造								
制帽								
皮革、毛皮、羽毛(绒)及其制品业	8	2	4	383	39	1944	844	83
皮革鞣制加工								
皮革制品制造	7	1	3	378	36	1894	794	33
毛皮鞣制及制品加工								
羽毛(绒)加工及制品制造	1	1	1	5	3	50	50	50
木材加工及木、竹、藤、棕、草制品业	16	14	6	181	118	1155	812	996
锯材、木片加工	2	2	2	80	22	518	518	518
人造板制造	14	12	4	101	96	637	294	478
木制品制造								
竹、藤、棕、草制品制造								
家具制造业	38	13	6	503	357	3097	810	1109
木质家具制造	15	7	2	187	161	1154	388	547
竹、藤家具制造								
金属家具制造	17	3	4	266	162	1563	422	322
塑料家具制造								
其他家具制造	6	3		50	34	380		241
造纸及纸制品业	85	27	37	1539	1209	46847	19586	14383
纸浆制造	4			144	37	797		
造纸	45	12	27	885	736	29693	16049	8889
纸制品制造	36	15	10	510	436	16358	3537	5494
印刷业和记录媒介的复制	53	31	32	998	567	21783	9807	6808
印刷	39	25	25	896	523	15069	9127	6283
装订及其他印刷服务活动	9	6	7	68	32	861	680	525
记录媒介的复制	5			34	12	5853		
文教体育用品制造业	83	75	44	1087	580	17390	12163	13572
文化用品制造	3	3		28	28	1128		1128
体育用品制造	7	4	3	66	65	1814	88	1346
乐器制造	38	34	13	487	234	7068	5855	3830
玩具制造	34	33	27	496	244	7193	6032	7080
游艺器材及娱乐用品制造	1	1	1	10	9	188	188	188
石油加工、炼焦及核燃料加工业	92	34	68	1073	889	12100	8923	5712
精炼石油产品的制造	92	34	68	1073	889	12100	8923	5712
炼焦								
核燃料加工								

3-20 续表 3

项　目	科技项目数(项)	#新产品开发项目	#R&D项目	参加项目人员合计(人)	科学家工程师	项目经费内部支出(万元)	#R&D项目支出	#新产品项目支出
化学原料及化学制品制造业	334	237	227	4235	3107	118571	82489	77813
基础化学原料制造	34	20	22	591	391	12975	12007	7407
肥料制造	10	5	6	398	367	20176	4354	3368
农药制造	40	26	28	151	95	2899	2343	2046
涂料、油墨、颜料及类似产品制造	53	39	32	726	456	15480	7176	10391
合成材料制造	39	32	29	526	493	29282	25956	27656
专用化学产品制造	66	49	34	726	509	8189	4327	6082
日用化学产品制造	92	66	76	1117	796	29571	26327	20863
医药制造业	386	321	266	3249	2526	79542	52777	54158
化学药品原药制造	60	47	52	834	518	9208	7114	7294
化学药品制剂制造	134	110	99	1191	990	42749	29516	27362
中药饮片加工	29	27	20	228	202	3798	2816	3738
中成药制造	120	102	69	600	477	7615	5307	6711
兽用药品制造	9	9	9	53	48	1291	1291	1291
生物、生化制品的制造	14	12	13	142	108	7377	5613	3420
卫生材料及医药用品制造	20	14	4	201	183	7504	1120	4342
化学纤维制造业	24	13	9	533	300	8725	4131	4980
纤维素纤维原料及纤维制造	2		2	13	13	148	148	
合成纤维制造	22	13	7	520	287	8577	3983	4980
橡胶制品业	47	39	24	831	786	22207	15419	20439
轮胎制造	40	33	21	777	737	21140	14447	19397
橡胶板、管、带的制造	1		1	10	5	25	25	
橡胶零件制造	5	5	1	28	28	775	680	775
再生橡胶制造								
日用及医用橡胶制品制造								
橡胶靴鞋制造								
其他橡胶制品制造	1	1	1	16	16	267	267	267
塑料制品业	158	134	101	10515	5212	94019	72831	83354
塑料薄膜制造	30	21	17	472	288	16594	11299	9941
塑料板、管、型材的制造	54	49	38	8246	3761	49599	42184	47447
塑料丝、绳及编织品的制造								
泡沫塑料制造	4	3	3	362	362	968	960	960
塑料人造革、合成革制造	4	1	4	28	12	49	49	12
塑料包装箱及容器制造	12	9	9	377	290	4247	3117	3767
塑料零件制造	20	18	13	398	160	7150	4942	6363
日用塑料制造	17	17	11	368	95	3537	1548	3537
其他塑料制品制造	17	16	6	264	244	11875	8732	11326
非金属矿物制品业	246	165	121	5468	3827	76697	39460	44784
水泥、石灰和石膏的制造	11	2		198	107	3309		1593
水泥及石膏制品制造	16	8	12	736	265	7367	4940	3462
砖瓦、石材及其他建筑材料制造	75	54	34	1421	1090	33516	20136	22353

3-20 续表 4

项目	科技项目数(项)	#新产品开发项目	#R&D项目	参加项目人员合计(人)	科学家工程师	项目经费内部支出(万元)	#R&D项目支出	#新产品项目支出
玻璃及玻璃制品制造	56	39	36	1774	1438	11693	7658	6212
陶瓷制品制造	62	41	29	1031	664	14733	6380	6654
耐火材料制品制造	12	10	3	51	51	5086	47	3661
石墨及其他非金属矿物制品制造	14	11	7	257	212	994	300	849
黑色金属冶炼及压延加工业	49	36	47	941	832	168584	166989	146062
炼铁								
炼钢	13	10	13	147	124	43691	43691	42791
钢压延加工	36	26	34	794	708	124894	123299	103271
铁合金冶炼								
有色金属冶炼及压延加工业	112	67	63	2300	1414	48524	22729	25405
常用有色金属冶炼	14	3	8	370	175	1964	1001	693
贵金属冶炼								
稀有稀土金属冶炼	6	4	1	239	122	2393	1000	1950
有色金属合金制造								
有色金属压延加工	92	60	54	1691	1117	44167	20727	22763
金属制品业	213	152	102	3906	2559	67056	38151	53558
结构性金属制品制造	39	31	24	1386	934	11518	6123	9436
金属工具制造	33	30	23	216	160	4172	2697	3862
集装箱及金属包装容器制造	12	7	1	104	85	1619	145	769
金属丝绳及其制品的制造	1			12	8	12		
建筑、安全用金属制品制造	43	32	27	866	569	15379	14021	9914
金属表面处理及热处理加工	11	7	3	127	115	15885	4716	12332
搪瓷制品制造	8	8	8	152	64	4400	4400	4400
不锈钢及类似日用金属制品制造	53	28	13	831	439	8689	3430	7697
其他金属制品制造	13	9	3	212	185	5382	2620	5148
通用设备制造业	332	286	247	4669	3440	81551	63210	65408
锅炉及原动机制造	13	11	12	299	152	8079	7107	7788
金属加工机械制造	24	19	14	583	359	4431	1942	3498
起重运输设备制造	14	12	2	251	223	2565	475	2233
泵、阀门、压缩机及类似机械制造	77	66	52	1304	928	22656	19994	17806
轴承、齿轮、传动和驱动部件制造	25	18	16	485	318	7715	5854	4693
烘炉、熔炉及电炉制造								
风机、衡器、包装设备等通用设备制造	125	114	108	1247	1089	29528	22889	24294
通用零部件制造及机械修理	42	35	36	345	243	4647	3929	3377
金属铸、锻加工	12	11	7	155	128	1930	1019	1720
专用设备制造业	279	223	175	5892	4872	114329	90458	100248
矿山、冶金、建筑专用设备制造	12	1	7	156	128	4868	2918	60
化工、木材、非金属加工专用设备制造	99	74	60	1760	1262	19901	13114	15529
食品、饮料、烟草及饲料生产专用设备制造	14	14	14	68	68	907	907	907
印刷、制药、日化生产专用设备制造	11	11	9	164	155	5702	5575	5702
纺织、服装和皮革工业专用设备制造	1		1	60	48	1062	1062	
电子和电工机械专用设备制造	34	29	20	1105	756	20926	18853	20197
农、林、牧、渔专用机械制造	9	8	6	141	141	2948	1977	2637
医疗仪器设备及器械制造	53	49	22	1856	1755	44143	35603	43683
环保、社会公共安全及其他专用设备制造	46	37	36	582	559	13874	10450	11534

3-20 续表 5

项　目	科　技项目数(项)	#新产品开发项目	#R&D项目	参加项目人员合计(人)	科学家工程师	项目经费内部支出(万元)	#R&D项目支出	#新产品项目支出
交通运输设备制造业	392	298	269	10856	8119	541887	372019	393126
铁路运输设备制造	3			60	41	223		
汽车制造	151	119	82	6715	5234	421591	284862	286517
摩托车制造	99	95	82	1898	1313	61224	45105	59838
自行车制造	10	6	2	224	216	816	143	742
船舶及浮动装置制造	119	68	93	1814	1170	56684	40560	44681
航空航天器制造	10	10	10	145	145	1348	1348	1348
交通器材及其他交通运输设备制造								
电气机械及器材制造业	1623	1321	935	28878	23712	832396	591979	659915
电机制造	63	48	54	861	756	17885	16230	7878
输配电及控制设备制造	340	289	210	5599	3902	82454	47458	71537
电线、电缆、光缆及电工器材制造	139	114	92	2296	1985	69885	36754	50737
电池制造	142	101	79	9243	8791	68568	52200	60518
家用电力器具制造	792	660	413	8049	6193	541204	398320	427528
非电力家用器具制造	31	21	25	414	346	13392	13170	10637
照明器具制造	110	82	57	2207	1535	38174	27243	30246
其他电气机械及器材制造	6	6	5	209	204	835	604	835
通信设备、计算机及其他电子设备制造业	1752	1433	1055	126744	117825	2495567	2119132	1082027
通信设备制造	290	253	206	80663	79007	1538115	1425041	238162
雷达及配套设备制造								
广播电视设备制造	14	14	7	599	518	18933	17789	18933
电子计算机制造	284	229	190	15087	14355	259222	208099	246008
电子器件制造	251	201	154	6772	4897	209932	135795	191674
电子元件制造	530	387	312	15152	11548	237843	168935	177387
家用视听设备制造	320	297	160	6805	5895	207516	148660	188832
其他电子设备制造	63	52	26	1666	1605	24006	14814	21031
仪器仪表及文化、办公用机械制造业	210	195	128	3448	2901	51432	37439	47584
通用仪器仪表制造	86	86	67	1022	984	15126	9818	15126
专用仪器仪表制造	30	22	22	266	229	7757	4205	4560
钟表与计时仪器制造	5	5	2	19	19	88	48	88
光学仪器及眼镜制造	23	22	10	467	343	3245	2922	3235
文化、办公用机械制造	66	60	27	1674	1326	25215	20446	24575
其他仪器仪表的制造及修理								
工艺品及其他制造业	13	3	3	558	355	4594	1910	1910
工艺美术品制造	11	3	3	127	109	2625	1910	1910
日用杂品制造	1			96	58	1488		
煤制品制造								
核辐射加工								
其他未列明的制造业	1			335	188	481		
废弃资源和废旧材料回收加工业								
金属废料和碎屑的加工处理								
非金属废料和碎屑的加工处理								

3-20　续表 6

项　　目	科　技项目数(项)	#新产品开发项目	#R&D项目	参加项目人员合计(人)	科学家工程师	项目经费内部支出(万元)	#R&D项目支出	#新产品项目支出
电力、燃气及水的生产和供应业	193	50	64	2298	1612	41849	24150	22308
电力、热力的生产和供应业	142	31	41	1685	1250	31430	20003	21526
电力生产	100	17	32	1074	763	21346	17237	16701
电力供应	42	14	9	611	487	10084	2766	4825
热力生产和供应								
燃气生产和供应业	10	3	9	275	70	1368	1226	153
燃气生产和供应业	10	3	9	275	70	1368	1226	153
水的生产和供应业	41	16	14	338	292	9052	2921	629
自来水的生产和供应	41	16	14	338	292	9052	2921	629
污水处理及其再生利用								
其他水的处理、利用与分配								
四、按隶属关系分组								
中央	290	163	216	22252	21653	400661	381676	55452
省（自治区、直辖市）	215	83	112	2747	2392	115926	98616	81467
地（区、市、州、盟）	1491	1172	845	27620	21216	521406	301112	409038
县（区、市、旗）	238	187	119	3810	2537	78286	49920	69569
其他	4949	3826	3005	170589	143327	3976819	3109527	2393343
五、按地区分组								
广州市	1475	1151	1156	22321	17576	964339	771959	774284
深圳市	1453	1171	674	129196	119400	2331916	1931183	927324
珠海市	592	473	286	5196	3804	198505	90821	151342
汕头市	171	126	89	2508	1679	45310	22135	33401
佛山市	996	793	599	15366	11838	591228	463729	447480
韶关市	79	36	38	1314	1003	98532	78050	71112
河源市	6	4	4	74	57	1014	53	975
梅州市	36	21	12	561	351	5815	3361	3951
惠州市	268	233	120	6102	5132	126307	77568	104858
汕尾市	8	7	1	126	66	2168	84	2055
东莞市	681	373	447	16133	11619	237819	165988	135091
中山市	599	477	443	10597	7946	211263	193793	164028
江门市	261	195	122	5573	3001	95869	63613	83207
阳江市	29	26	2	806	513	11062	206	7455
湛江市	102	61	62	1359	920	35500	7684	7619
茂名市	88	46	76	1616	1189	22813	18142	15328
肇庆市	146	115	72	3510	1950	33086	16337	28399
清远市	38	18	20	753	612	26664	8438	15601
潮州市	69	47	33	1883	996	30379	15309	18088
揭阳市	44	38	30	1297	1145	17982	11489	14316
云浮市	42	20	11	727	328	5527	910	2954

注：本表为立项经费10万元及以上科技项目情况

3-21 小型工业企业科技活动项目情况(限额以上项目)

项目	科技项目数(项)	#新产品开发项目	#R&D项目	参加项目人员合计(人)	科学家工程师	项目经费内部支出(万元)	#R&D项目支出	#新产品项目支出
总计	**4655**	**3852**	**2503**	**41698**	**33739**	**516075**	**287154**	**420111**
总计中：国有控股企业	287	226	154	2610	2084	36178	18082	27385
一、按登记注册类型分组								
内资企业	3230	2677	1720	28672	23522	334016	177102	266018
国有企业	47	33	30	329	286	6362	3455	3210
集体企业	15	9	5	193	111	1152	540	604
股份合作企业	9	4	1	82	45	1527	76	747
联营企业	6	6	2	51	44	392	220	392
国有联营企业	3	3		28	28	153		153
集体联营企业	2	2	2	20	13	220	220	220
国有与集体联营企业								
其他联营企业	1	1		3	3	18		18
有限责任公司	967	789	530	8539	6893	95288	52111	76851
国有独资公司	49	35	27	301	229	5147	4032	4315
其他有限责任公司	918	754	503	8238	6664	90141	48079	72536
股份有限公司	183	165	110	1914	1554	24385	14037	22600
私营企业	1993	1661	1035	17446	14503	203982	105899	160685
私营独资企业	97	85	51	1072	904	10395	5094	9029
私营合伙企业	14	12	6	209	146	1034	575	854
私营有限责任公司	1763	1459	891	15115	12492	179145	91701	138432
私营股份有限公司	119	105	87	1050	961	13408	8529	12370
其他企业	10	10	7	118	86	929	764	929
港、澳、台商投资企业	861	679	463	7955	6143	109181	66619	89793
合资经营企业(港或澳、台资)	369	288	200	3339	2737	50305	28627	42092
合作经营企业(港或澳、台资)	38	28	7	267	190	2142	793	1373
港、澳、台商独资经营企业	452	362	256	4328	3195	56691	37199	46310
港、澳、台商投资股份有限公司	2	1		21	21	43		19
外商投资企业	564	496	320	5071	4074	72879	43433	64300
中外合资经营企业	303	263	153	2347	1977	30714	14379	26300
中外合作经营企业	12	10	11	96	84	1127	1122	1056
外资企业	233	207	147	2419	1873	32961	20959	28867
外商投资股份有限公司	16	16	9	209	140	8077	6974	8077
二、按工业行业中类分组								
采矿业	13	2	9	161	161	4045	3705	215
煤炭开采和洗选业								
烟煤和无烟煤的开采洗选								
褐煤的开采洗选								
其他煤炭采选								
石油和天然气开采业	11	2	9	142	142	3859	3705	215
天然原油和天然气开采	7		7	115	115	3527	3527	
与石油和天然气开采有关的服务活动	4	2	2	27	27	332	179	215

3-21　续表 1

项　　目	科　技项目数(项)	#新产品开发项目	#R&D项目	参加项目人员合计(人)	科学家工程师	项目经费内部支出(万元)	#R&D项目支出	#新产品项目支出
黑色金属矿采选业								
铁矿采选								
其他黑色金属矿采选								
有色金属矿采选业	1			15	15	150		
常用有色金属矿采选								
贵金属矿采选								
稀有稀土金属矿采选	1			15	15	150		
非金属矿采选业	1			4	4	36		
土砂石开采	1			4	4	36		
化学矿采选								
采盐								
石棉及其他非金属矿采选								
其他采矿业								
其他采矿业								
制造业	4613	3846	2478	41362	33416	510788	282494	419827
农副食品加工业	110	73	73	906	820	20623	13661	11336
谷物磨制	10	5	5	115	85	819	580	175
饲料加工	73	50	50	577	546	17098	11624	9787
植物油加工	4	2	1	17	14	933	260	265
制糖								
屠宰及肉类加工	2	1	2	75	75	180	180	40
水产品加工	19	14	15	101	81	1413	1017	1039
蔬菜、水果和坚果加工								
其他农副食品加工	2	1		21	19	180		30
食品制造业	95	80	45	634	475	10321	5524	6131
焙烤食品制造	14	11	5	86	64	1956	125	1100
糖果、巧克力及蜜饯制造	16	16	7	118	100	1745	1185	1745
方便食品制造	4	1		45	28	700		330
液体乳及乳制品制造	2	2		14	8	180		180
罐头制造	5	3	3	50	22	2668	1988	164
调味品、发酵制品制造	7	5	2	44	34	146	34	126
其他食品制造	47	42	28	277	219	2926	2193	2487
饮料制造业	26	18	17	318	299	6255	2540	2821
酒精制造	2			62	58	781		
酒的制造	15	14	13	145	135	1438	1233	1404
软饮料制造	6	2	3	66	61	2620	1289	1300
精制茶加工	3	2	1	45	45	1416	18	116
烟草制品业	4	1	1	165	46	675	287	350
烟叶复烤	3		1	100	21	325	287	
卷烟制造								
其他烟草制品加工	1	1		65	25	350		350
纺织业	24	17	13	186	127	2189	950	1452
棉、化纤纺织及印染精加工	5	3	2	58	35	441	231	416
毛纺织和染整精加工								

3-21 续表 2

项　目	科　技项目数(项)	#新产品开发项目	#R&D项目	参加项目人员合计(人)	科学家工程师	项目经费内部支出(万元)	#R&D项目支出	#新产品项目支出
麻纺织								
丝绢纺织及精加工	3	1		9	9	46		29
纺织制成品制造	13	10	9	95	62	1403	583	708
针织品、编织品及其制品制造	3	3	2	24	21	298	136	298
纺织服装、鞋、帽制造业	7	6	2	132	132	471	165	441
纺织服装制造	6	5	1	124	124	451	145	421
纺织面料鞋的制造								
制帽	1	1	1	8	8	20	20	20
皮革、毛皮、羽毛(绒)及其制品业	8	6	7	129	112	338	306	275
皮革鞣制加工								
皮革制品制造	7	6	6	106	106	307	275	275
毛皮鞣制及制品加工								
羽毛(绒)加工及制品制造	1		1	23	6	31	31	
木材加工及木、竹、藤、棕、草制品业	13	8	9	203	137	2288	966	615
锯材、木片加工								
人造板制造	9	4	6	154	94	2169	857	496
木制品制造	4	4	3	49	43	119	109	119
竹、藤、棕、草制品制造								
家具制造业	10	7	3	147	137	1011	143	379
木质家具制造	3			64	64	632		
竹、藤家具制造								
金属家具制造								
塑料家具制造								
其他家具制造	7	7	3	83	73	379	143	379
造纸及纸制品业	23	17	10	256	136	3025	1842	2534
纸浆制造								
造纸	18	14	8	189	90	2338	1439	2052
纸制品制造	5	3	2	67	46	687	403	483
印刷业和记录媒介的复制	27	22	7	522	275	4735	1086	2826
印刷	22	18	5	443	210	4270	695	2382
装订及其他印刷服务活动	1	1		14	14	35		35
记录媒介的复制	4	3	2	65	51	430	390	410
文教体育用品制造业	23	11	10	238	110	1377	262	1054
文化用品制造	5	4	1	27	15	196	78	178
体育用品制造	9	1	8	91	16	204	164	40
乐器制造								
玩具制造	9	6	1	120	79	977	20	836
游艺器材及娱乐用品制造								
石油加工、炼焦及核燃料加工业	21	17	14	83	81	5663	3358	4512
精炼石油产品的制造	21	17	14	83	81	5663	3358	4512
炼焦								
核燃料加工								

3-21　续表 3

项　　目	科　技项目数(项)	#新产品开发项目	#R&D项目	参加项目人员合计(人)	科学家工程师	项目经费内部支出(万元)	#R&D项目支出	#新产品项目支出
化学原料及化学制品制造业	519	433	321	3790	3003	56012	37776	43652
基础化学原料制造	24	18	17	189	143	4903	1536	1329
肥料制造	12	11	7	111	95	1171	961	1041
农药制造	13	8	2	143	143	1544	185	1321
涂料、油墨、颜料及类似产品制造	182	139	110	1145	951	14879	10288	9640
合成材料制造	38	36	16	293	247	5058	2621	4788
专用化学产品制造	192	168	130	1408	1152	22957	18188	21389
日用化学产品制造	58	53	39	501	272	5501	3998	4145
医药制造业	227	196	158	2066	1798	20377	12239	17297
化学药品原药制造	15	7	12	121	82	1178	966	430
化学药品制剂制造	38	37	32	295	287	1822	1201	1497
中药饮片加工	5	5	4	59	51	519	509	519
中成药制造	58	46	36	527	397	4001	2339	3024
兽用药品制造	32	29	19	224	210	2232	604	2112
生物、生化制品的制造	56	52	36	611	559	8307	4462	7475
卫生材料及医药用品制造	23	20	19	229	212	2318	2158	2239
化学纤维制造业	9	9	4	244	186	3939	876	3939
纤维素纤维原料及纤维制造	1	1	1	8	5	5	5	5
合成纤维制造	8	8	3	236	181	3934	871	3934
橡胶制品业	35	25	30	216	179	2744	2335	1282
轮胎制造								
橡胶板、管、带的制造	3	3	2	10	7	52	35	52
橡胶零件制造	4	3	3	48	34	512	372	372
再生橡胶制造								
日用及医用橡胶制品制造	1	1	1	6	6	60	60	60
橡胶靴鞋制造								
其他橡胶制品制造	27	18	24	152	132	2121	1868	798
塑料制品业	133	105	62	1467	1063	21242	11691	17675
塑料薄膜制造	21	17	10	249	143	3061	2845	2996
塑料板、管、型材的制造	26	22	17	239	188	8533	5948	6635
塑料丝、绳及编织品的制造	4	3	2	33	15	542	442	242
泡沫塑料制造	5	5	2	65	60	659	14	659
塑料人造革、合成革制造								
塑料包装箱及容器制造	7	5	4	114	106	1092	331	831
塑料零件制造	13	7	11	112	96	984	625	822
日用塑料制造	17	10	6	182	110	1210	369	470
其他塑料制品制造	40	36	10	473	345	5161	1118	5021
非金属矿物制品业	119	65	51	1280	891	18282	5659	11903
水泥、石灰和石膏的制造	18			171	107	3560		
水泥及石膏制品制造	3	3	2	29	27	196	64	196
砖瓦、石材及其他建筑材料制造	14	9	5	124	81	759	179	601
玻璃及玻璃制品制造	21	16	11	295	276	5525	2115	4796
陶瓷制品制造	40	27	17	567	316	5533	2053	4171
耐火材料制品制造	1			8	7	250		
石墨及其他非金属矿物制品制造	22	10	16	86	77	2459	1247	2139

3-21 续表 4

项目	科技项目数(项)	#新产品开发项目	#R&D项目	参加项目人员合计(人)	科学家工程师	项目经费内部支出(万元)	#R&D项目支出	#新产品项目支出
黑色金属冶炼及压延加工业	14	10	3	85	69	4250	217	3973
炼铁								
炼钢	1	1		7	6	664		664
钢压延加工	13	9	3	78	63	3586	217	3309
铁合金冶炼								
有色金属冶炼及压延加工业	45	37	23	523	381	9359	5802	8669
常用有色金属冶炼	5	2	1	20	20	353	180	195
贵金属冶炼								
稀有稀土金属冶炼	4	4	2	72	31	2030	220	2030
有色金属合金制造	15	12	15	179	147	1254	1254	990
有色金属压延加工	21	19	5	252	183	5721	4148	5454
金属制品业	147	104	63	1282	1004	20030	10073	17412
结构性金属制品制造	26	19	4	204	167	3823	385	3539
金属工具制造	12	8	6	147	93	2492	667	1980
集装箱及金属包装容器制造	13	11	5	105	96	1105	420	950
金属丝绳及其制品的制造	1	1	1	3	3	590	590	590
建筑、安全用金属制品制造	36	21	17	257	236	2690	1623	1884
金属表面处理及热处理加工	18	17	10	145	134	1536	926	1386
搪瓷制品制造	4	4	1	19	19	325	120	325
不锈钢及类似日用金属制品制造	21	11	10	217	147	4722	3679	4153
其他金属制品制造	16	12	9	185	109	2748	1664	2606
通用设备制造业	260	215	133	2431	1936	23767	13197	19016
锅炉及原动机制造	11	6	7	121	68	1688	1337	1200
金属加工机械制造	57	50	25	595	519	7401	3442	6486
起重运输设备制造	24	22	9	377	232	2803	1289	2275
泵、阀门、压缩机及类似机械制造	78	62	42	620	549	5254	3161	3605
轴承、齿轮、传动和驱动部件制造	4	4	2	32	29	276	176	276
烘炉、熔炉及电炉制造								
风机、衡器、包装设备等通用设备制造	72	58	35	628	505	5267	2733	4146
通用零部件制造及机械修理	11	11	11	42	19	980	980	980
金属铸、锻加工	3	2	2	16	15	98	80	48
专用设备制造业	468	403	242	3858	3177	40830	20626	35394
矿山、冶金、建筑专用设备制造	13	7	9	87	87	1930	1522	1086
化工、木材、非金属加工专用设备制造	130	92	62	1326	1042	12844	6566	10275
食品、饮料、烟草及饲料生产专用设备制造	20	20	15	195	187	1504	816	1504
印刷、制药、日化生产专用设备制造	30	22	16	227	184	2520	1075	2267
纺织、服装和皮革工业专用设备制造	7	4	2	65	48	447	244	379
电子和电工机械专用设备制造	76	74	31	408	361	4457	1672	3647
农、林、牧、渔专用机械制造	7	7	7	149	118	251	251	251
医疗仪器设备及器械制造	125	123	77	895	746	10276	6074	9973
环保、社会公共安全及其他专用设备制造	60	54	23	506	404	6602	2406	6014

3-21　续表 5

项　目	科技项目数(项)	#新产品开发项目	#R&D项目	参加项目人员合计(人)	科学家工程师	项目经费内部支出(万元)	#R&D项目支出	#新产品项目支出
交通运输设备制造业	110	86	50	1110	942	17928	10119	15330
铁路运输设备制造	10	8	4	58	57	705	246	286
汽车制造	66	54	34	759	630	10047	7140	8556
摩托车制造	14	8	10	127	99	4996	1787	4724
自行车制造	5	2	2	102	96	1321	946	946
船舶及浮动装置制造	8	7		38	34	710		668
航空航天器制造								
交通器材及其他交通运输设备制造	7	7		26	26	150		150
电气机械及器材制造业	757	641	417	6326	5042	71266	42841	59553
电机制造	31	23	19	306	233	3527	2787	2123
输配电及控制设备制造	260	231	163	2205	1696	25423	14051	21776
电线、电缆、光缆及电工器材制造	72	61	31	689	574	12468	6972	9535
电池制造	83	69	49	660	592	7265	4548	6909
家用电力器具制造	144	115	73	1026	766	11231	7794	9733
非电力家用器具制造	26	21	5	261	202	1761	884	1431
照明器具制造	98	84	58	807	646	8208	5232	6950
其他电气机械及器材制造	43	37	19	372	333	1384	573	1097
通信设备、计算机及其他电子设备制造业	1015	907	551	9965	8384	117460	65932	109085
通信设备制造	217	210	125	2294	2075	29538	15225	28506
雷达及配套设备制造								
广播电视设备制造	53	51	36	616	505	8602	2970	8541
电子计算机制造	130	116	73	1622	1350	18901	11658	18161
电子器件制造	184	172	71	1654	1376	17198	6985	15173
电子元件制造	215	161	123	2184	1699	26018	17119	22803
家用视听设备制造	109	105	53	795	672	7564	4468	7004
其他电子设备制造	107	92	70	800	707	9640	7508	8896
仪器仪表及文化、办公用机械制造业	330	305	145	2482	2275	20209	9671	18855
通用仪器仪表制造	154	144	66	1237	1179	9826	4762	9260
专用仪器仪表制造	101	92	37	621	556	5234	2035	4723
钟表与计时仪器制造	7	7	4	62	62	1008	718	1008
光学仪器及眼镜制造	20	20	7	136	93	1038	679	1038
文化、办公用机械制造	41	35	29	329	293	2092	1423	1815
其他仪器仪表的制造及修理	7	7	2	97	92	1012	55	1012
工艺品及其他制造业	26	21	10	241	155	2628	1623	1963
工艺美术品制造	13	9	9	119	86	1183	939	818
日用杂品制造	3	3	1	37	27	714	683	714
煤制品制造								
核辐射加工								
其他未列明的制造业	10	9		85	42	732		432
废弃资源和废旧材料回收加工业	8	1	4	77	44	1495	729	104
金属废料和碎屑的加工处理	6	1	4	66	39	1169	729	104
非金属废料和碎屑的加工处理	2			11	5	326		

3-21 续表 6

项目	科技项目数(项)	#新产品开发项目	#R&D项目	参加项目人员合计(人)	科学家工程师	项目经费内部支出(万元)	#R&D项目支出	#新产品项目支出
电力、燃气及水的生产和供应业	29	4	16	175	162	1243	955	70
电力、热力的生产和供应业	27	4	16	165	152	1223	955	70
电力生产	27	4	16	165	152	1223	955	70
电力供应								
热力生产和供应								
燃气生产和供应业								
燃气生产和供应业								
水的生产和供应业	2			10	10	20		
自来水的生产和供应	2			10	10	20		
污水处理及其再生利用								
其他水的处理、利用与分配								
三、按隶属关系分组								
中央	18	8	13	196	194	4568	4250	923
省(自治区、直辖市)	72	52	28	615	576	6732	3283	4748
地(区、市、州、盟)	661	552	374	5702	4628	66761	38114	53656
县(区、市、旗)	197	155	87	2290	1708	23339	10698	17722
其他	3707	3085	2001	32895	26633	414675	230808	343063
四、按地区分组								
广州市	786	726	584	5769	4851	114147	98101	99568
深圳市	1654	1437	748	14916	13136	174327	65887	155587
珠海市	298	261	196	2482	2086	24968	16428	22967
汕头市	112	90	65	1423	1096	15410	9056	12440
佛山市	418	346	183	3629	2947	37003	18706	26454
韶关市	29	23	10	412	271	6827	4093	5824
河源市	46	33	33	464	381	3039	2301	2466
梅州市	44	16	4	524	349	6084	250	1873
惠州市	82	56	31	702	568	5593	2480	4333
汕尾市	5	3	2	35	16	390	62	80
东莞市	279	161	201	2361	1698	24957	17869	14346
中山市	298	268	155	3116	2184	29709	18089	24439
江门市	188	131	74	1211	851	12162	5269	8545
阳江市	25	18		287	207	3965		2684
湛江市	123	73	88	1353	1073	18704	14144	10071
茂名市	11	11	3	48	45	1048	791	1048
肇庆市	82	69	36	945	625	11350	2569	9361
清远市	32	20	17	350	196	9044	4340	5001
潮州市	94	69	46	1210	810	12141	4206	8444
揭阳市	29	24	17	321	269	4094	1849	3534
云浮市	20	17	10	140	80	1114	664	1046

注：本表为立项经费10万元及以上科技项目情况

3-22　规模以上工业企业技术改造、技术获取及减免税情况

单位：万元

项　　目	技术改造经费支出	引进国外技术经费支出	引进技术消化吸收经费支出	购买国内技术经费支出	享受各级政府对技术开发的减免税
总　　计	**1846933**	**717393**	**92655**	**124886**	**93606**
总计中：国有控股企业	871254	215493	35535	68948	43613
一、按企业规模分组					
大中型企业	1715430	706674	86297	116697	86138
大型企业	1117707	475155	47918	91997	51714
中型企业	597723	231520	38378	24700	34425
小型企业	131504	10719	6359	8189	7467
二、按登记注册类型分组					
内资企业	1286790	104165	48494	88961	70942
国有企业	102799	30	105	2667	1087
集体企业	5619		900	880	610
股份合作企业	6283		14	22	
联营企业	1673			62	
国有联营企业	1073			62	
集体联营企业					
国有与集体联营企业					
其他联营企业	600				
有限责任公司	448832	59994	26648	66915	11737
国有独资公司	331411	51131	17398	58961	728
其他有限责任公司	117422	8863	9250	7954	11009
股份有限公司	514893	31879	12550	12937	50319
私营企业	206417	12262	8278	5443	7189
私营独资企业	13402	1647	1341	264	12
私营合伙企业	470		121		81
私营有限责任公司	172707	9820	5814	4791	4889
私营股份有限公司	19838	795	1001	389	2207
其他企业	275			35	
港、澳、台商投资企业	290607	176863	19165	15982	5697
合资经营企业(港或澳、台资)	128470	23804	7720	4120	2968
合作经营企业(港或澳、台资)	1445		5	160	10
港、澳、台商独资经营企业	99649	121901	10932	10873	2044
港、澳、台商投资股份有限公司	61044	31158	508	828	675
外商投资企业	269536	436365	24996	19943	16967
中外合资经营企业	183336	285629	20553	5868	15667
中外合作经营企业	3267	992	19	19	
外资企业	32134	149215	3624	13878	1301
外商投资股份有限公司	50799	528	800	179	
三、按工业行业中类分组					
采矿业	8523			1	129
煤炭开采和洗选业					
烟煤和无烟煤的开采洗选					
褐煤的开采洗选					
其他煤炭采选					

3-22 续表 1 单位：万元

项　目	技术改造经费支出	引进国外技术经费支出	引进技术消化吸收经费支出	购买国内技术经费支出	享受各级政府对技术开发的减免税
石油和天然气开采业					
天然原油和天然气开采					
与石油和天然气开采有关的服务活动					
黑色金属矿采选业					
铁矿采选					
其他黑色金属矿采选					
有色金属矿采选业	1541				
常用有色金属矿采选	1298				
贵金属矿采选	243				
稀有稀土金属矿采选					
非金属矿采选业	6982			1	129
土砂石开采	203				129
化学矿采选	6771				
采盐	8			1	
石棉及其他非金属矿采选					
其他采矿业					
其他采矿业					
制造业	1787947	717363	92655	124885	90554
农副食品加工业	16030	1	115	159	28
谷物磨制	245				
饲料加工	3798			20	
植物油加工	674				
制糖	3008			100	
屠宰及肉类加工					
水产品加工	5736	1	115	19	
蔬菜、水果和坚果加工					
其他农副食品加工	2569			20	28
食品制造业	15864	17250	1208	25	29
焙烤食品制造	4252	225			
糖果、巧克力及蜜饯制造	800	16907			
方便食品制造	48		48		
液体乳及乳制品制造	3020				
罐头制造	147			2	
调味品、发酵制品制造	7167		1160		
其他食品制造	429	118		23	29
饮料制造业	23781	392	44	64	
酒精制造	536				
酒的制造	19321	23	44	64	
软饮料制造	3924	370			
精制茶加工					
烟草制品业	3266	45	21	162	
烟叶复烤	515	45	21	162	
卷烟制造	2652				
其他烟草制品加工	100				

3-22　续表 2

单位：万元

项　目	技术改造经费支出	引进国外技术经费支出	引进技术消化吸收经费支出	购买国内技术经费支出	享受各级政府对技术开发的减免税
纺织业	4520	195	60	32	
棉、化纤纺织及印染精加工	1119	172	60		
毛纺织和染整精加工					
麻纺织					
丝绢纺织及精加工	1800				
纺织制成品制造	1044			32	
针织品、编织品及其制品制造	556	23			
纺织服装、鞋、帽制造业	10520	1534	632	475	40
纺织服装制造	10520	1534	632	475	40
纺织面料鞋的制造					
制帽					
皮革、毛皮、羽毛(绒)及其制品业	195			3	
皮革鞣制加工					
皮革制品制造	102			3	
毛皮鞣制及制品加工					
羽毛(绒)加工及制品制造	93				
木材加工及木、竹、藤、棕、草制品业	3727	130	28	91	
锯材、木片加工	104				
人造板制造	3604	87	28	91	
木制品制造	19	42			
竹、藤、棕、草制品制造	1				
家具制造业	2578	130	90	170	
木质家具制造	1895	130	69	127	
竹、藤家具制造					
金属家具制造	548		1		
塑料家具制造					
其他家具制造	134		20	43	
造纸及纸制品业	53744	29832	514	1119	261
纸浆制造	960		85	30	
造纸	49001	29832	419	995	37
纸制品制造	3783		10	94	224
印刷业和记录媒介的复制	4311	950	218	5	32
印刷	3930	950	188	5	32
装订及其他印刷服务活动	231		30		
记录媒介的复制	150				
文教体育用品制造业	2431	131	791		182
文化用品制造	2				
体育用品制造	71				
乐器制造	610	131	731		130
玩具制造	1748		60		52
游艺器材及娱乐用品制造					

3-22 续表 3 单位：万元

项目	技术改造经费支出	引进国外技术经费支出	引进技术消化吸收经费支出	购买国内技术经费支出	享受各级政府对技术开发的减免税
石油加工、炼焦及核燃料加工业	100692		36	1478	599
精炼石油产品的制造	100692		36	1478	599
炼焦					
核燃料加工					
化学原料及化学制品制造业	58834	167328	3253	7514	2238
基础化学原料制造	4758	880	298	150	8
肥料制造	17616				
农药制造	880	82	50	80	
涂料、油墨、颜料及类似产品制造	8678	424	440	363	911
合成材料制造	12596	464	11	225	686
专用化学产品制造	5265	3169	1389	529	459
日用化学产品制造	9043	162309	1064	6167	174
医药制造业	46137	4725	2119	3413	3432
化学药品原药制造	12335		392	197	244
化学药品制剂制造	16282	4325	551	1111	2127
中药饮片加工	390	141	184	21	245
中成药制造	4190	15	55	144	174
兽用药品制造	2210	120	915	1694	610
生物、生化制品的制造	7834			168	32
卫生材料及医药用品制造	2896	124	22	77	
化学纤维制造业	3899				326
纤维素纤维原料及纤维制造					
合成纤维制造	3899				326
橡胶制品业	2334	1812	10	19	10
轮胎制造	1449				
橡胶板、管、带的制造	5				
橡胶零件制造	361	1792			10
再生橡胶制造					
日用及医用橡胶制品制造					
橡胶靴鞋制造	30				
其他橡胶制品制造	489	20	10	19	
塑料制品业	10722	2827	426	320	13
塑料薄膜制造	285	973	11		
塑料板、管、型材的制造	2534		32	120	13
塑料丝、绳及编织品的制造	2185				
泡沫塑料制造	39				
塑料人造革、合成革制造	60	15	15	10	
塑料包装箱及容器制造	905	250	150	6	
塑料零件制造	1767	1589	214	184	
日用塑料制造	2326		4		
其他塑料制品制造	622			0	
非金属矿物制品业	50222	3189	2252	2604	584
水泥、石灰和石膏的制造	15074		30		

3-22　续表 4　　　　单位：万元

项　目	技术改造经费支出	引进国外技术经费支出	引进技术消化吸收经费支出	购买国内技术经费支出	享受各级政府对技术开发的减免税
水泥及石膏制品制造	454	41			
砖瓦、石材及其他建筑材料制造	17337	1276	1399	2567	545
玻璃及玻璃制品制造	8662	1329	377		
陶瓷制品制造	8319	543	437	37	
耐火材料制品制造	178				39
石墨及其他非金属矿物制品制造	198		10		
黑色金属冶炼及压延加工业	293781	49675	18086	59131	443
炼铁					
炼钢	3803				
钢压延加工	289978	49675	18086	59131	443
铁合金冶炼					
有色金属冶炼及压延加工业	72849	4689	1422	1905	356
常用有色金属冶炼	21852	2639			
贵金属冶炼					
稀有稀土金属冶炼	2777				
有色金属合金制造	200				
有色金属压延加工	48019	2050	1422	1905	356
金属制品业	49914	1545	2296	1672	814
结构性金属制品制造	17133	700	692	500	1
金属工具制造	10012			257	
集装箱及金属包装容器制造	234		136		160
金属丝绳及其制品的制造	12				
建筑、安全用金属制品制造	8061	373	530	46	469
金属表面处理及热处理加工	9327	235	53	623	26
搪瓷制品制造	1597		266	15	
不锈钢及类似日用金属制品制造	3358	237	613	216	159
其他金属制品制造	181		6	15	
通用设备制造业	48207	9821	4828	365	1331
锅炉及原动机制造	198	216			
金属加工机械制造	1799	241		23	169
起重运输设备制造	4621	710	78		
泵、阀门、压缩机及类似机械的制造	9839	5982	2740	121	37
轴承、齿轮、传动和驱动部件的制造	11699				51
烘炉、熔炉及电炉制造					
风机、衡器、包装设备等通用设备制造	13527	1623	811	222	1074
通用零部件制造及机械修理	3791	1000	1120		
金属铸、锻加工	2733	50	80		
专用设备制造业	45824	3093	2741	876	6751
矿山、冶金、建筑专用设备制造	456	300	411	217	
化工、木材、非金属加工专用设备制造	14225	483	556	352	1235
食品、饮料、烟草及饲料生产专用设备制造	742				45
印刷、制药、日化生产专用设备制造	6578		30		265
纺织、服装和皮革工业专用设备制造	318	71	1062		

3-22 续表 5 单位：万元

项目	技术改造经费支出	引进国外技术经费支出	引进技术消化吸收经费支出	购买国内技术经费支出	享受各级政府对技术开发的减免税
电子和电工机械专用设备制造	17824	1649	444	241	4262
农、林、牧、渔专用机械制造	1916	285	102		
医疗仪器设备及器械制造	2836	63	111	50	621
环保、社会公共安全及其他专用设备制造	929	242	25	16	322
交通运输设备制造业	273959	188884	15890	8152	6975
铁路运输设备制造	3629				
汽车制造	124617	175249	13576	3749	6173
摩托车制造	16008	12306	2314	1146	
自行车制造	120				
船舶及浮动装置制造	129555	447		3257	802
航空航天器制造		882			
交通器材及其他交通运输设备制造	30				
电气机械及器材制造业	377295	52051	13509	14701	35005
电机制造	13300	377	204	282	286
输配电及控制设备制造	24131	3474	1015	674	3267
电线、电缆、光缆及电工器材制造	22342	2775	253	1539	2468
电池制造	16305	2243	891	2550	816
家用电力器具制造	279828	42080	7804	9134	25264
非电力家用器具制造	10974	832	2582	202	580
照明器具制造	9345	270	759	321	2324
其他电气机械及器材制造	1072				
通信设备、计算机及其他电子设备制造业	200857	175236	21727	20174	25326
通信设备制造	33668	65546	4684	1407	14933
雷达及配套设备制造					
广播电视设备制造	978		23	2107	
电子计算机制造	17578	23	30	3080	1827
电子器件制造	29159	50874	5829	361	892
电子元件制造	95028	3693	4507	10370	849
家用视听设备制造	22790	53128	6339	1854	6637
其他电子设备制造	1658	1971	315	997	187
仪器仪表及文化、办公用机械制造业	11311	1900	73	214	5714
通用仪器仪表制造	4410	103	66	38	298
专用仪器仪表制造	1931	270		174	277
钟表与计时仪器制造	811			2	
光学仪器及眼镜制造	30	1505			
文化、办公用机械制造	4109	22	7		5112
其他仪器仪表的制造及修理	20				27
工艺品及其他制造业	69		267	35	64
工艺美术品制造	28		267	15	
日用杂品制造	42				
煤制品制造					
核辐射加工					
其他未列明的制造业				20	64

3-22　续表 6　　　　单位：万元

项　目	技术改造经费支出	引进国外技术经费支出	引进技术消化吸收经费支出	购买国内技术经费支出	享受各级政府对技术开发的减免税
废弃资源和废旧材料回收加工业	78			9	
金属废料和碎屑的加工处理	78			9	
非金属废料和碎屑的加工处理					
电力、燃气及水的生产和供应业	50463	30			2923
电力、热力的生产和供应业	39997				2923
电力生产	37297				2923
电力供应	2700				
热力生产和供应					
燃气生产和供应业	7866	30			
燃气生产和供应业	7866	30			
水的生产和供应业	2601				
自来水的生产和供应	2601				
污水处理及其再生利用					
其他水的处理、利用与分配					
四、按隶属关系分组					
中央	239899	683	200	4944	7876
省（自治区、直辖市）	349045	52935	16550	58831	1424
地（区、市、州、盟）	233794	10718	9834	8191	42770
县（区、市、旗）	24574	1025	1060	2437	523
其他	999621	652032	65011	50483	41013
五、按地区分组					
广州市	406892	452959	22221	15950	18126
深圳市	166352	109888	14422	7778	27167
珠海市	74780	1769	813	1335	25512
汕头市	23258	1593	726	535	289
佛山市	330463	33100	14223	14424	4529
韶关市	326714	52336	16642	58767	848
河源市	4552			78	
梅州市	8078	75	345	254	2859
惠州市	26892	6272	3545	830	4323
汕尾市	874				
东莞市	96228	28877	4947	17650	2694
中山市	112756	11492	5968	624	2995
江门市	22488	12975	2148	1119	1369
阳江市	7296	81	560		371
湛江市	42175	360	120	245	150
茂名市	107224	88	330	769	573
肇庆市	37502	2861	3214	1860	958
清远市	12801	887	1086	2133	
潮州市	21098	1180	579	133	197
揭阳市	2806	330	747	374	647
云浮市	15706	270	20	30	

3-23 大中型工业企业技术改造、技术获取及减免税情况

单位：万元

项　目	技术改造经费支出	引进国外技术经费支出	引进技术消化吸收经费支出	购买国内技术经费支出	享受各级政府对技术开发的减免税
总　计	**1715430**	**706674**	**86297**	**116697**	**86138**
总计中：国有控股企业	848813	214822	35203	68399	42636
一、按企业规模分组					
大型企业	1117707	475155	47918	91997	51714
中型企业	597723	231520	38378	24700	34425
二、按登记注册类型分组					
内资企业	1183108	99366	43880	82089	65536
国有企业	91761	30	100	2607	635
集体企业	3287		900	880	610
股份合作企业	5420				
联营企业	1673			62	
国有联营企业	1073			62	
集体联营企业					
国有与集体联营企业					
其他联营企业	600				
有限责任公司	425608	58955	25526	63255	9854
国有独资公司	327174	51076	17198	58944	699
其他有限责任公司	98434	7878	8328	4311	9155
股份有限公司	506159	31865	12497	12833	49922
私营企业	149193	8516	4856	2452	4515
私营独资企业	7677	872	1188		12
私营合伙企业	288				81
私营有限责任公司	125624	7520	3668	2427	2728
私营股份有限公司	15604	125	0	25	1694
其他企业	8				
港、澳、台商投资企业	269409	174273	18408	15323	4994
合资经营企业(港或澳、台资)	114080	22445	7483	3745	2803
合作经营企业(港或澳、台资)	768			140	1
港、澳、台商独资经营企业	93520	120670	10418	10610	1516
港、澳、台商投资股份有限公司	61041	31158	508	828	675
外商投资企业	262913	433034	24009	19285	15608
中外合资经营企业	179272	284076	19717	5457	14474
中外合作经营企业	2679	992	19	19	
外资企业	30404	147438	3472	13630	1135
外商投资股份有限公司	50558	528	800	179	
三、按工业行业中类分组					
采矿业	8515				129
煤炭开采和洗选业					
烟煤和无烟煤的开采洗选					
褐煤的开采洗选					
其他煤炭采选					

3-23　续表 1　　　　单位：万元

项　　目	技术改造经费支出	引进国外技术经费支出	引进技术消化吸收经费支出	购买国内技术经费支出	享受各级政府对技术开发的减免税
石油和天然气开采业					
天然原油和天然气开采					
与石油和天然气开采有关的服务活动					
黑色金属矿采选业					
铁矿采选					
其他黑色金属矿采选					
有色金属矿采选业	1541				
常用有色金属矿采选	1298				
贵金属矿采选	243				
稀有稀土金属矿采选					
非金属矿采选业	6974				129
土砂石开采	203				129
化学矿采选	6771				
采盐					
石棉及其他非金属矿采选					
其他采矿业					
其他采矿业					
制造业	1664422	706644	86297	116697	83507
农副食品加工业	10763	1	15	119	28
谷物磨制					
饲料加工					
植物油加工					
制糖	2937			100	
屠宰及肉类加工					
水产品加工	5407	1	15	19	
蔬菜、水果和坚果加工					
其他农副食品加工	2419				28
食品制造业	14543	17132	1208		
焙烤食品制造	3800	225			
糖果、巧克力及蜜饯制造	500	16907			
方便食品制造	48		48		
液体乳及乳制品制造	3000				
罐头制造					
调味品、发酵制品制造	7035		1160		
其他食品制造	160				
饮料制造业	21594	392	37	54	
酒精制造					
酒的制造	19229	23	37	54	
软饮料制造	2366	370			
精制茶加工					
烟草制品业	2652				
烟叶复烤					
卷烟制造	2652				
其他烟草制品加工					

3-23 续表 2 单位：万元

项目	技术改造经费支出	引进国外技术经费支出	引进技术消化吸收经费支出	购买国内技术经费支出	享受各级政府对技术开发的减免税
纺织业	992	172	30		
棉、化纤纺织及印染精加工	771	172	30		
毛纺织和染整精加工					
麻纺织					
丝绢纺织及精加工					
纺织制成品制造	221				
针织品、编织品及其制品制造					
纺织服装、鞋、帽制造业	9412	688	553	475	40
纺织服装制造	9412	688	553	475	40
纺织面料鞋的制造					
制帽					
皮革、毛皮、羽毛(绒)及其制品业	143				
皮革鞣制加工					
皮革制品制造	93				
毛皮鞣制及制品加工					
羽毛(绒)加工及制品制造	50				
木材加工及木、竹、藤、棕、草制品业	329	87	28	56	
锯材、木片加工	104				
人造板制造	225	87	28	56	
木制品制造					
竹、藤、棕、草制品制造					
家具制造业	2241	80	69	84	
木质家具制造	1693	80	69	82	
竹、藤家具制造					
金属家具制造	546				
塑料家具制造					
其他家具制造	2			3	
造纸及纸制品业	51678	29832	514	1031	261
纸浆制造	900		85	30	
造纸	48109	29832	419	995	37
纸制品制造	2669		10	6	224
印刷业和记录媒介的复制	1603		218	5	8
印刷	1372		188	5	8
装订及其他印刷服务活动	231		30		
记录媒介的复制					
文教体育用品制造业	2349	131	791		182
文化用品制造	2				
体育用品制造	63				
乐器制造	610	131	731		130
玩具制造	1674		60		52
游艺器材及娱乐用品制造					
石油加工、炼焦及核燃料加工业	99669			1448	444
精炼石油产品的制造	99669			1448	444
炼焦					
核燃料加工					

3-23　续表 3　　　　单位：万元

项　　目	技术改造经费支出	引进国外技术经费支出	引进技术消化吸收经费支出	购买国内技术经费支出	享受各级政府对技术开发的减免税
化学原料及化学制品制造业	44478	163760	1411	6432	959
基础化学原料制造	4058	80	298	150	
肥料制造	17052				
农药制造	845	82	50	80	
涂料、油墨、颜料及类似产品制造	4740	6		48	304
合成材料制造	9259				481
专用化学产品制造	716	1284	6		
日用化学产品制造	7807	162309	1057	6154	174
医药制造业	36154	4575	2009	2452	3281
化学药品原药制造	11615		392	197	244
化学药品制剂制造	16164	4295	551	1111	2127
中药饮片加工	390	141	184	21	245
中成药制造	2416	15	10	134	54
兽用药品制造	1280		850	850	610
生物、生化制品的制造	1413			62	
卫生材料及医药用品制造	2875	124	22	77	
化学纤维制造业	2175				
纤维素纤维原料及纤维制造					
合成纤维制造	2175				
橡胶制品业	1461	1792			
轮胎制造	1449				
橡胶板、管、带的制造					
橡胶零件制造	12	1792			
再生橡胶制造					
日用及医用橡胶制品制造					
橡胶靴鞋制造					
其他橡胶制品制造					
塑料制品业	4845	2234	406	110	
塑料薄膜制造	48	969	9		
塑料板、管、型材的制造	1781		32		
塑料丝、绳及编织品的制造					
泡沫塑料制造					
塑料人造革、合成革制造	60	15	15	10	
塑料包装箱及容器制造	650	250	150		
塑料零件制造	400	1000	200	100	
日用塑料制造	1906				
其他塑料制品制造					
非金属矿物制品业	35676	3105	2126	2567	584
水泥、石灰和石膏的制造	3009		30		
水泥及石膏制品制造	430				
砖瓦、石材及其他建筑材料制造	17248	1276	1399	2567	545

3-23 续表 4

单位：万元

项　　目	技术改造经费支出	引进国外技　　术经费支出	引进技术消化吸收经费支出	购买国内技　　术经费支出	享受各级政府对技术开发的减免税
玻璃及玻璃制品制造	7800	1329	347		
陶瓷制品制造	7086	500	351		
耐火材料制品制造	51				39
石墨及其他非金属矿物制品制造	53				
黑色金属冶炼及压延加工业	293427	49655	18071	59116	443
炼铁					
炼钢	3803				
钢压延加工	289624	49655	18071	59116	443
铁合金冶炼					
有色金属冶炼及压延加工业	71846	4689	1410	1900	356
常用有色金属冶炼	21852	2639			
贵金属冶炼					
稀有稀土金属冶炼	2766				
有色金属合金制造					
有色金属压延加工	47227	2050	1410	1900	356
金属制品业	46492	1516	2126	1323	616
结构性金属制品制造	16820	700	687	500	
金属工具制造	8217			6	
集装箱及金属包装容器制造	10		136		147
金属丝绳及其制品的制造	12				
建筑、安全用金属制品制造	7823	353	520	35	469
金属表面处理及热处理加工	9317	235	53	623	
搪瓷制品制造	1540		240		
不锈钢及类似日用金属制品制造	2681	229	490	159	
其他金属制品制造	72				
通用设备制造业	44446	8211	4366	120	1086
锅炉及原动机制造	106	216			
金属加工机械制造	1206				165
起重运输设备制造	3598	466	60		
泵、阀门、压缩机及类似机械的制造	9224	4857	2645		
轴承、齿轮、传动和驱动部件的制造	11550				
烘炉、熔炉及电炉制造					
风机、衡器、包装设备等通用设备制造	12257	1623	461	120	921
通用零部件制造及机械修理	3778	1000	1120		
金属铸、锻加工	2728	50	80		
专用设备制造业	38260	2315	1651	297	5904
矿山、冶金、建筑专用设备制造	200				
化工、木材、非金属加工专用设备制造	11391	228	231	50	1226
食品、饮料、烟草及饲料生产专用设备制造	396				
印刷、制药、日化生产专用设备制造	6500				197
纺织、服装和皮革工业专用设备制造			1062		
电子和电工机械专用设备制造	16933	1549	232	231	3989
农、林、牧、渔专用机械制造	1887	285	102		
医疗仪器设备及器械制造	337	11			493
环保、社会公共安全及其他专用设备制造	616	242	25	16	

续表 5　　　　单位：万元

项　　目	技术改造经费支出	引进国外技　术经费支出	引进技术消化吸收经费支出	购买国内技　术经费支出	享受各级政府对技术开发的减免税
交通运输设备制造业	272594	188403	15890	8152	6239
铁路运输设备制造	3629				
汽车制造	123533	174768	13576	3749	5437
摩托车制造	15877	12306	2314	1146	
自行车制造					
船舶及浮动装置制造	129555	447		3257	802
航空航天器制造		882			
交通器材及其他交通运输设备制造					
电气机械及器材制造业	359676	51660	12247	12697	34505
电机制造	13143	377	204	250	286
输配电及控制设备制造	20955	3453	719	610	2912
电线、电缆、光缆及电工器材制造	14310	2527	120	154	2332
电池制造	15905	2223	838	2350	816
家用电力器具制造	275998	42061	7714	9132	25254
非电力家用器具制造	10722	832	2582	202	580
照明器具制造	8643	187	69		2324
其他电气机械及器材制造					
通信设备、计算机及其他电子设备制造业	185729	174580	21122	18227	23708
通信设备制造	30968	64955	4476	1407	13963
雷达及配套设备制造					
广播电视设备制造	626			387	
电子计算机制造	11451		30	3079	1704
电子器件制造	27849	50874	5693	361	631
电子元件制造	92260	3674	4308	10258	782
家用视听设备制造	21424	53105	6300	1814	6565
其他电子设备制造	1152	1971	315	922	63
仪器仪表及文化、办公用机械制造业	9165	1635		32	4863
通用仪器仪表制造	3785			32	
专用仪器仪表制造	1189	108			
钟表与计时仪器制造	224				
光学仪器及眼镜制造		1505			
文化、办公用机械制造	3968	22			4863
其他仪器仪表的制造及修理					
工艺品及其他制造业	32				
工艺美术品制造					
日用杂品制造	32				
煤制品制造					
核辐射加工					
其他未列明的制造业					

3-23 续表 6

单位：万元

项　　目	技术改造经费支出	引进国外技术经费支出	引进技术消化吸收经费支出	购买国内技术经费支出	享受各级政府对技术开发的减免税
废弃资源和废旧材料回收加工业					
金属废料和碎屑的加工处理					
非金属废料和碎屑的加工处理					
电力、燃气及水的生产和供应业	42493	30			2503
电力、热力的生产和供应业	32038				2503
电力生产	29339				2503
电力供应	2700				
热力生产和供应					
燃气生产和供应业	7866	30			
燃气生产和供应业	7866	30			
水的生产和供应业	2589				
自来水的生产和供应	2589				
污水处理及其再生利用					
其他水的处理、利用与分配					
四、按隶属关系分组					
中央	239256	683	200	4944	7823
省（自治区、直辖市）	339680	52435	16543	58766	1268
地（区、市、州、盟）	218287	10162	9197	5602	41317
县（区、市、旗）	21299	794	847	1629	141
其他	896907	642601	59509	45755	35590
五、按地区分组					
广州市	394134	450569	20635	15402	16608
深圳市	134080	106463	13230	5486	24839
珠海市	71993	1385	710	959	25211
汕头市	20841	1285	71	284	289
佛山市	321621	32552	13083	13580	4066
韶关市	325689	52294	16359	58755	803
河源市	829				
梅州市	2585		300	60	2593
惠州市	25897	6272	3504	573	3731
汕尾市	724				
东莞市	88083	28359	4613	16847	1643
中山市	97920	9153	5402	577	2975
江门市	20114	12757	2032	789	939
阳江市	6818	81	550		
湛江市	27923	360	120	120	150
茂名市	106712	80	328	760	573
肇庆市	32776	2741	3099	1046	907
清远市	7601	887	1086	1056	
潮州市	17793	1055	415	10	197
揭阳市	2658	330	740	364	617
云浮市	8640	50	20	30	

3-24　小型工业企业技术改造、技术获取及减免税情况

单位：万元

项　目	技术改造经费支出	引进国外技术经费支出	引进技术消化吸收经费支出	购买国内技术经费支出	享受各级政府对技术开发的减免税
总　计	**131504**	**10719**	**6359**	**8189**	**7467**
总计中：国有控股企业	22442	671	332	549	976
一、按登记注册类型分组					
内资企业	103682	4799	4615	6872	5406
国有企业	11038		5	60	452
集体企业	2332				
股份合作企业	863		14	22	
联营企业					
国有联营企业					
集体联营企业					
国有与集体联营企业					
其他联营企业					
有限责任公司	23224	1039	1122	3660	1883
国有独资公司	4237	55	200	17	29
其他有限责任公司	18987	984	922	3643	1854
股份有限公司	8734	14	53	104	396
私营企业	57224	3746	3421	2991	2675
私营独资企业	5725	775	153	264	
私营合伙企业	182		121		
私营有限责任公司	47083	2300	2146	2364	2162
私营股份有限公司	4234	670	1001	364	513
其他企业	266			35	
港、澳、台商投资企业	21198	2590	757	659	703
合资经营企业(港或澳、台资)	14390	1359	237	375	166
合作经营企业(港或澳、台资)	676		5	20	9
港、澳、台商独资经营企业	6130	1231	515	264	528
港、澳、台商投资股份有限公司	3				
外商投资企业	6623	3330	987	658	1359
中外合资经营企业	4063	1553	836	411	1193
中外合作经营企业	589				
外资企业	1731	1777	152	248	166
外商投资股份有限公司	241				
二、按工业行业中类分组					
采矿业	8			1	
煤炭开采和洗选业					
烟煤和无烟煤的开采洗选					
褐煤的开采洗选					
其他煤炭采选					
石油和天然气开采业					
天然原油和天然气开采					
与石油和天然气开采有关的服务活动					

3-24 续表 1

单位：万元

项目	技术改造经费支出	引进国外技术经费支出	引进技术消化吸收经费支出	购买国内技术经费支出	享受各级政府对技术开发的减免税
黑色金属矿采选业					
铁矿采选					
其他黑色金属矿采选					
有色金属矿采选业					
常用有色金属矿采选					
贵金属矿采选					
稀有稀土金属矿采选					
非金属矿采选业	8			1	
土砂石开采					
化学矿采选					
采盐	8			1	
石棉及其他非金属矿采选					
其他采矿业					
其他采矿业					
制造业	123525	10719	6359	8188	7047
农副食品加工业	5267		100	40	
谷物磨制	245				
饲料加工	3798			20	
植物油加工	674				
制糖	71				
屠宰及肉类加工					
水产品加工	329		100		
蔬菜、水果和坚果加工					
其他农副食品加工	150			20	
食品制造业	1321	118		25	29
焙烤食品制造	452				
糖果、巧克力及蜜饯制造	300				
方便食品制造					
液体乳及乳制品制造	20				
罐头制造	147			2	
调味品、发酵制品制造	132				
其他食品制造	269	118		23	29
饮料制造业	2187		7	10	
酒精制造	536				
酒的制造	93		7	10	
软饮料制造	1558				
精制茶加工					
烟草制品业	615	45	21	162	
烟叶复烤	515	45	21	162	
卷烟制造					
其他烟草制品加工	100				
纺织业	3528	23	30	32	
棉、化纤纺织及印染精加工	348		30		
毛纺织和染整精加工					

3-24　续表 2　　　　单位：万元

项　　目	技术改造经费支出	引进国外技　术经费支出	引进技术消化吸收经费支出	购买国内技　术经费支出	享受各级政府对技术开发的减免税
麻纺织					
丝绢纺织及精加工	1800				
纺织制成品制造	824			32	
针织品、编织品及其制品制造	556	23			
纺织服装、鞋、帽制造业	1108	846	79		
纺织服装制造	1108	846	79		
纺织面料鞋的制造					
制帽					
皮革、毛皮、羽毛(绒)及其制品业	51			3	
皮革鞣制加工					
皮革制品制造	9			3	
毛皮鞣制及制品加工					
羽毛(绒)加工及制品制造	43				
木材加工及木、竹、藤、棕、草制品业	3398	42		35	
锯材、木片加工					
人造板制造	3379			35	
木制品制造	19	42			
竹、藤、棕、草制品制造	1				
家具制造业	337	50	21	86	
木质家具制造	202	50	0	46	
竹、藤家具制造					
金属家具制造	2		1		
塑料家具制造					
其他家具制造	133		20	40	
造纸及纸制品业	2065			88	
纸浆制造	60				
造纸	891				
纸制品制造	1114			88	
印刷业和记录媒介的复制	2708	950			24
印刷	2558	950			24
装订及其他印刷服务活动					
记录媒介的复制	150				
文教体育用品制造业	82				
文化用品制造					
体育用品制造	8				
乐器制造					
玩具制造	74				
游艺器材及娱乐用品制造					
石油加工、炼焦及核燃料加工业	1023		36	30	155
精炼石油产品的制造	1023		36	30	155
炼焦					
核燃料加工					

3-24 续表 3

单位：万元

项　　目	技术改造经费支出	引进国外技　术经费支出	引进技术消化吸收经费支出	购买国内技　术经费支出	享受各级政府对技术开发的减免税
化学原料及化学制品制造业	14357	3568	1842	1082	1280
基础化学原料制造	700	800			8
肥料制造	564				
农药制造	35				
涂料、油墨、颜料及类似产品制造	3937	418	440	315	607
合成材料制造	3336	464	11	225	206
专用化学产品制造	4549	1886	1384	529	459
日用化学产品制造	1236		8	13	
医药制造业	9983	150	110	960	152
化学药品原药制造	720				
化学药品制剂制造	117	30			
中药饮片加工					
中成药制造	1773		45	10	120
兽用药品制造	930	120	65	844	
生物、生化制品的制造	6422			106	32
卫生材料及医药用品制造	21				
化学纤维制造业	1724				326
纤维素纤维原料及纤维制造					
合成纤维制造	1724				326
橡胶制品业	873	20	10	19	10
轮胎制造					
橡胶板、管、带的制造	5				
橡胶零件制造	349				10
再生橡胶制造					
日用及医用橡胶制品制造					
橡胶靴鞋制造	30				
其他橡胶制品制造	489	20	10	19	
塑料制品业	5877	593	20	210	13
塑料薄膜制造	237	5	2		
塑料板、管、型材的制造	753			120	13
塑料丝、绳及编织品的制造	2185				
泡沫塑料制造	39				
塑料人造革、合成革制造					
塑料包装箱及容器制造	255			6	
塑料零件制造	1367	589	14	84	
日用塑料制造	420		4		
其他塑料制品制造	622			0	
非金属矿物制品业	14545	84	126	37	
水泥、石灰和石膏的制造	12065				
水泥及石膏制品制造	24	41			
砖瓦、石材及其他建筑材料制造	89				
玻璃及玻璃制品制造	862		30		

3-24　续表 4　　单位：万元

项　　目	技术改造经费支出	引进国外技术经费支出	引进技术消化吸收经费支出	购买国内技术经费支出	享受各级政府对技术开发的减免税
陶瓷制品制造	1233	43	86	37	
耐火材料制品制造	127				
石墨及其他非金属矿物制品制造	145		10		
黑色金属冶炼及压延加工业	354	20	15	15	
炼铁					
炼钢					
钢压延加工	354	20	15	15	
铁合金冶炼					
有色金属冶炼及压延加工业	1003		12	5	
常用有色金属冶炼					
贵金属冶炼					
稀有稀土金属冶炼	11				
有色金属合金制造	200				
有色金属压延加工	792		12	5	
金属制品业	3421	28	170	349	198
结构性金属制品制造	313		5		1
金属工具制造	1795			251	
集装箱及金属包装容器制造	224				13
金属丝绳及其制品的制造					
建筑、安全用金属制品制造	237	20	10	11	
金属表面处理及热处理加工	10				26
搪瓷制品制造	57		26	15	
不锈钢及类似日用金属制品制造	677	8	123	56	159
其他金属制品制造	109		6	15	
通用设备制造业	3761	1610	463	245	245
锅炉及原动机制造	92				
金属加工机械制造	593	241		23	5
起重运输设备制造	1023	245	18		
泵、阀门、压缩机及类似机械的制造	616	1125	95	121	37
轴承、齿轮、传动和驱动部件的制造	149				51
烘炉、熔炉及电炉制造					
风机、衡器、包装设备等通用设备制造	1270		350	102	152
通用零部件制造及机械修理	13				
金属铸、锻加工	5				
专用设备制造业	7564	778	1089	579	847
矿山、冶金、建筑专用设备制造	256	300	411	217	
化工、木材、非金属加工专用设备制造	2834	255	326	303	10
食品、饮料、烟草及饲料生产专用设备制造	346				45
印刷、制药、日化生产专用设备制造	78		30		68
纺织、服装和皮革工业专用设备制造	318	71			
电子和电工机械专用设备制造	891	100	212	10	273
农、林、牧、渔专用机械制造	29				
医疗仪器设备及器械制造	2499	52	111	50	129
环保、社会公共安全及其他专用设备制造	313				322

3-24 续表 5 单位：万元

项目	技术改造经费支出	引进国外技术经费支出	引进技术消化吸收经费支出	购买国内技术经费支出	享受各级政府对技术开发的减免税
交通运输设备制造业	1365	481			736
铁路运输设备制造					
汽车制造	1084	481			736
摩托车制造	131				
自行车制造	120				
船舶及浮动装置制造					
航空航天器制造					
交通器材及其他交通运输设备制造	30				
电气机械及器材制造业	17619	391	1262	2004	500
电机制造	157			32	
输配电及控制设备制造	3176	21	296	64	355
电线、电缆、光缆及电工器材制造	8032	248	133	1385	136
电池制造	400	20	53	200	
家用电力器具制造	3830	19	90	2	10
非电力家用器具制造	251				
照明器具制造	702	83	690	321	
其他电气机械及器材制造	1072				
通信设备、计算机及其他电子设备制造业	15128	656	605	1947	1618
通信设备制造	2700	591	208		970
雷达及配套设备制造					
广播电视设备制造	352		23	1720	
电子计算机制造	6128	23		1	123
电子器件制造	1309		136		261
电子元件制造	2768	20	199	112	68
家用视听设备制造	1366	23	40	40	72
其他电子设备制造	506			75	124
仪器仪表及文化、办公用机械制造业	2145	265	73	182	851
通用仪器仪表制造	625	103	66	6	298
专用仪器仪表制造	742	162		174	277
钟表与计时仪器制造	588			2	
光学仪器及眼镜制造	30				
文化、办公用机械制造	140		7		249
其他仪器仪表的制造及修理	20				27
工艺品及其他制造业	38		267	35	64
工艺美术品制造	28		267	15	
日用杂品制造	10				
煤制品制造					
核辐射加工					
其他未列明的制造业				20	64

3-24　续表 6　　　　　　　　　　　　　　　　　　　　　　　　单位：万元

项　　目	技术改造经费支出	引进国外技　术经费支出	引进技术消化吸收经费支出	购买国内技　术经费支出	享受各级政府对技术开发的减免税
废弃资源和废旧材料回收加工业	78			9	
金属废料和碎屑的加工处理	78			9	
非金属废料和碎屑的加工处理					
电力、燃气及水的生产和供应业	7970				420
电力、热力的生产和供应业	7958				420
电力生产	7958				420
电力供应					
热力生产和供应					
燃气生产和供应业					
燃气生产和供应业					
水的生产和供应业	12				
自来水的生产和供应	12				
污水处理及其再生利用					
其他水的处理、利用与分配					
三、按隶属关系分组					
中央	643				53
省（自治区、直辖市）	9365	501	7	65	156
地（区、市、州、盟）	15507	556	637	2589	1453
县（区、市、旗）	3275	231	213	808	382
其他	102714	9431	5502	4728	5424
四、按地区分组					
广州市	12758	2390	1586	548	1519
深圳市	32271	3426	1192	2292	2328
珠海市	2786	383	103	376	301
汕头市	2418	308	655	252	
佛山市	8842	548	1140	845	463
韶关市	1025	42	283	12	45
河源市	3724			78	
梅州市	5494	75	45	194	266
惠州市	995		40	257	593
汕尾市	150				
东莞市	8146	517	334	803	1051
中山市	14835	2339	566	47	20
江门市	2374	218	116	330	430
阳江市	478		10		371
湛江市	14252			125	
茂名市	512	8	2	9	
肇庆市	4725	120	115	814	51
清远市	5200			1077	
潮州市	3306	125	164	123	
揭阳市	148		7	10	30
云浮市	7066	220			

3-25 规模以上工业企业新产品产出和专利情况

项　　目	新产品产　值(万元)	新 产 品销售收入(万元)	出　口	专　利申请数(件)	发明专利	拥有发明专 利 数(件)
总　　计	**78621730**	**74695491**	**28910143**	**38958**	**18802**	**18757**
总计中：国有控股企业	23156957	21580304	3052792	7329	5240	3650
一、按企业规模分组						
大中型企业	74367684	71034758	28092838	33144	17216	15958
大型企业	49583211	49572927	20665937	22516	14751	11242
中型企业	24784474	21461831	7426901	10628	2465	4716
小型企业	4254045	3660734	817304	5814	1586	2799
二、按登记注册类型分组						
内资企业	31118010	30917199	8654576	26319	15397	13096
国有企业	380424	368890	85743	127	49	57
集体企业	60331	56575	1938	70	56	43
股份合作企业	20100	18779	16733	117		13
联营企业	110188	113119	22434	45	7	5
国有联营企业	65114	63159		28	2	2
集体联营企业	219	219				
国有与集体联营企业						
其他联营企业	44856	49742	22434	17	5	3
有限责任公司	7360050	7154658	2516837	11065	8420	7185
国有独资公司	1092232	1066899	351564	203	68	86
其他有限责任公司	6267817	6087758	2165273	10862	8352	7099
股份有限公司	18464364	18891417	4834066	9732	5773	3576
私营企业	4596060	4213814	1173809	5091	1075	2156
私营独资企业	357021	223792	57961	276	57	151
私营合伙企业	76630	39756	6916	36	4	21
私营有限责任公司	3517759	3322866	835639	4360	888	1796
私营股份有限公司	644650	627400	273293	419	126	188
其他企业	126495	99948	3015	72	17	61
港、澳、台商投资企业	19501376	15795669	8177765	7475	2035	2989
合资经营企业(港或澳、台资)	6392510	5635978	3215444	3263	1086	1039
合作经营企业(港或澳、台资)	47684	42826	23919	67	6	19
港、澳、台商独资经营企业	12243771	9308011	4351781	3842	912	1694
港、澳、台商投资股份有限公司	817412	808854	586621	303	31	237
外商投资企业	28002343	27982623	12077803	5164	1370	2672
中外合资经营企业	16893134	16956803	4677158	1458	479	890
中外合作经营企业	143723	141308	60270	50	11	28
外资企业	10725769	10654219	7273780	3521	821	1647
外商投资股份有限公司	239718	230293	66595	135	59	107
三、按工业行业中类分组						
采矿业	5220931	3009895	667445	14	11	5
煤炭开采和洗选业						
烟煤和无烟煤的开采洗选						
褐煤的开采洗选						
其他煤炭采选						

3-25　续表 1

项　　目	新产品产值(万元)	新产品销售收入(万元)	出口	专利申请数(件)	发明专利	拥有发明专利数(件)
石油和天然气开采业	5207745	2996798	667365	3	2	
天然原油和天然气开采	5207549	2996602	667365	3	2	
与石油和天然气开采有关的服务活动	196	196				
黑色金属矿采选业						
铁矿采选						
其他黑色金属矿采选						
有色金属矿采选业	300	210	80	8	6	
常用有色金属矿采选				8	6	
贵金属矿采选						
稀有稀土金属矿采选	300	210	80			
非金属矿采选业	12886	12886		3	3	5
土砂石开采	11617	11617		2	2	2
化学矿采选	1269	1269		1	1	3
采盐						
石棉及其他非金属矿采选						
其他采矿业						
其他采矿业						
制造业	73400788	71685586	28242698	38884	18765	18743
农副食品加工业	798893	814784	20657	57	31	38
谷物磨制	14420	6777				1
饲料加工	237296	208646	937	24	14	14
植物油加工	491711	547781		1		8
制糖	2625	2702	1657	5		
屠宰及肉类加工	521	521				
水产品加工	35852	31741	18063	22	13	13
蔬菜、水果和坚果加工	1605	1605				
其他农副食品加工	14864	15012		5	4	2
食品制造业	387947	401955	5510	178	71	74
焙烤食品制造	9034	8815	970	29	12	7
糖果、巧克力及蜜饯制造	12298	12363	302	61	5	6
方便食品制造	1382	1581		13	13	16
液体乳及乳制品制造	42474	36329		8	1	
罐头制造	913	848		1		10
调味品、发酵制品制造	118594	135511	4152	37	27	9
其他食品制造	203251	206508	87	29	13	26
饮料制造业	165544	160187	1486	212	10	7
酒精制造	3175	306				
酒的制造	131150	130706	1275	33	7	7
软饮料制造	27967	25924	89	179	3	
精制茶加工	3253	3251	122			
烟草制品业	20962	10340		84	41	3
烟叶复烤						
卷烟制造	20962	10340		84	41	2
其他烟草制品加工						1

3-25 续表 2

项目	新产品产值(万元)	新产品销售收入(万元)		专利申请数(件)		拥有发明专利数(件)
			出口		发明专利	
纺织业	129224	119728	21420	31	10	9
棉、化纤纺织及印染精加工	17185	2872	345	1	1	
毛纺织和染整精加工	4260	4260				
麻纺织						
丝绢纺织及精加工	909	800				
纺织制成品制造	77144	82899	11292	10	1	1
针织品、编织品及其制品制造	29726	28897	9783	20	8	8
纺织服装、鞋、帽制造业	380137	308277	215381	144	31	90
纺织服装制造	380087	308227	215331	118	30	89
纺织面料鞋的制造						
制帽	50	50	50	26	1	1
皮革、毛皮、羽毛(绒)及其制品业	35950	28198	19211	123	27	21
皮革鞣制加工						
皮革制品制造	32825	28073	19211	118	24	21
毛皮鞣制及制品加工						
羽毛(绒)加工及制品制造	3125	125		5	3	
木材加工及木、竹、藤、棕、草制品业	21745	17959	3960	41	7	47
锯材、木片加工	1998	1998				
人造板制造	11524	9297	3900	7	4	45
木制品制造	8222	6664	60	34	3	2
竹、藤、棕、草制品制造						
家具制造业	76861	61001	34712	307	33	52
木质家具制造	29607	30022	11208	215	17	31
竹、藤家具制造						
金属家具制造	34550	18321	14718	35	3	8
塑料家具制造	178					
其他家具制造	12525	12658	8786	57	13	13
造纸及纸制品业	436928	413773	177506	89	27	55
纸浆制造	356	360				14
造纸	126130	84332	77	1	1	1
纸制品制造	310442	329081	177429	88	26	40
印刷业和记录媒介的复制	181940	170052	22720	84	25	63
印刷	170267	160283	17144	67	23	61
装订及其他印刷服务活动	3160	3000	500	8		1
记录媒介的复制	8512	6769	5076	9	2	1
文教体育用品制造业	159865	142449	67374	456	27	29
文化用品制造	39139	28990	4501	23	3	16
体育用品制造	33431	34075	15202	21	3	8
乐器制造	33005	27314	4664	21	4	2
玩具制造	49087	49071	43008	391	17	3
游艺器材及娱乐用品制造	5204	3000				

3-25　续表 3

项　　目	新产品产　值(万元)	新 产 品销售收入(万元)	出　口	专　利申请数(件)	发明专利	拥有发明专 利 数(件)
石油加工、炼焦及核燃料加工业	1549111	1525115	426	12	7	14
精炼石油产品的制造	1549111	1525115	426	12	7	14
炼焦						
核燃料加工						
化学原料及化学制品制造业	1333525	1272119	272163	647	320	520
基础化学原料制造	39146	59316	1675	27	24	47
肥料制造	89678	87601		23	17	17
农药制造	82303	75327	4356	45	39	37
涂料、油墨、颜料及类似产品制造	335799	310743	23630	163	65	111
合成材料制造	399604	392959	193587	77	66	35
专用化学产品制造	183644	178883	26864	91	63	100
日用化学产品制造	203350	167291	22051	221	46	173
医药制造业	641513	585978	57845	473	311	474
化学药品原药制造	70118	71787	12621	111	71	47
化学药品制剂制造	208470	198958	222	101	70	118
中药饮片加工	24538	24758		4	3	39
中成药制造	67949	39869	1603	92	54	93
兽用药品制造	20692	17456		8	5	5
生物、生化制品的制造	113440	90539	3914	114	91	101
卫生材料及医药用品制造	136307	142611	39486	43	17	71
化学纤维制造业	188106	188351	89016	23	8	5
纤维素纤维原料及纤维制造				2	2	
合成纤维制造	188106	188351	89016	21	6	5
橡胶制品业	157607	140902	86956	38	9	19
轮胎制造	143535	124309	81909	10		
橡胶板、管、带的制造	329	324				
橡胶零件制造	4949	4871	1679	13		10
再生橡胶制造						
日用及医用橡胶制品制造	24	24	24			
橡胶靴鞋制造				1		
其他橡胶制品制造	8770	11374	3344	14	9	9
塑料制品业	1344653	1511293	597572	703	156	367
塑料薄膜制造	235758	214260	17454	53	23	41
塑料板、管、型材的制造	741180	923423	343592	244	57	139
塑料丝、绳及编织品的制造	4109	5081	3000	16	4	12
泡沫塑料制造	21056	18964	5882	11	3	1
塑料人造革、合成革制造	6777	500	250	20	1	1
塑料包装箱及容器制造	26934	25723	3790	55	3	41
塑料零件制造	178573	169589	114091	39	8	25
日用塑料制造	77113	74067	62052	132	3	4
其他塑料制品制造	53152	79686	47461	133	54	103
非金属矿物制品业	935775	834368	389349	775	122	306
水泥、石灰和石膏的制造	276	244				

3-25 续表 4

项　目	新产品产值(万元)	新产品销售收入(万元)	出口	专利申请数(件)	发明专利	拥有发明专利数(件)
水泥及石膏制品制造	46488	46046		48	16	3
砖瓦、石材及其他建筑材料制造	354677	287869	50065	288	42	35
玻璃及玻璃制品制造	284277	254062	150687	94	21	128
陶瓷制品制造	221492	217736	178116	335	34	115
耐火材料制品制造	11382	12191	3260			6
石墨及其他非金属矿物制品制造	17185	16221	7221	10	9	19
黑色金属冶炼及压延加工业	916273	747629	176788	37	17	25
炼铁						
炼钢	80912	79020	46910	28	16	15
钢压延加工	835361	668609	129878	9	1	9
铁合金冶炼						1
有色金属冶炼及压延加工业	802457	773837	236361	436	52	52
常用有色金属冶炼	4250	2706	89	148	14	3
贵金属冶炼						
稀有稀土金属冶炼	35591	35035	21873	2	1	5
有色金属合金制造	14533	11706	1320	17	10	8
有色金属压延加工	748083	724391	213079	269	27	36
金属制品业	881452	671462	183739	963	155	380
结构性金属制品制造	190845	182985	15794	125	21	36
金属工具制造	53721	40007	19523	100	21	14
集装箱及金属包装容器制造	13522	11750	4608	65	29	44
金属丝绳及其制品的制造	7340	840	691			
建筑、安全用金属制品制造	168843	154550	87394	384	29	50
金属表面处理及热处理加工	102639	110538	10795	53	19	33
搪瓷制品制造	28290	23669	14669	69	1	2
不锈钢及类似日用金属制品制造	220270	54068	10309	80	22	42
其他金属制品制造	95982	93056	19956	87	13	159
通用设备制造业	1255683	1207812	198456	703	196	329
锅炉及原动机制造	32828	32147	23777	20	12	17
金属加工机械制造	102023	89386	6014	146	44	71
起重运输设备制造	428391	415853	3161	36	21	19
泵、阀门、压缩机及类似机械的制造	257629	244829	59365	164	55	88
轴承、齿轮、传动和驱动部件的制造	65324	61389	31356	15	9	11
烘炉、熔炉及电炉制造						
风机、衡器、包装设备等通用设备制造	298788	298065	50696	286	49	114
通用零部件制造及机械修理	59311	55631	18926	28	4	4
金属铸、锻加工	11390	10512	5161	8	2	5
专用设备制造业	1017834	842259	281673	1988	486	821
矿山、冶金、建筑专用设备制造	86846	85414	10210	36	12	6
化工、木材、非金属加工专用设备制造	233782	212763	61347	368	78	160
食品、饮料、烟草及饲料生产专用设备制造	5354	5567	1812	35	5	98
印刷、制药、日化生产专用设备制造	52739	53561	15889	115	26	17
纺织、服装和皮革工业专用设备制造	13654	2173	1001	26	10	43

3-25　续表 5

项　目	新产品产　值(万元)	新 产 品销售收入(万元)	出　口	专　利申请数(件)	发明专利	拥有发明专 利 数(件)
电子和电工机械专用设备制造	261812	131567	53218	253	90	46
农、林、牧、渔专用机械制造	39730	38269	36885	25		26
医疗仪器设备及器械制造	159169	163207	80062	914	218	343
环保、社会公共安全及其他专用设备制造	164749	149738	21249	216	47	82
交通运输设备制造业	12473682	12501617	1368277	463	83	270
铁路运输设备制造	3058	4157		8	2	3
汽车制造	9365928	9538889	36343	204	32	155
摩托车制造	1692013	1489340	434676	120	18	17
自行车制造	84627	73100	14430	44	9	17
船舶及浮动装置制造	1326879	1395053	882828	61	16	19
航空航天器制造	1098	1028		26	6	59
交通器材及其他交通运输设备制造	80	50				
电气机械及器材制造业	14298433	15533783	4270765	7400	1564	1642
电机制造	292598	273905	74028	105	24	25
输配电及控制设备制造	1148771	1047545	373705	767	130	308
电线、电缆、光缆及电工器材制造	1004785	845172	219916	290	75	111
电池制造	1155225	1154250	596379	1843	784	263
家用电力器具制造	9947207	11494632	2723628	3522	397	593
非电力家用器具制造	327628	311088	85641	221	45	88
照明器具制造	398649	386479	192212	561	84	204
其他电气机械及器材制造	23570	20712	5255	91	25	50
通信设备、计算机及其他电子设备制造业	31788283	29732480	18891664	20919	14610	12423
通信设备制造	10459222	9446149	4769279	15089	12882	9552
雷达及配套设备制造						
广播电视设备制造	181425	162783	64983	421	113	99
电子计算机制造	10318012	10203412	8045892	1625	321	1056
电子器件制造	3285019	3287036	2307755	597	189	348
电子元件制造	2377155	2334831	1485648	892	328	450
家用视听设备制造	4489110	4012476	2191062	1985	730	766
其他电子设备制造	678340	285795	27046	310	47	152
仪器仪表及文化、办公用机械制造业	980663	933029	537200	1430	315	559
通用仪器仪表制造	269949	240003	52504	335	124	97
专用仪器仪表制造	58096	60117	32656	196	35	101
钟表与计时仪器制造	16445	15505	14732	22	2	3
光学仪器及眼镜制造	95936	95381	66298	53	20	23
文化、办公用机械制造	536198	518442	370961	820	133	333
其他仪器仪表的制造及修理	4040	3581	49	4	1	2
工艺品及其他制造业	39630	34849	14511	67	13	46
工艺美术品制造	19517	14583	1452	26	12	17
日用杂品制造	5067	4359	324	38	1	23
煤制品制造						
核辐射加工						
其他未列明的制造业	15046	15908	12735	3		6

3-25 续表 6

项目	新产品产值(万元)	新产品销售收入(万元)	出口	专利申请数(件)	发明专利	拥有发明专利数(件)
废弃资源和废旧材料回收加工业	112			1	1	3
金属废料和碎屑的加工处理	112			1	1	3
非金属废料和碎屑的加工处理						
电力、燃气及水的生产和供应业	10	10		60	26	9
电力、热力的生产和供应业	10	10		39	20	5
电力生产	10	10		4		1
电力供应				35	20	4
热力生产和供应						
燃气生产和供应业				14	5	2
燃气生产和供应业				14	5	2
水的生产和供应业				7	1	2
自来水的生产和供应				7	1	2
污水处理及其再生利用						
其他水的处理、利用与分配						
四、按隶属关系分组						
中央	5917584	4910707	595060	5046	4472	2648
省(自治区、直辖市)	2234044	2186909	1561466	146	95	165
地(区、市、州、盟)	6384299	7999474	1600762	4809	1561	1177
县(区、市、旗)	541928	459024	164059	572	139	276
其他	63543874	59139379	24988796	28385	12535	14491
五、按地区分组						
广州市	14215686	14284665	2308227	2136	681	1493
深圳市	34968355	30821296	16397588	24685	15775	13312
珠海市	2388826	4046521	489430	1391	353	606
汕头市	649205	628736	161148	614	108	363
佛山市	10164820	9667442	2451976	4038	586	891
韶关市	529524	525028	28696	100	40	107
河源市	45123	43997	5146	18	13	15
梅州市	50770	52402	6386	39	10	23
惠州市	4888878	4760200	3199097	660	285	479
汕尾市	509090	509050	345218	13	8	9
东莞市	1799466	1813486	1167757	2616	422	590
中山市	2795129	2623619	1100495	1458	237	369
江门市	2410938	1865253	703678	296	88	172
阳江市	82919	80484	52344	55	10	52
湛江市	226792	208523	55856	161	23	61
茂名市	1583882	1558544	4175	7	4	16
肇庆市	278611	292146	54904	111	69	84
清远市	501057	394972	129791	72	8	13
潮州市	421832	405051	239050	418	55	61
揭阳市	97240	100976	6024	64	25	36
云浮市	13589	13102	3159	6	2	5

3-26　大中型工业企业新产品产出和专利情况

项　　目	新产品产值(万元)	新产品销售收入(万元)	出口	专利申请数(件)	发明专利	拥有发明专利数(件)
总　计	**74367684**	**71034758**	**28092838**	**33144**	**17216**	**15958**
总计中：国有控股企业	22991294	21419485	3028775	6999	5157	3451
一、按企业规模分组						
大型企业	49583211	49572927	20665937	22516	14751	11242
中型企业	24784474	21461831	7426901	10628	2465	4716
二、按登记注册类型分组						
内资企业	28501893	28708608	8291443	22173	14283	11135
国有企业	365798	350828	85743	109	39	40
集体企业	52717	48457	1884	56	51	25
股份合作企业	17280	16243	16243			
联营企业	89207	92064	11122	12	3	4
国有联营企业	64200	62161		8		1
集体联营企业						
国有与集体联营企业						
其他联营企业	25007	29903	11122	4	3	3
有限责任公司	6562316	6507286	2414928	10016	8083	6628
国有独资公司	1058452	1036108	350502	187	60	66
其他有限责任公司	5503864	5471178	2064425	9829	8023	6562
股份有限公司	18249169	18678561	4819521	9462	5683	3474
私营企业	3049724	2923306	939400	2497	416	933
私营独资企业	180631	155070	37622	147	22	81
私营合伙企业	18178	15973		31		9
私营有限责任公司	2314913	2225205	647694	2003	294	710
私营股份有限公司	536002	527057	254085	316	100	133
其他企业	115683	91864	2601	21	8	31
港、澳、台商投资企业	18452377	14914497	7964361	6345	1725	2523
合资经营企业(港或澳、台资)	5919622	5189944	3147341	2952	978	922
合作经营企业(港或澳、台资)	28932	24610	14435	47	1	6
港、澳、台商独资经营企业	11689527	8891845	4216365	3043	715	1358
港、澳、台商投资股份有限公司	814297	808098	586220	303	31	237
外商投资企业	27413414	27411652	11837035	4626	1208	2300
中外合资经营企业	16610010	16678317	4580874	1225	401	693
中外合作经营企业	129035	126713	51557	42	7	26
外资企业	10441730	10382846	7141127	3229	742	1520
外商投资股份有限公司	232639	223777	63477	130	58	61
三、按工业行业中类分组						
采矿业	5220435	3009489	667365	12	10	5
煤炭开采和洗选业						
烟煤和无烟煤的开采洗选						
褐煤的开采洗选						
其他煤炭采选						

3-26 续表 1

项 目	新产品产值(万元)	新产品销售收入(万元)	出口	专利申请数(件)	发明专利	拥有发明专利数(件)
石油和天然气开采业	5207549	2996602	667365	1	1	
天然原油和天然气开采	5207549	2996602	667365	1	1	
与石油和天然气开采有关的服务活动						
黑色金属矿采选业						
铁矿采选						
其他黑色金属矿采选						
有色金属矿采选业				8	6	
常用有色金属矿采选				8	6	
贵金属矿采选						
稀有稀土金属矿采选						
非金属矿采选业	12886	12886		3	3	5
土砂石开采	11617	11617		2	2	2
化学矿采选	1269	1269		1	1	3
采盐						
石棉及其他非金属矿采选						
其他采矿业						
其他采矿业						
制造业	69147249	68025269	27425473	33076	17180	15945
农副食品加工业	534430	586830	19720	18	12	13
谷物磨制						
饲料加工				2	2	
植物油加工	489723	545753				5
制糖	2625	2702	1657	5		
屠宰及肉类加工						
水产品加工	26234	22554	18063	6	6	6
蔬菜、水果和坚果加工	1605	1605				
其他农副食品加工	14243	14215		5	4	2
食品制造业	361998	376559	4679	81	42	51
焙烤食品制造	1621	1607	200	11	4	1
糖果、巧克力及蜜饯制造	2303	2303	250			3
方便食品制造	662	861		3	3	16
液体乳及乳制品制造	42474	36329		7		
罐头制造						10
调味品、发酵制品制造	118585	135503	4152	35	26	8
其他食品制造	196352	199957	77	25	9	13
饮料制造业	150321	147930	1262	156	1	2
酒精制造						
酒的制造	126419	125986	1262	8	1	2
软饮料制造	23902	21944		148		
精制茶加工						
烟草制品业	20962	10340		84	41	2
烟叶复烤						
卷烟制造	20962	10340		84	41	2
其他烟草制品加工						

3-26 续表 2

项 目	新产品产值(万元)	新产品销售收入(万元)		专利申请数(件)		拥有发明专利数(件)
			出口		发明专利	
纺织业	86719	91627	13127	19	1	
棉、化纤纺织及印染精加工	1248	150		1	1	
毛纺织和染整精加工						
麻纺织						
丝绢纺织及精加工						
纺织制成品制造	64147	70185	7156	8		
针织品、编织品及其制品制造	21324	21292	5972	10		
纺织服装、鞋、帽制造业	368966	302967	210456	64	23	90
纺织服装制造	368966	302967	210456	38	22	89
纺织面料鞋的制造						
制帽				26	1	1
皮革、毛皮、羽毛(绒)及其制品业	13705	13705	13705	116	24	19
皮革鞣制加工						
皮革制品制造	13705	13705	13705	112	22	19
毛皮鞣制及制品加工						
羽毛(绒)加工及制品制造				4	2	
木材加工及木、竹、藤、棕、草制品业	8728	7159	3900	6	3	44
锯材、木片加工	1998	1998				
人造板制造	6730	5161	3900	6	3	44
木制品制造						
竹、藤、棕、草制品制造						
家具制造业	50966	35096	24291	229	25	23
木质家具制造	18592	13459	7307	144	13	11
竹、藤家具制造						
金属家具制造	28772	18035	14463	34	3	3
塑料家具制造						
其他家具制造	3602	3602	2521	51	9	9
造纸及纸制品业	352356	345441	177045	77	22	54
纸浆制造						14
造纸	65882	36535	42			1
纸制品制造	286474	308906	177002	77	22	39
印刷业和记录媒介的复制	163331	153379	16492	36	11	29
印刷	155031	145689	12397	28	11	27
装订及其他印刷服务活动	3000	3000	500	8		1
记录媒介的复制	5300	4690	3595			1
文教体育用品制造业	147393	129407	63085	325	22	21
文化用品制造	39039	28490	4021	20		9
体育用品制造	24806	25288	14668	15	3	7
乐器制造	33005	27314	4664	21	4	2
玩具制造	45340	45315	39733	269	15	3
游艺器材及娱乐用品制造	5204	3000				
石油加工、炼焦及核燃料加工业	1532543	1508125	426	4	3	10
精炼石油产品的制造	1532543	1508125	426	4	3	10
炼焦						
核燃料加工						

3-26 续表 3

项　　目	新产品产值(万元)	新产品销售收入(万元)	出口	专利申请数(件)	发明专利	拥有发明专利数(件)
化学原料及化学制品制造业	826087	831453	263028	277	130	289
基础化学原料制造	26054	49226	1675	16	13	38
肥料制造	73639	69722		6	6	12
农药制造	53515	52512	4356	14	8	10
涂料、油墨、颜料及类似产品制造	150239	145340	20835	27	12	23
合成材料制造	299318	299403	191317	45	45	28
专用化学产品制造	74030	78899	24128	9	7	24
日用化学产品制造	149292	136352	20717	160	39	154
医药制造业	551345	509893	53119	303	217	278
化学药品原药制造	64083	65058	11040	99	70	39
化学药品制剂制造	196309	186733	222	97	68	105
中药饮片加工	24538	24758		2	1	35
中成药制造	44309	30575	3	61	44	54
兽用药品制造	15773	12577		1	1	
生物、生化制品的制造	81366	58244	2369	26	26	20
卫生材料及医药用品制造	124966	131948	39486	17	7	25
化学纤维制造业	181318	180385	83841	22	8	5
纤维素纤维原料及纤维制造				2	2	
合成纤维制造	181318	180385	83841	20	6	5
橡胶制品业	144688	125383	81909	10		1
轮胎制造	143535	124309	81909	10		
橡胶板、管、带的制造	310	310				
橡胶零件制造	843	764				1
再生橡胶制造						
日用及医用橡胶制品制造						
橡胶靴鞋制造						
其他橡胶制品制造						
塑料制品业	1186230	1397723	570676	417	65	205
塑料薄膜制造	208052	205094	16301	39	15	27
塑料板、管、型材的制造	710401	897647	338980	196	42	110
塑料丝、绳及编织品的制造						
泡沫塑料制造	12732	11912	5882			
塑料人造革、合成革制造	400	500	250			
塑料包装箱及容器制造	23117	22317	3500	53	2	41
塑料零件制造	161954	160289	112467	35	6	23
日用塑料制造	60375	60251	56284	93		1
其他塑料制品制造	9199	39714	37011	1		3
非金属矿物制品业	849445	752624	348970	568	69	251
水泥、石灰和石膏的制造						
水泥及石膏制品制造	43976	43676		9	9	2
砖瓦、石材及其他建筑材料制造	349050	282535	49076	282	38	32

3-26　续表 4

项　　目	新产品产值（万元）	新产品销售收入（万元）		专利申请数（件）		拥有发明专利数（件）
			出　口		发明专利	
玻璃及玻璃制品制造	266391	242412	149355	58	10	109
陶瓷制品制造	165961	159885	140425	218	12	94
耐火材料制品制造	10902	11803	3244			4
石墨及其他非金属矿物制品制造	13165	12314	6870	1		10
黑色金属冶炼及压延加工业	787676	676854	129287	30	14	21
炼铁						
炼钢	79412	77020	46410	25	13	12
钢压延加工	708264	599834	82877	5	1	9
铁合金冶炼						
有色金属冶炼及压延加工业	737304	734617	227452	398	27	28
常用有色金属冶炼				140	7	3
贵金属冶炼						
稀有稀土金属冶炼	20372	19816	14373	1	1	5
有色金属合金制造						
有色金属压延加工	716932	714801	213079	257	19	20
金属制品业	602355	536055	149732	631	99	271
结构性金属制品制造	177512	174758	14900	110	16	25
金属工具制造	40511	36112	15963	44	14	7
集装箱及金属包装容器制造	7570	7466	4608	34	26	20
金属丝绳及其制品的制造	843	840	691			
建筑、安全用金属制品制造	114348	105295	72464	234	10	7
金属表面处理及热处理加工	98170	106033	8870	36	8	26
搪瓷制品制造	28290	23669	14669	69	1	2
不锈钢及类似日用金属制品制造	87437	35787	5260	52	15	39
其他金属制品制造	47674	46096	12307	52	9	145
通用设备制造业	1013308	985405	159174	336	94	121
锅炉及原动机制造	30922	30618	23268			
金属加工机械制造	64404	49541	1636	31		1
起重运输设备制造	373366	369445	119	28	16	7
泵、阀门、压缩机及类似机械的制造	169165	157362	42022	85	43	69
轴承、齿轮、传动和驱动部件的制造	64055	60588	31356	15	9	11
烘炉、熔炉及电炉制造						
风机、衡器、包装设备等通用设备制造	252805	260172	41554	162	21	25
通用零部件制造及机械修理	53049	52174	16540	8	3	3
金属铸、锻加工	5542	5506	2679	7	2	5
专用设备制造业	753035	594003	201085	1416	338	371
矿山、冶金、建筑专用设备制造	77947	77947	6641	8	5	1
化工、木材、非金属加工专用设备制造	162110	142043	36919	233	43	91
食品、饮料、烟草及饲料生产专用设备制造	1150	1150				49
印刷、制药、日化生产专用设备制造	31773	31455	8105	87	19	9
纺织、服装和皮革工业专用设备制造	290					
电子和电工机械专用设备制造	232124	103320	47578	212	74	6
农、林、牧、渔专用机械制造	38329	36885	36885	20		5
医疗仪器设备及器械制造	90545	88747	48059	723	175	204
环保、社会公共安全及其他专用设备制造	118768	112457	16897	133	22	6

3-26 续表 5

项　　目	新产品产值(万元)	新产品销售收入(万元)	出口	专利申请数(件)	发明专利	拥有发明专利数(件)
交通运输设备制造业	12331620	12374716	1365245	336	62	203
铁路运输设备制造						
汽车制造	9249577	9425459	33612	123	21	97
摩托车制造	1691356	1488840	434458	104	14	14
自行车制造	77406	70549	14347	27	5	17
船舶及浮动装置制造	1312182	1388840	882828	56	16	16
航空航天器制造	1098	1028		26	6	59
交通器材及其他交通运输设备制造						
电气机械及器材制造业	13639395	14924273	4129556	6214	1338	1195
电机制造	285950	267951	71948	62	14	13
输配电及控制设备制造	990552	883203	349816	515	86	195
电线、电缆、光缆及电工器材制造	790162	641685	202330	198	55	82
电池制造	1097161	1106581	583736	1746	757	211
家用电力器具制造	9824132	11390782	2667153	3272	352	506
非电力家用器具制造	302841	293424	85627	184	29	63
照明器具制造	338616	332909	164249	229	45	123
其他电气机械及器材制造	9982	7739	4698	8		2
通信设备、计算机及其他电子设备制造业	30911796	28892629	18597587	19760	14275	11938
通信设备制造	10311610	9300066	4742442	14924	12833	9500
雷达及配套设备制造						
广播电视设备制造	131968	120634	48655	375	112	98
电子计算机制造	10140578	10046445	8011839	1395	266	998
电子器件制造	3147085	3150575	2249898	411	126	257
电子元件制造	2240447	2191301	1416308	659	224	279
家用视听设备制造	4356453	3884899	2117348	1847	705	727
其他电子设备制造	583656	198709	11097	149	9	79
仪器仪表及文化、办公用机械制造业	823451	784098	506827	1139	214	388
通用仪器仪表制造	177084	165083	45998	221	78	48
专用仪器仪表制造	23650	23650	15863	111	12	36
钟表与计时仪器制造	14199	13049	13027	7		1
光学仪器及眼镜制造	89409	85094	61825	17	11	12
文化、办公用机械制造	519110	497223	370115	783	113	291
其他仪器仪表的制造及修理						
工艺品及其他制造业	15780	16593	9801	4		22
工艺美术品制造	7728	7337	816			9
日用杂品制造				4		13
煤制品制造						
核辐射加工						
其他未列明的制造业	8051	9256	8985			

3-26　续表 6

项　　目	新产品产　值（万元）	新 产 品销售收入（万元）	出　口	专　利申请数（件）	发明专利	拥有发明专 利 数（件）
废弃资源和废旧材料回收加工业						
金属废料和碎屑的加工处理						
非金属废料和碎屑的加工处理						
电力、燃气及水的生产和供应业				56	26	8
电力、热力的生产和供应业				35	20	4
电力生产						
电力供应				35	20	4
热力生产和供应						
燃气生产和供应业				14	5	2
燃气生产和供应业				14	5	2
水的生产和供应业				7	1	2
自来水的生产和供应				7	1	2
污水处理及其再生利用						
其他水的处理、利用与分配						
四、按隶属关系分组						
中央	5916771	4909937	595010	5039	4467	2645
省（自治区、直辖市）	2180098	2138749	1560549	72	44	94
地（区、市、州、盟）	5946788	7584897	1535197	4087	1402	919
县（区、市、旗）	393147	338773	145143	352	91	183
其他	59930880	56062403	24256939	23594	11212	12117
五、按地区分组						
广州市	13731461	13865907	2265025	1548	480	1052
深圳市	33284844	29192719	15971526	22391	15053	12078
珠海市	2293708	3951442	462226	1114	304	470
汕头市	502256	514117	142296	247	42	229
佛山市	9672992	9389913	2405177	3468	447	649
韶关市	518415	514267	28696	63	37	50
河源市	21598	20891	1021	2		
梅州市	22174	24466	6386	17	1	2
惠州市	4855568	4727883	3185443	586	268	471
汕尾市	508764	508764	345218	11	7	8
东莞市	1593965	1596710	1095057	1904	264	379
中山市	2529159	2378707	1024523	1057	145	241
江门市	2138960	1773961	686842	185	53	127
阳江市	60258	58808	44798	29	9	50
湛江市	138283	129932	54826	75	7	18
茂名市	1559416	1533845	1712	4	4	12
肇庆市	210201	226486	48935	86	57	61
清远市	340607	253155	128129	55	3	5
潮州市	321640	305635	187648	256	27	30
揭阳市	54547	58591	5995	45	7	23
云浮市	8869	8558	1358	1	1	3

3-27 小型工业企业新产品产出和专利情况

项目	新产品产值(万元)	新产品销售收入(万元)		专利申请数(件)		拥有发明专利数(件)
			出口		发明专利	
总计	**4254045**	**3660734**	**817304**	**5814**	**1586**	**2799**
总计中：国有控股企业	165663	160820	24017	330	83	199
一、按登记注册类型分组						
内资企业	2616117	2208591	363133	4146	1114	1961
国有企业	14626	18062		18	10	17
集体企业	7613	8118	53	14	5	18
股份合作企业	2820	2536	490	117		13
联营企业	20981	21055	11313	33	4	1
国有联营企业	914	998		20	2	1
集体联营企业	219	219				
国有与集体联营企业						
其他联营企业	19849	19839	11313	13	2	
有限责任公司	797733	647372	101910	1049	337	557
国有独资公司	33780	30791	1062	16	8	20
其他有限责任公司	763953	616580	100848	1033	329	537
股份有限公司	215196	212857	14545	270	90	102
私营企业	1546336	1290508	234409	2594	659	1223
私营独资企业	176390	68722	20339	129	35	70
私营合伙企业	58452	23783	6916	5	4	12
私营有限责任公司	1202846	1097661	187946	2357	594	1086
私营股份有限公司	108648	100343	19208	103	26	55
其他企业	10812	8085	414	51	9	30
港、澳、台商投资企业	1048999	881172	213404	1130	310	466
合资经营企业(港或澳、台资)	472888	446034	68103	311	108	117
合作经营企业(港或澳、台资)	18752	18216	9485	20	5	13
港、澳、台商独资经营企业	554244	416166	135416	799	197	336
港、澳、台商投资股份有限公司	3116	756	400			
外商投资企业	588929	570971	240768	538	162	372
中外合资经营企业	283124	278486	96284	233	78	197
中外合作经营企业	14688	14595	8713	8	4	2
外资企业	284039	271374	132653	292	79	127
外商投资股份有限公司	7079	6516	3118	5	1	46
二、按工业行业中类分组						
采矿业	496	406	80	2	1	
煤炭开采和洗选业						
烟煤和无烟煤的开采洗选						
褐煤的开采洗选						
其他煤炭采选						
石油和天然气开采业	196	196		2	1	
天然原油和天然气开采				2	1	
与石油和天然气开采有关的服务活动	196	196				

3-27 续表 1

项　目	新产品产值(万元)	新产品销售收入(万元)	出口	专利申请数(件)	发明专利	拥有发明专利数(件)
黑色金属矿采选业						
铁矿采选						
其他黑色金属矿采选						
有色金属矿采选业	300	210	80			
常用有色金属矿采选						
贵金属矿采选						
稀有稀土金属矿采选	300	210	80			
非金属矿采选业						
土砂石开采						
化学矿采选						
采盐						
石棉及其他非金属矿采选						
其他采矿业						
其他采矿业						
制造业	4253539	3660317	817224	5808	1585	2798
农副食品加工业	264463	227954	937	39	19	25
谷物磨制	14420	6777				1
饲料加工	237296	208646	937	22	12	14
植物油加工	1987	2028		1		3
制糖						
屠宰及肉类加工	521	521				
水产品加工	9618	9187		16	7	7
蔬菜、水果和坚果加工						
其他农副食品加工	621	797				
食品制造业	25949	25396	831	97	29	23
焙烤食品制造	7413	7208	770	18	8	6
糖果、巧克力及蜜饯制造	9995	10060	52	61	5	3
方便食品制造	720	720		10	10	
液体乳及乳制品制造				1	1	
罐头制造	913	848		1		
调味品、发酵制品制造	9	8		2	1	1
其他食品制造	6898	6552	10	4	4	13
饮料制造业	15223	12258	224	56	9	5
酒精制造	3175	306				
酒的制造	4731	4720	13	25	6	5
软饮料制造	4065	3981	89	31	3	
精制茶加工	3253	3251	122			
烟草制品业						1
烟叶复烤						
卷烟制造						
其他烟草制品加工						1
纺织业	42505	28101	8292	12	9	9
棉、化纤纺织及印染精加工	15938	2722	345			
毛纺织和染整精加工	4260	4260				

3-27 续表 2

项目	新产品产值(万元)	新产品销售收入(万元)	出口	专利申请数(件)	发明专利	拥有发明专利数(件)
麻纺织						
丝绢纺织及精加工	909	800				
纺织制成品制造	12997	12714	4136	2	1	1
针织品、编织品及其制品制造	8402	7605	3811	10	8	8
纺织服装、鞋、帽制造业	11172	5310	4925	80	8	
纺织服装制造	11122	5260	4875	80	8	
纺织面料鞋的制造						
制帽	50	50	50			
皮革、毛皮、羽毛(绒)及其制品业	22245	14493	5506	7	3	2
皮革鞣制加工						
皮革制品制造	19120	14368	5506	6	2	2
毛皮鞣制及制品加工						
羽毛(绒)加工及制品制造	3125	125		1	1	
木材加工及木、竹、藤、棕、草制品业	13016	10800	60	35	4	3
锯材、木片加工						
人造板制造	4794	4136		1	1	1
木制品制造	8222	6664	60	34	3	2
竹、藤、棕、草制品制造						
家具制造业	25895	25905	10421	78	8	29
木质家具制造	11015	16563	3901	71	4	20
竹、藤家具制造						
金属家具制造	5778	286	255	1		5
塑料家具制造	178					
其他家具制造	8924	9057	6265	6	4	4
造纸及纸制品业	84572	68332	462	12	5	1
纸浆制造	356	360				
造纸	60248	47797	35	1	1	
纸制品制造	23968	20175	427	11	4	1
印刷业和记录媒介的复制	18609	16673	6228	48	14	34
印刷	15236	14594	4747	39	12	34
装订及其他印刷服务活动	160					
记录媒介的复制	3212	2079	1481	9	2	
文教体育用品制造业	12472	13043	4289	131	5	8
文化用品制造	100	500	480	3	3	7
体育用品制造	8625	8787	534	6		1
乐器制造						
玩具制造	3747	3756	3275	122	2	
游艺器材及娱乐用品制造						
石油加工、炼焦及核燃料加工业	16568	16989		8	4	4
精炼石油产品的制造	16568	16989		8	4	4
炼焦						
核燃料加工						

3-27　续表 3

项　　目	新产品产值(万元)	新产品销售收入(万元)	出口	专利申请数(件)	发明专利	拥有发明专利数(件)
化学原料及化学制品制造业	507439	440666	9135	370	190	231
基础化学原料制造	13092	10090		11	11	9
肥料制造	16039	17879		17	11	5
农药制造	28789	22815		31	31	27
涂料、油墨、颜料及类似产品制造	185561	165403	2795	136	53	88
合成材料制造	100287	93556	2269	32	21	7
专用化学产品制造	109614	99984	2737	82	56	76
日用化学产品制造	54058	30939	1334	61	7	19
医药制造业	90168	76085	4726	170	94	196
化学药品原药制造	6035	6729	1581	12	1	8
化学药品制剂制造	12161	12226		4	2	13
中药饮片加工				2	2	4
中成药制造	23639	9293	1600	31	10	39
兽用药品制造	4919	4879		7	4	5
生物、生化制品的制造	32074	32295	1545	88	65	81
卫生材料及医药用品制造	11340	10663		26	10	46
化学纤维制造业	6788	7966	5176	1		
纤维素纤维原料及纤维制造						
合成纤维制造	6788	7966	5176	1		
橡胶制品业	12919	15518	5047	28	9	18
轮胎制造						
橡胶板、管、带的制造	19	14				
橡胶零件制造	4106	4106	1679	13		9
再生橡胶制造						
日用及医用橡胶制品制造	24	24	24			
橡胶靴鞋制造				1		
其他橡胶制品制造	8770	11374	3344	14	9	9
塑料制品业	158423	113571	26897	286	91	162
塑料薄膜制造	27706	9166	1153	14	8	14
塑料板、管、型材的制造	30780	25777	4612	48	15	29
塑料丝、绳及编织品的制造	4109	5081	3000	16	4	12
泡沫塑料制造	8324	7052		11	3	1
塑料人造革、合成革制造	6377			20	1	1
塑料包装箱及容器制造	3817	3406	290	2	1	
塑料零件制造	16619	9301	1624	4	2	2
日用塑料制造	16739	13817	5768	39	3	3
其他塑料制品制造	43953	39972	10450	132	54	100
非金属矿物制品业	86330	81744	40379	207	53	55
水泥、石灰和石膏的制造	276	244				
水泥及石膏制品制造	2512	2370		39	7	1
砖瓦、石材及其他建筑材料制造	5626	5334	989	6	4	3
玻璃及玻璃制品制造	17885	11649	1333	36	11	19

3-27 续表 4

项　　目	新产品产　值(万元)	新 产 品销售收入(万元)		专　利申请数(件)		拥有发明专 利 数(件)
			出　口		发明专利	
陶瓷制品制造	55531	57851	37691	117	22	21
耐火材料制品制造	480	388	16			2
石墨及其他非金属矿物制品制造	4020	3907	351	9	9	9
黑色金属冶炼及压延加工业	128597	70775	47501	7	3	4
炼铁						
炼钢	1500	2000	500	3	3	3
钢压延加工	127097	68775	47001	4		
铁合金冶炼						1
有色金属冶炼及压延加工业	65153	39220	8909	38	25	24
常用有色金属冶炼	4250	2706	89	8	7	
贵金属冶炼						
稀有稀土金属冶炼	15219	15219	7500	1		
有色金属合金制造	14533	11706	1320	17	10	8
有色金属压延加工	31151	9591		12	8	16
金属制品业	279097	135407	34007	332	56	109
结构性金属制品制造	13333	8227	894	15	5	11
金属工具制造	13210	3895	3560	56	7	7
集装箱及金属包装容器制造	5953	4284		31	3	24
金属丝绳及其制品的制造	6497					
建筑、安全用金属制品制造	54495	49255	14930	150	19	43
金属表面处理及热处理加工	4469	4504	1925	17	11	7
搪瓷制品制造						
不锈钢及类似日用金属制品制造	132833	18281	5050	28	7	3
其他金属制品制造	48308	46960	7649	35	4	14
通用设备制造业	242375	222407	39282	367	102	208
锅炉及原动机制造	1906	1529	509	20	12	17
金属加工机械制造	37619	39845	4378	115	44	70
起重运输设备制造	55025	46408	3042	8	5	12
泵、阀门、压缩机及类似机械的制造	88464	87468	17344	79	12	19
轴承、齿轮、传动和驱动部件的制造	1269	801				
烘炉、熔炉及电炉制造						
风机、衡器、包装设备等通用设备制造	45983	37893	9142	124	28	89
通用零部件制造及机械修理	6261	3457	2386	20	1	1
金属铸、锻加工	5848	5006	2482	1		
专用设备制造业	264799	248256	80588	572	148	450
矿山、冶金、建筑专用设备制造	8900	7468	3569	28	7	5
化工、木材、非金属加工专用设备制造	71672	70720	24428	135	35	69
食品、饮料、烟草及饲料生产专用设备制造	4204	4417	1812	35	5	49
印刷、制药、日化生产专用设备制造	20966	22107	7784	28	7	8
纺织、服装和皮革工业专用设备制造	13365	2173	1001	26	10	43
电子和电工机械专用设备制造	29688	28247	5640	41	16	40
农、林、牧、渔专用机械制造	1401	1384		5		21
医疗仪器设备及器械制造	68624	74460	32003	191	43	139
环保、社会公共安全及其他专用设备制造	45981	37281	4352	83	25	76

3-27　续表 5

项　　目	新产品产值(万元)	新产品销售收入(万元)	出口	专利申请数(件)	发明专利	拥有发明专利数(件)
交通运输设备制造业	142063	126901	3033	127	21	67
铁路运输设备制造	3058	4157		8	2	3
汽车制造	116351	113430	2731	81	11	58
摩托车制造	657	501	218	16	4	3
自行车制造	7221	2551	84	17	4	
船舶及浮动装置制造	14697	6213		5		3
航空航天器制造						
交通器材及其他交通运输设备制造	80	50				
电气机械及器材制造业	659038	609510	141210	1186	226	447
电机制造	6648	5954	2080	43	10	12
输配电及控制设备制造	158219	164342	23889	252	44	113
电线、电缆、光缆及电工器材制造	214624	203487	17586	92	20	29
电池制造	58064	47669	12643	97	27	52
家用电力器具制造	123076	103851	56476	250	45	87
非电力家用器具制造	24787	17664	15	37	16	25
照明器具制造	60034	53569	27963	332	39	81
其他电气机械及器材制造	13588	12973	557	83	25	48
通信设备、计算机及其他电子设备制造业	876487	839851	294078	1159	335	485
通信设备制造	147612	146083	26837	165	49	52
雷达及配套设备制造						
广播电视设备制造	49457	42148	16328	46	1	1
电子计算机制造	177434	156967	34053	230	55	58
电子器件制造	137934	136461	57857	186	63	91
电子元件制造	136709	143529	69340	233	104	171
家用视听设备制造	132657	127576	73714	138	25	39
其他电子设备制造	94684	87086	15949	161	38	73
仪器仪表及文化、办公用机械制造业	157213	148930	30373	291	101	171
通用仪器仪表制造	92865	74920	6506	114	46	49
专用仪器仪表制造	34446	36467	16793	85	23	65
钟表与计时仪器制造	2246	2457	1706	15	2	2
光学仪器及眼镜制造	6527	10287	4473	36	9	11
文化、办公用机械制造	17089	21219	846	37	20	42
其他仪器仪表的制造及修理	4040	3581	49	4	1	2
工艺品及其他制造业	23850	18256	4710	63	13	24
工艺美术品制造	11789	7246	636	26	12	8
日用杂品制造	5067	4359	324	34	1	10
煤制品制造						
核辐射加工						
其他未列明的制造业	6995	6651	3750	3		6

3-27 续表 6

项　目	新产品产值(万元)	新产品销售收入(万元)	出口	专利申请数(件)	发明专利	拥有发明专利数(件)
废弃资源和废旧材料回收加工业	112			1	1	3
金属废料和碎屑的加工处理	112			1	1	3
非金属废料和碎屑的加工处理						
电力、燃气及水的生产和供应业	10	10		4		1
电力、热力的生产和供应业	10	10		4		1
电力生产	10	10		4		1
电力供应						
热力生产和供应						
燃气生产和供应业						
燃气生产和供应业						
水的生产和供应业						
自来水的生产和供应						
污水处理及其再生利用						
其他水的处理、利用与分配						
三、按隶属关系分组						
中央	813	770	50	7	5	3
省（自治区、直辖市）	53947	48160	916	74	51	71
地（区、市、州、盟）	437510	414578	65565	722	159	258
县（区、市、旗）	148781	120251	18916	220	48	93
其他	3612994	3076976	731858	4791	1323	2374
四、按地区分组						
广州市	484225	418758	43201	588	201	441
深圳市	1683511	1628577	426062	2294	722	1234
珠海市	95117	95079	27204	277	49	136
汕头市	146949	114619	18852	367	66	134
佛山市	491828	277529	46799	570	139	242
韶关市	11109	10761		37	3	57
河源市	23525	23106	4125	16	13	15
梅州市	28596	27936		22	9	21
惠州市	33310	32317	13653	74	17	8
汕尾市	326	286		2	1	1
东莞市	205501	216776	72700	712	158	211
中山市	265970	244912	75972	401	92	128
江门市	271977	91291	16836	111	35	45
阳江市	22661	21676	7546	26	1	2
湛江市	88509	78591	1030	86	16	43
茂名市	24466	24698	2463	3		4
肇庆市	68410	65660	5969	25	12	23
清远市	160450	141817	1661	17	5	8
潮州市	100192	99416	51402	162	28	31
揭阳市	42693	42385	29	19	18	13
云浮市	4720	4544	1801	5	1	2

第4篇

建筑业企业生产经营及财务状况

4-1-1　全省总承包和专业承包建筑业企业签订合同情况

项　　目	建筑业企业数(个)	有工作量个数	签订的合同额(万元)	上年结转合同额	本年新签合同额
总　　计	**4461**	**4308**	**68481725**	**30582892**	**37898833**
其中：国有及国有控股企业	512	496	29894424	13568323	16326101
一、按登记注册类型分组					
内资企业	4376	4226	66692048	29581402	37110645
国有企业	389	377	15962213	7078345	8883868
集体企业	535	514	5052876	2140297	2912579
股份合作企业	10	10	62034	15801	46233
联营企业	28	28	349441	118617	230824
国有联营企业	5	5	32040	17546	14494
集体联营企业	8	8	40945	17937	23008
国有与集体联营企业	7	7	94995	49517	45478
其他联营企业	8	8	181462	33616	147845
有限责任公司	1559	1511	29223236	12752526	16470710
国有独资公司	34	33	5561924	2927282	2634643
其他有限责任公司	1525	1478	23661312	9825244	13836067
股份有限公司	129	127	5267329	2852044	2415285
私营企业	1715	1648	10694996	4599351	6095644
私营独资企业	50	45	235324	93825	141499
私营合伙企业	20	16	12778	4116	8663
私营有限责任公司	1595	1539	10124624	4316531	5808093
私营股份有限公司	50	48	322269	184879	137390
其他企业	11	11	79924	24422	55502
港、澳、台商投资企业	67	65	1013511	541183	472329
合资经营企业	38	36	887745	466091	421654
合作经营企业	14	14	72374	36416	35958
港澳台商独资经营企业	15	15	53392	38675	14717
外商投资企业	18	17	776166	460307	315859
中外合资经营企业	10	9	274054	124514	149539
中外合作经营企业	2	2	1637	321	1316
外资企业	6	6	500476	335472	165004
二、按国民经济行业分组					
房屋和土木工程建筑业	2431	2343	56619040	27124043	29494998
房屋工程建筑	1712	1649	39082022	19116356	19965666
土木工程建筑	719	694	17537018	8007686	9529332
建筑安装业	976	957	5308149	1761592	3546557
建筑安装业	976	957	5308149	1761592	3546557
建筑装饰业	841	803	5790657	1419453	4371203
建筑装饰业	841	803	5790657	1419453	4371203
其他建筑业	213	205	763879	277804	486075
工程准备	88	85	281973	80859	201114
提供施工设备服务	16	15	29551	3208	26343
其他未列明的建筑活动	109	105	452355	193737	258618

4-1-1 续表

项目	建筑业企业数(个)	有工作量个数	签订的合同额(万元)	上年结转合同额	本年新签合同额
三、按隶属关系分组					
中央	70	69	12827093	5217711	7609382
省	154	151	8826624	4357211	4469413
市、地区	682	653	18543973	9074423	9469551
县	593	574	6630594	2568355	4062239
街道	49	47	321852	150356	171496
镇	124	117	795243	333645	461598
乡	3	3	29679	10899	18780
居民委员会	22	18	169001	53788	115213
村民委员会	11	10	21771	5421	16350
其他	2753	2666	20315894	8811084	11504810
四、按资质等级分组					
施工总承包	2421	2333	56084661	26818936	29265725
特级	62	61	10218093	5536849	4681244
一级	311	304	29267728	14036596	15231132
二级	544	534	9418469	4479444	4939025
三级	1504	1434	7180371	2766047	4414324
专业承包	2040	1975	12397063	3763955	8633108
一级	291	286	7560096	2364465	5195631
二级	483	476	2095100	534570	1560530
三级及以下	1266	1213	2741868	864920	1876947
五、按营业状态分					
营业	4318	4263	68438834	30559048	37879787
停业(歇业)	104	28	22131	13919	8211
筹建	10				
当年关闭	18	9	2090	1000	1091
当年破产	1	1	1332		1332
其他	10	7	17337	8925	8412
六、按控股情况分					
国有控股	512	496	29894424	13568323	16326101
集体控股	683	660	8136972	3553794	4583178
私人控股	2863	2756	22808703	9756018	13052685
港澳台商控股	74	72	1041760	564715	477045
外商控股	21	20	798146	462582	335564
其他	308	304	5801720	2677459	3124261

4-1-2　全省总承包和专业承包建筑业企业生产完成情况

单位：万元

项　　目	建筑业总产值				总产值中装饰装修产　　值	总产值中在外省完成的产值	竣工产值
		建筑工程产　　值	安装工程产　　值	其他产值			
总　　计	**32722180**	**28168743**	**3799925**	**753512**	**4584719**	**5222984**	**20112344**
其中：国有及国有控股企业	10824734	9599717	1084875	140143	704719	2569165	6015703
一、按登记注册类型分组							
内资企业	31668930	27250060	3677789	741082	4355302	5009408	19556209
国有企业	6849563	6023252	726431	99879	543950	1315093	3839700
集体企业	2938626	2558720	279598	100308	209042	79872	2159479
股份合作企业	39764	31433	2742	5589	356	1580	20362
联营企业	224779	191946	30947	1886	89720	43003	112091
国有联营企业	26907	26566	341		17435	3959	16024
集体联营企业	29350	28821	528		3773	1643	30600
国有与集体联营企业	57355	52880	4026	449			13160
其他联营企业	111168	83679	26051	1438	68513	37401	52306
有限责任公司	12842682	11148521	1455727	238434	1724076	2496993	7756144
国有独资公司	1232912	1145517	72658	14737	55149	250743	940378
其他有限责任公司	11609770	10003004	1383069	223698	1668927	2246250	6815766
股份有限公司	2394555	2194161	136711	63683	499333	448049	1390832
私营企业	6344057	5073863	1039001	231192	1284007	624819	4260486
私营独资企业	126009	101127	18453	6429	41570	34229	37539
私营合伙企业	9337	7880	1251	206	6641		4722
私营有限责任公司	6043960	4854661	967888	221412	1197597	566328	4100285
私营股份有限公司	164750	110195	51410	3145	38199	24262	117940
其他企业	34906	28163	6633	110	4818		17116
港、澳、台商投资企业	494056	375774	107146	11136	117547	144590	306804
合资经营企业	418181	329638	87595	947	69374	116362	237516
合作经营企业	23090	7497	9757	5836	7685	491	12829
港澳台商独资经营企业	52786	38639	9794	4354	40488	27737	56460
外商投资企业	559194	542910	14990	1294	111871	68986	249331
中外合资经营企业	174241	162418	10530	1294	98424	66677	150085
中外合作经营企业	1486	1486			1486		1486
外资企业	383467	379007	4460		11960	2310	97760
二、按国民经济行业分组							
房屋和土木工程建筑业	25124273	23099027	1504404	520843	1016481	3346239	14844531
房屋工程建筑	17949581	16935750	703407	310424	934409	1541039	11801693
土木工程建筑	7174692	6163277	800996	210419	82072	1805199	3042838
建筑安装业	3284695	1264941	1943341	76414	301231	267277	2134979
建筑安装业	3284695	1264941	1943341	76414	301231	267277	2134979
建筑装饰业	3784124	3424505	270581	89038	3262124	1569143	2807762
建筑装饰业	3784124	3424505	270581	89038	3262124	1569143	2807762
其他建筑业	529088	380271	81600	67217	4883	40325	325073
工程准备	212015	169216	20355	22443	55	268	136352
提供施工设备服务	27247	3459	4521	19267	180		14050
其他未列明的建筑活动	289826	207596	56724	25507	4648	40058	174671

4-1-2 续表 单位：万元

项目	建筑业总产值	建筑工程产值	安装工程产值	其他产值	总产值中装饰装修产值	总产值中在外省完成的产值	竣工产值
三、按隶属关系分组							
中央	4636727	4413569	197554	25604	101853	1942177	1465921
省	3533839	2748969	698148	86722	248542	516314	1937747
市、地区	7622584	6737745	705475	179363	1233445	1122724	5391692
县	3992524	3673647	238540	80337	264306	162692	2746878
街道	209527	197597	10534	1396	7240		160701
镇	459759	435058	10452	14249	14596	1580	372442
乡	5090	4568		522			2765
居民委员会	145552	132366	13186		62296	26115	75864
村民委员会	16193	12100	1814	2279	735		11805
其他	12100386	9813124	1924222	363040	2651706	1451382	7946530
四、按资质等级分组							
施工总承包	25006252	22832861	1683857	489534	990843	3120493	15067014
特级	3304744	3197005	92483	15256	88191	716980	1411174
一级	11704978	10651555	864891	188532	305495	1810915	6796368
二级	5247435	4770264	359781	117391	356832	428774	3551762
三级	4749095	4214037	366702	168356	240325	163823	3307710
专业承包	7715928	5335883	2116068	263977	3593876	2102491	5045330
一级	4374337	3652710	653472	68155	2809819	1878530	2920388
二级	1511030	949135	488871	73023	380336	136327	944324
三级及以下	1830561	734038	973725	122799	403721	87634	1180617
五、按营业状态分							
营业	32691167	28147114	3792925	751128	4583105	5222984	20096685
停业(歇业)	19841	15616	2188	2038	1414		10167
筹建							
当年关闭	878	1	632	246			878
当年破产	1332	1332					1332
其他	8961	4680	4180	100	200		3282
六、按控股情况分							
国有控股	10824734	9599717	1084875	140143	704719	2569165	6015703
集体控股	4830374	4285415	407232	137728	493382	322466	3392803
私人控股	13031060	10799013	1796281	435765	2691774	1456559	8556802
港澳台商控股	504091	385802	107146	11143	121155	144590	315927
外商控股	573408	555159	16559	1690	111871	68986	261580
其他	2958513	2543637	387833	27043	461819	661217	1569529

4-1-3 全省总承包和专业承包建筑业企业总产值及承包工程完成情况

单位：万元

项目	企业总产值	在境外完成的营业额	直接从建设单位承揽工程完成的产值	自行完成施工产值	分包出去工程的产值	从建设单位以外承揽工程完成的产值
总计	**34943774**	**352800**	**34245327**	**30928174**	**3317152**	**1794006**
其中：国有及国有控股企业	11368824	75035	12415368	9956198	2459171	868536
一、按登记注册类型分组						
内资企业	33760134	348147	33153262	29899461	3254801	1769469
国有企业	7056621	10212	6794627	6131713	662914	717849
集体企业	2974854		2958033	2891746	66287	46879
股份合作企业	39839		38243	36378	1864	3386
联营企业	237818		224200	222800	1400	1979
国有联营企业	27855		26907	26907		
集体联营企业	30713		29350	29350		
国有与集体联营企业	57355		57355	57355		
其他联营企业	121895		110589	109189	1400	1979
有限责任公司	14040821	213930	14355113	12190708	2164405	651974
国有独资公司	1459626	20763	2087163	1197953	889210	34959
其他有限责任公司	12581195	193168	12267950	10992755	1275195	617015
股份有限公司	2595651	52861	2511460	2292262	219198	102292
私营企业	6779625	71144	6239916	6101182	138734	242875
私营独资企业	126627	1505	121294	121206	87	4803
私营合伙企业	10599		8070	7904	166	1433
私营有限责任公司	6477492	59734	5954959	5816477	138481	227483
私营股份有限公司	164906	9904	155594	155594		9157
其他企业	34906		32672	32672		2234
港、澳、台商投资企业	521571	830	519465	488409	31055	5647
合资经营企业	432431	483	442822	412559	30263	5622
合作经营企业	24041	347	23856	23065	792	25
港澳台商独资经营企业	65098		52786	52786		
外商投资企业	662070	3823	571601	540304	31296	18890
中外合资经营企业	218399	3823	181379	156420	24959	17821
中外合作经营企业	1486		1486	1486		
外资企业	442185		388736	382398	6338	1069
二、按国民经济行业分组						
房屋和土木工程建筑业	26918023	296663	26460197	23727522	2732674	1396751
房屋工程建筑	19121811	102532	18844237	17519767	1324470	429814
土木工程建筑	7796212	194132	7615959	6207755	1408204	966937
建筑安装业	3505202	4109	3397663	3026752	370911	257944
建筑安装业	3505202	4109	3397663	3026752	370911	257944
建筑装饰业	3954175	28307	3846085	3675155	170930	108969
建筑装饰业	3954175	28307	3846085	3675155	170930	108969
其他建筑业	566375	23721	541382	498745	42637	30343
工程准备	226202		199028	195011	4017	17004
提供施工设备服务	27407		27157	27157		90
其他未列明的建筑活动	312767	23721	315198	276578	38620	13249

4-1-3 续表 单位：万元

项目	企业总产值	在境外完成的营业额	直接从建设单位承揽工程完成的产值	自行完成施工产值	分包出去工程的产值	从建设单位以外承揽工程完成的产值
三、按隶属关系分组						
中央	4904812	26590	4571358	3803226	768131	833501
省	3645739	43566	4024868	3397916	626952	135923
市、地区	8417557	182651	8814762	7292470	1522291	330113
县	4175291	1387	3982296	3947716	34580	44808
街道	211109		209889	208349	1540	1177
镇	463567		458218	454205	4013	5555
乡	5090		5090	5090		
居民委员会	145792		138361	138145	216	7407
村民委员会	19193		16193	16193		
其他	12955625	98607	12024292	11664864	359428	435522
四、按资质等级分组						
施工总承包	26547527	219770	26527115	23636029	2891086	1370224
特级	3389999	17096	3746367	2947867	798499	356877
一级	12454338	158204	12996541	11235119	1761422	469859
二级	5698133	33054	5088869	4883405	204464	364030
三级	5005058	11416	4696338	4569637	126701	179458
专业承包	8396247	133030	7718212	7292146	426066	423782
一级	4588606	107638	4392756	4175633	217123	198704
二级	1824517	9671	1481285	1429773	51512	81256
三级及以下	1983124	15721	1844171	1686740	157431	143822
五、按营业状态分						
营业	34912165	352800	34213922	30898177	3315745	1792990
停业(歇业)	20110		20333	18926	1407	916
筹建						
当年关闭	878		878	878		
当年破产	1332		1332	1332		
其他	9289		8861	8861		100
六、按控股情况分						
国有控股	11368824	75035	12415368	9956198	2459171	868536
集体控股	4971468	40715	4850384	4722631	127753	107743
私人控股	14143819	207518	12952443	12529493	422951	501567
港澳台商控股	531606	830	530096	498445	31651	5647
外商控股	676284	3823	585815	554518	31296	18890
其他	3251774	24879	2911221	2666891	244330	291622

4-1-4　全省总承包和专业承包建筑业企业施工面积及机械设备情况

项　目	房屋建筑施工面积(万平方米)	#本年新开工面积	#实行投标承包面积		年末自有施工机械设备净值(万元)	年末自有施工机械设备总台数(台)	年末自有施工机械设备总功率(万千瓦)
				本　年新开工			
总　　计	**30423.41**	**12277.78**	**17868.10**	**7885.34**	**1839915**	**632586**	**936.47**
其中：国有及国有控股企业	9460.93	3444.92	7002.63	2749.78	580808	122222	261.88
一、按登记注册类型分组							
内资企业	29749.03	12191.83	17393.87	7819.05	1808502	623218	918.36
国有企业	6146.08	2403.70	4565.78	1994.82	333196	95906	199.47
集体企业	5068.48	2164.25	2827.34	1329.14	236602	127288	153.23
股份合作企业	16.67	7.55	9.46	5.91	4369	1302	2.30
联营企业	112.29	54.97	88.52	45.78	10038	4027	7.75
国有联营企业	12.00		12.00		216	55	0.04
集体联营企业	31.38	14.30	12.24	5.11	2287	1477	1.35
国有与集体联营企业	64.27	40.67	64.27	40.67	1623	870	3.56
其他联营企业	4.64				5913	1625	2.80
有限责任公司	10623.97	4321.90	5878.06	2519.91	694148	194117	292.33
国有独资公司	2056.89	604.93	1613.53	397.02	123611	4817	22.96
其他有限责任公司	8567.08	3716.97	4264.53	2122.89	570538	189300	269.36
股份有限公司	2046.54	856.53	1307.67	594.82	136243	49328	66.60
私营企业	5695.19	2358.29	2698.94	1310.57	392400	151021	195.87
私营独资企业	31.90	15.48	13.32	6.93	6113	1639	1.96
私营合伙企业	4.82	0.65	0.51	0.51	729	219	0.99
私营有限责任公司	5490.48	2298.01	2550.21	1272.06	375859	145974	189.51
私营股份有限公司	167.98	44.15	134.91	31.07	9700	3189	3.40
其他企业	39.79	24.63	18.10	18.10	1507	229	0.81
港、澳、台商投资企业	267.07	63.52	67.68	44.63	21050	5584	14.32
合资经营企业	263.15	59.86	64.02	40.97	17699	4536	12.57
合作经营企业	0.15				1525	668	0.91
港澳台商独资经营企业	3.77	3.66	3.66	3.66	1826	380	0.84
外商投资企业	407.32	22.44	406.55	21.67	10362	3784	3.80
中外合资经营企业					4016	1536	1.07
中外合作经营企业					33	117	0.14
外资企业	407.32	22.44	406.55	21.67	6313	2131	2.58
二、按国民经济行业分组							
房屋和土木工程建筑业	29633.66	11952.09	17538.99	7697.97	1587679	485006	788.65
房屋工程建筑	28586.13	11496.18	16901.48	7433.89	951025	415556	573.25
土木工程建筑	1047.54	455.91	637.51	264.09	636654	69450	215.40
建筑安装业	612.03	246.78	260.22	132.00	115423	59070	72.49
建筑安装业	612.03	246.78	260.22	132.00	115423	59070	72.49
建筑装饰业	53.25	0.04	0.04	0.04	71354	80554	55.89
建筑装饰业	53.25	0.04	0.04	0.04	71354	80554	55.89
其他建筑业	124.47	78.87	68.85	55.33	65459	7956	19.44
工程准备	71.81	48.12	43.18	42.66	36290	3005	10.24
提供施工设备服务	2.97				4814	502	1.16
其他未列明的建筑活动	49.68	30.75	25.67	12.67	24355	4449	8.03

4-1-4 续表

项　　目	房屋建筑施工面积(万平方米)	#本年新开工面积	#实行投标承包面积	本　年新开工	年末自有施工机械设备净值(万元)	年末自有施工机械设备总台数(台)	年末自有施工机械设备总功率(万千瓦)
三、按隶属关系分组							
中央	2546.02	878.00	2105.16	795.00	258990	16153	66.51
省	1616.13	624.50	1084.92	445.66	221836	43988	79.75
市、地区	8415.82	3182.40	5335.66	2159.05	339490	113569	203.77
县	6082.47	2907.86	3834.75	2108.12	337734	175296	214.84
街道	364.44	108.16	128.01	38.44	18320	8393	11.84
镇	1010.10	476.37	522.73	226.48	33701	20765	21.43
乡	46.03	29.44	29.06	29.06	917	615	0.72
居民委员会	89.23	23.75	75.04	17.38	5229	2365	1.82
村民委员会	13.39	2.42			1881	645	0.59
其他	10239.79	4044.87	4752.76	2066.15	621817	250797	335.21
四、按资质等级分组							
施工总承包	29790.87	11952.84	17583.85	7700.57	1568746	488429	791.52
特级	3823.87	1160.68	2942.36	819.29	139099	15941	35.07
一级	12438.65	4802.98	8710.76	3840.10	660846	158935	301.46
二级	6876.92	2770.71	3402.34	1649.22	391483	149458	217.24
三级	6651.44	3218.48	2528.38	1391.95	377318	164095	237.75
专业承包	632.53	324.94	284.25	184.78	271169	144157	144.95
一级	146.33	63.70	51.51	34.30	92029	69316	62.72
二级	294.55	174.07	169.38	108.36	95402	37817	40.44
三级及以下	191.65	87.16	63.37	42.11	83737	37024	41.79
五、按营业状态分							
营业	30408.10	12267.32	17857.68	7876.20	1834820	629833	933.59
停业(歇业)	5.26	1.14	1.74	0.46	3403	2075	2.21
筹建					10	3	0.00
当年关闭	0.00	0.00			182	175	0.01
当年破产	0.63	0.63			497	262	0.37
其他	9.42	8.68	8.68	8.68	1003	238	0.30
六、按控股情况分							
国有控股	9460.93	3444.92	7002.63	2749.78	580808	122222	261.88
集体控股	6744.77	2943.59	3993.80	1853.76	304122	165785	204.31
私人控股	11669.07	5047.97	5693.47	2840.21	766627	295822	396.36
港澳台商控股	270.40	63.59	67.68	44.63	21486	5704	14.38
外商控股	425.69	36.26	406.55	21.67	10650	4206	4.12
其他	1852.55	741.45	703.96	375.30	156222	38847	55.43

4-1-5　全省总承包和专业承包建筑业企业从业人员情况

单位：人

项　目	计算建筑业劳动生产率的平均人数	年末从业人员人数	#管理人员	#工程技术人员	#一级建造师	#现场施工人员	持证上岗人员
总　计	**1713000**	**1680260**	**241085**	**253557**	**17347**	**1101932**	**609988**
其中：国有及国有控股企业	416626	412799	63521	64202	5237	268949	141546
一、按登记注册类型分组							
内资企业	1681217	1650260	234895	250334	16680	1086003	599089
国有企业	299025	299829	43124	43448	3025	207707	112641
集体企业	275380	276491	32546	33703	1260	182245	81760
股份合作企业	2162	2284	1459	352	94	593	334
联营企业	13742	12988	1911	1636	136	9181	7113
国有联营企业	922	839	241	187	35	501	307
集体联营企业	3239	2737	315	378	21	1804	1633
国有与集体联营企业	3056	2968	326	393	18	2212	2125
其他联营企业	6525	6444	1029	678	62	4664	3048
有限责任公司	594920	579958	83483	93047	6586	369215	207678
国有独资公司	41679	39186	7508	6381	835	14127	7651
其他有限责任公司	553241	540772	75975	86666	5751	355088	200027
股份有限公司	97724	93933	10552	13214	1452	67778	46492
私营企业	396115	382420	61541	64598	4056	247675	141934
私营独资企业	7530	6873	676	1024	79	4457	2855
私营合伙企业	992	723	209	176	30	452	263
私营有限责任公司	376797	364308	58768	61758	3823	235042	134980
私营股份有限公司	10796	10516	1888	1640	124	7724	3836
其他企业	2149	2357	279	336	71	1609	1137
港、澳、台商投资企业	15726	16017	2222	2308	550	8935	4629
合资经营企业	12041	12179	1765	1817	182	6230	3549
合作经营企业	1442	1414	194	284	24	804	340
港澳台商独资经营企业	2243	2424	263	207	344	1901	740
外商投资企业	16057	13983	3968	915	117	6994	6270
中外合资经营企业	5585	3667	530	513	75	2314	2034
中外合作经营企业	59	65	8	19		46	18
外资企业	10413	10251	3430	383	42	4634	4218
二、按国民经济行业分组							
房屋和土木工程建筑业	1393038	1380056	192745	197148	11960	926931	505728
房屋工程建筑	1167022	1154484	152108	151801	7901	793988	422174
土木工程建筑	226016	225572	40637	45347	4059	132943	83554
建筑安装业	151469	145153	23949	32271	2355	77379	48711
建筑安装业	151469	145153	23949	32271	2355	77379	48711
建筑装饰业	143402	130352	19331	18330	2555	82991	45859
建筑装饰业	143402	130352	19331	18330	2555	82991	45859
其他建筑业	25091	24699	5060	5808	477	14631	9690
工程准备	12163	11707	2488	2978	198	6775	4597
提供施工设备服务	816	783	102	152	46	458	313
其他未列明的建筑活动	12112	12209	2470	2678	233	7398	4780

4-1-5 续表 单位：人

项　　目	计算建筑业劳动生产率的平均人数	年末从业人员人数	#管理人员	#工程技术人员	#一级建造师	#现场施工工人	持证上岗人员
三、按隶属关系分组							
中央	96190	94966	15751	13772	1336	66481	38857
省	120764	124683	20133	25587	2288	80087	50620
市、地区	357492	344422	50236	51867	4096	211772	120596
县	376520	373966	43733	44630	2137	252083	120046
街道	19785	19481	2454	2779	33	13530	6831
镇	47803	48206	5821	5814	150	33828	15657
乡	635	541	123	93	13	332	156
居民委员会	9554	9796	1525	732	26	7696	3846
村民委员会	1319	1209	149	217	4	837	484
其他	682938	662990	101160	108066	7264	435286	252895
四、按资质等级分组							
施工总承包	1406715	1391731	194459	201685	12141	939090	511331
特级	102708	104516	13743	9968	1374	76412	48548
一级	506593	492342	73163	76254	6095	333676	193400
二级	400465	399533	52360	57488	2308	278081	144638
三级	396949	395340	55193	57975	2364	250921	124745
专业承包	306285	288529	46626	51872	5206	162842	98657
一级	131177	122888	18682	19072	2958	76304	47069
二级	78953	70413	11816	14489	1065	38728	23250
三级及以下	96155	95228	16128	18311	1183	47810	28338
五、按营业状态分							
营业	1710702	1677325	240198	252619	17262	1100358	609036
停业(歇业)	1593	1885	530	587	53	891	606
筹建		38	20	14	1		
当年关闭	155	159	19	81	1	49	
当年破产	150	200	40	40		160	20
其他	400	653	278	216	30	474	326
六、按控股情况分							
国有控股	416626	412799	63521	64202	5237	268949	141546
集体控股	367765	364470	44081	45044	2216	246263	120567
私人控股	772340	750181	110710	122086	7773	498812	289670
港澳台商控股	16209	16415	2313	2371	553	9150	4769
外商控股	16875	14765	4559	968	155	7147	6368
其他	123185	121630	15901	18886	1413	71611	47068

4-1-6　全省总承包和专业承包建筑业企业主要建筑材料消耗量

项　目	钢　材（万吨）	木　材（万立方米）	水　泥（万吨）	平板玻璃		铝　材（万吨）
				重　量（万重量箱）	面　积（万平方米）	
总　　计	**1724.77**	**1081.14**	**4025.47**	**742.02**	**3332.78**	**106.89**
其中：国有及国有控股企业	463.31	165.15	1030.87	94.91	673.58	23.41
一、按登记注册类型分组						
内资企业	1694.57	1072.95	3810.66	692.12	3176.21	105.38
国有企业	334.41	133.46	690.79	65.59	441.10	22.14
集体企业	195.89	146.20	606.48	58.10	438.59	16.45
股份合作企业	0.97	1.15	2.60	0.38	1.33	0.01
联营企业	3.53	3.32	8.63	0.96	7.28	0.10
国有联营企业	0.21	0.08	0.19	0.04	0.80	
集体联营企业	0.47	1.89	1.13	0.52	3.91	0.01
国有与集体联营企业	2.12	1.11	6.91	0.40	2.58	0.05
其他联营企业	0.72	0.25	0.40			0.04
有限责任公司	465.36	423.10	1475.01	379.32	1427.88	33.05
国有独资公司	55.32	15.68	99.71	11.63	36.05	0.54
其他有限责任公司	410.04	407.42	1375.30	367.69	1391.83	32.51
股份有限公司	73.33	146.23	234.20	36.79	173.01	7.84
私营企业	619.62	219.07	789.82	150.99	686.67	25.79
私营独资企业	2.57	5.81	4.32	0.25	2.86	0.07
私营合伙企业	0.09	0.47	0.37	0.07	0.38	0.06
私营有限责任公司	612.58	211.07	769.72	148.98	675.47	25.33
私营股份有限公司	4.37	1.72	15.41	1.69	7.96	0.34
其他企业	1.48	0.41	3.13	0.01	0.35	0.00
港、澳、台商投资企业	16.46	4.07	20.98	26.85	76.98	0.88
合资经营企业	15.81	3.96	13.54	26.27	73.09	0.83
合作经营企业	0.19	0.04	6.54	0.06	0.39	0.00
港澳台商独资经营企业	0.46	0.07	0.91	0.53	3.50	0.05
外商投资企业	13.74	4.12	193.83	23.04	79.59	0.63
中外合资经营企业	0.99	0.01	0.54	14.93	49.85	0.36
中外合作经营企业		0.02				
外资企业	12.75	4.09	193.28	8.12	29.74	0.27
二、按国民经济行业分组						
房屋和土木工程建筑业	1638.84	977.89	3737.06	543.79	2405.82	94.88
房屋工程建筑	1418.22	910.92	2957.62	509.76	2285.76	88.78
土木工程建筑	220.62	66.97	779.43	34.03	120.06	6.10
建筑安装业	51.92	31.23	87.21	48.65	148.04	2.86
建筑安装业	51.92	31.23	87.21	48.65	148.04	2.86
建筑装饰业	25.44	66.15	119.05	148.88	771.65	8.97
建筑装饰业	25.44	66.15	119.05	148.88	771.65	8.97
其他建筑业	8.57	5.85	82.15	0.70	7.28	0.19
工程准备	3.28	1.62	29.10	0.46	1.77	0.03
提供施工设备服务	0.51		8.59			0.02
其他未列明的建筑活动	4.78	4.24	44.46	0.24	5.51	0.15

4-1-6 续表

项目	钢材(万吨)	木材(万立方米)	水泥(万吨)	平板玻璃		铝材(万吨)
				重量(万重量箱)	面积(万平方米)	
三、按隶属关系分组						
中央	239.12	41.72	374.87	17.64	89.90	2.15
省	98.57	38.27	340.02	17.17	76.62	1.45
市、地区	299.94	244.56	799.61	168.18	874.80	16.30
县	216.87	274.25	787.75	86.20	597.24	33.54
街道	10.04	5.13	42.61	3.41	18.34	1.36
镇	32.86	24.02	125.27	11.31	84.79	1.86
乡	0.14	0.08	0.39	0.17	0.60	0.01
居民委员会	1.58	1.05	4.78	0.71	3.98	0.07
村民委员会	0.79	1.38	4.85	0.39	1.71	0.08
其他	824.86	450.67	1545.31	436.83	1584.80	50.08
四、按资质等级分组						
施工总承包	1597.55	994.11	3654.06	506.94	2367.85	94.76
特级	166.38	51.58	228.60	25.16	144.09	5.68
一级	478.66	395.22	1515.03	119.80	675.73	18.38
二级	604.66	201.59	905.66	147.35	821.40	27.22
三级	347.85	345.73	1004.78	214.63	726.63	43.48
专业承包	127.22	87.03	371.41	235.08	964.93	12.13
一级	45.34	53.14	159.89	156.44	687.27	7.71
二级	57.36	17.36	126.25	28.54	126.46	1.75
三级及以下	24.53	16.53	85.27	50.10	151.20	2.67
五、按营业状态分						
营业	1723.41	1080.43	4021.75	741.33	3330.03	106.65
停业(歇业)	1.06	0.59	1.13	0.42	1.70	0.24
筹建						
当年关闭						
当年破产	0.11	0.04	1.63	0.12	0.49	
其他	0.20	0.08	0.95	0.14	0.56	
六、按控股情况分						
国有控股	463.31	165.15	1030.87	94.91	673.58	23.41
集体控股	262.25	273.25	793.91	77.77	536.90	21.42
私人控股	877.58	535.92	1650.70	478.91	1809.41	58.89
港澳台商控股	16.48	4.09	21.04	27.32	78.19	0.89
外商控股	13.94	5.76	195.18	24.70	86.60	0.64
其他	91.20	96.97	333.77	38.42	148.09	1.65

4-1-7　分地区总承包和专业承包建筑业企业签订合同情况

地　区	建筑业企业数（个）	有工作量企　业	签订的合同额（万元）	上年结转合同额	本年新签合同额
总　计	**4461**	**4308**	**68481725**	**30582892**	**37898833**
广州市	769	768	25083541	11940923	13142618
深圳市	790	774	18308247	8026137	10282111
珠海市	156	155	1375907	568037	807870
汕头市	211	192	3603219	1783558	1819661
佛山市	492	481	3840562	1866367	1974195
韶关市	73	72	1077517	370693	706824
河源市	97	84	244454	56090	188365
梅州市	134	131	1441961	510055	931907
惠州市	119	110	1143743	584241	559502
汕尾市	40	39	122253	37761	84493
东莞市	379	352	1523864	706920	816944
中山市	292	285	1651012	658573	992439
江门市	168	166	1350474	561025	789449
阳江市	92	91	800893	272411	528481
湛江市	112	109	2315512	1071993	1243519
茂名市	113	96	1644807	532474	1112333
肇庆市	122	120	1101007	315665	785342
清远市	71	71	664361	294822	369539
潮州市	87	81	437000	247980	189020
揭阳市	99	88	572578	104930	467648
云浮市	45	43	178812	72238	106574

4-1-8　分地区总承包和专业承包建筑业企业生产完成情况

单位：万元

地　区	建筑业总产值	建筑工程产　　值	安装工程产　　值	其他产值	总产值中装饰装修产　　值	总产值中在外省完成的产值	竣工产值
总　计	**32722180**	**28168743**	**3799925**	**753512**	**4584719**	**5222984**	**20112344**
广州市	8754491	7249912	1360073	144506	661827	1688873	5054755
深圳市	9251428	8136272	909875	205282	2934095	2180984	5507011
珠海市	835775	680085	154942	748	91526	125876	534034
汕头市	1730467	1600629	87856	41982	182748	323243	1091848
佛山市	2517091	2031087	403221	82783	149744	67547	1709540
韶关市	571113	554186	11663	5265	4596	117021	287380
河源市	183861	165161	14472	4229	6035		154719
梅州市	960034	862383	82106	15545	30151	9216	650013
惠州市	518503	483960	28868	5675	17414		376889
汕尾市	95815	87315	6528	1971	4346		70081
东莞市	1088107	907724	144669	35714	117190	6606	781539
中山市	971777	767217	149946	54614	57980	177794	611984
江门市	736623	633611	73822	29190	77030	7659	523323
阳江市	476534	437676	17014	21845	15795	36244	277377
湛江市	1232994	1156023	54232	22739	75844	308343	680561
茂名市	937110	792765	134419	9926	58106	64325	723442
肇庆市	657365	575442	45429	36495	27064	106684	324507
清远市	360378	314189	33881	12308	7194		239149
潮州市	235640	193396	29446	12799	16379	582	110327
揭阳市	479279	432908	41907	4464	46261	1987	311001
云浮市	127794	106803	15557	5434	3397		92865

4-1-9 分地区总承包和专业承包建筑业企业总产值及承包工程完成情况

单位：万元

地区	企业总产值	在境外完成的营业额	直接从建设单位承揽工程完成的产值	自行完成施工产值	分包出去工程的产值	从建设单位以外承揽工程完成的产值
总计	**34943774**	**352800**	**34245327**	**30928174**	**3317152**	**1794006**
广州市	9486506	184676	10541477	7796640	2744838	957851
深圳市	9743362	125942	9237209	8852148	385061	399280
珠海市	850110		821193	815727	5466	20048
汕头市	1925752	14803	1717784	1716632	1152	13835
佛山市	2688569	7193	2487742	2443219	44523	73873
韶关市	795700		574997	565445	9552	5669
河源市	386112		182235	182055	181	1806
梅州市	1035400		957752	955563	2189	4471
惠州市	522134		521317	515975	5342	2529
汕尾市	95815		94670	94670		1145
东莞市	1110889		1067149	1041096	26054	47012
中山市	1008160	13655	1008006	936483	71523	35295
江门市	737127	1385	727408	718742	8666	17881
阳江市	478219		475813	474003	1810	2531
湛江市	1238548		1054643	1050782	3862	182213
茂名市	967884		922829	915959	6870	21151
肇庆市	657371	5147	657360	657340	20	25
清远市	360402		360378	360378		
潮州市	242497		235640	235640		
揭阳市	485283		476940	476940		2339
云浮市	127935		122785	122740	45	5054

4-1-10 分地区总承包和专业承包建筑业企业施工面积及机械设备情况

地区	房屋建筑施工面积（万平方米）	#本年新开工面积	#实行投标承包面积	本年新开工	年末自有施工机械设备净值（万元）	年末自有施工机械设备总台数（台）	年末自有施工机械设备总功率（万千瓦）
总计	**30423.41**	**12277.78**	**17868.10**	**7885.34**	**1839915**	**632586**	**936.47**
广州市	6156.62	2195.96	4635.88	1921.46	587265	119107	191.20
深圳市	5394.61	2067.04	3549.96	1397.57	265321	99430	150.16
珠海市	730.49	262.63	351.42	139.26	31817	10166	18.58
汕头市	2353.01	978.75	1456.06	699.97	185426	48162	90.47
佛山市	3348.91	898.19	1623.99	315.99	65748	32524	37.41
韶关市	723.08	320.06	422.17	155.62	27639	12026	19.85
河源市	222.38	133.13	130.27	99.09	28526	8030	21.35
梅州市	1052.29	595.24	602.38	423.67	68302	27049	38.43
惠州市	988.51	342.26	276.18	148.45	30707	11539	22.31
汕尾市	166.72	76.90	56.36	42.67	10414	8737	9.52
东莞市	964.27	404.06	411.67	192.53	59223	21172	20.56
中山市	707.94	324.93	180.86	85.10	39994	15116	26.16
江门市	1326.39	642.59	706.13	349.28	62858	31458	35.42
阳江市	678.88	327.94	344.26	202.46	57375	22289	40.43
湛江市	1709.60	778.49	1319.26	680.80	104508	51930	58.05
茂名市	1617.60	828.25	822.96	476.20	82480	38391	63.54
肇庆市	690.83	286.22	266.37	138.00	33176	19542	22.55
清远市	576.95	304.32	261.34	162.98	18698	8669	18.11
潮州市	351.78	147.23	71.01	17.05	20991	13598	15.47
揭阳市	505.84	286.85	320.12	196.11	43474	22405	23.17
云浮市	156.71	76.75	59.44	41.05	15975	11246	13.74

4-1-11　分地区总承包和专业承包建筑业企业从业人员情况

单位：人

地　区	计算建筑业劳动生产率的平均人数	年末从业人员人数	#管理人员	#工程技术人员	#一级建造师	#现场施工工人	
							持证上岗人员
总　计	**1713000**	**1680260**	**241085**	**253557**	**17347**	**1101932**	**609988**
广州市	335729	329090	57956	62465	5120	218425	143123
深圳市	332424	315605	41309	45927	4992	194207	123062
珠海市	45020	41993	5622	7170	466	30340	19113
汕头市	125980	126913	19461	15949	832	95587	37299
佛山市	117324	116404	19403	17954	1160	75794	46155
韶关市	46636	44891	4101	5249	232	25439	9586
河源市	17750	17954	2240	3156	86	11218	7052
梅州市	82921	80573	8168	11191	268	52397	31317
惠州市	32803	32289	4844	4716	191	19884	8310
汕尾市	10730	10919	1713	1951	95	6870	4116
东莞市	62239	61234	9765	8629	476	45762	22054
中山市	49852	47639	7160	8817	402	27105	14519
江门市	77279	71957	9345	9793	619	55017	24456
阳江市	47080	53030	5843	6029	139	31582	12867
湛江市	89019	89960	11686	10489	970	57736	24243
茂名市	83264	85474	13805	12079	824	60935	43871
肇庆市	36643	39532	6122	5463	188	27750	12153
清远市	28138	30850	3553	4687	65	15432	7950
潮州市	20582	17894	2930	3464	69	10043	3075
揭阳市	49957	46027	3204	5629	117	26313	7275
云浮市	21630	20032	2855	2750	36	14096	8392

4-1-12　分地区总承包和专业承包建筑业企业主要建筑材料消耗量

地　区	钢　材（万吨）	木　材（万立方米）	水　泥（万吨）	平板玻璃		铝　材（万吨）
				重　量（万重量箱）	面　积（万平方米）	
总　计	**1724.77**	**1081.14**	**4025.47**	**742.02**	**3332.78**	**106.89**
广州市	352.05	142.62	846.02	78.10	380.69	5.94
深圳市	559.63	179.60	422.58	126.76	756.28	12.44
珠海市	45.47	53.81	98.92	44.80	113.01	3.86
汕头市	62.32	70.99	352.44	28.39	199.20	4.21
佛山市	139.52	99.20	514.81	217.76	486.20	11.68
韶关市	26.34	9.64	100.16	16.94	82.99	1.42
河源市	9.76	11.56	35.00	4.75	23.47	0.46
梅州市	44.96	36.03	206.73	21.42	99.63	2.22
惠州市	22.12	22.74	97.48	9.51	63.75	0.31
汕尾市	3.62	9.30	19.75	1.49	9.26	0.84
东莞市	93.39	54.96	226.52	41.43	184.04	5.61
中山市	74.82	76.76	149.99	43.47	144.12	6.25
江门市	31.07	31.11	143.46	19.04	91.94	5.81
阳江市	27.91	21.67	126.22	11.34	58.53	0.71
湛江市	69.90	138.41	213.82	35.20	247.44	11.64
茂名市	44.59	40.36	131.66	20.90	134.09	7.62
肇庆市	30.97	10.07	86.47	7.04	99.42	17.55
清远市	41.38	45.83	95.51	5.49	63.51	1.49
潮州市	13.25	9.92	60.18	2.87	24.11	1.35
揭阳市	20.11	10.09	58.47	2.75	29.38	0.49
云浮市	11.60	6.46	39.27	2.58	41.73	4.99

4-1-13 全省总承包和专业承包建筑业

项 目	房屋建筑竣工面积(万平方米)				
	合 计	1.厂房、仓库	2.住宅	3.办公用房	4.批发和零售用房
总 计	**10777.46**	**2795.83**	**5771.43**	**682.55**	**109.83**
其中：国有及国有控股企业	2899.32	580.89	1606.86	216.79	44.14
一、按登记注册类型分组					
内资企业	10646.80	2789.57	5647.92	682.05	109.83
国有企业	1769.11	363.28	1068.78	130.59	7.09
集体企业	1980.81	652.89	872.44	138.39	14.31
股份合作企业	16.66	0.43	5.61	10.62	
联营企业	41.94	8.98	20.55	7.22	
国有联营企业	10.00		10.00		
集体联营企业	15.48	2.79	5.20	7.22	
国有与集体联营企业	13.70	3.43	5.36		
其他联营企业	2.76	2.76			
有限责任公司	3988.75	1024.35	2167.49	193.04	59.45
国有独资公司	703.44	132.94	326.30	52.76	31.62
其他有限责任公司	3285.31	891.40	1841.19	140.28	27.83
股份有限公司	690.57	160.96	387.57	47.91	0.70
私营企业	2145.33	577.02	1113.81	154.28	28.27
私营独资企业	19.68	6.98	5.17	3.74	0.18
私营合伙企业	2.11	0.20	1.72		0.02
私营有限责任公司	2056.03	553.69	1064.89	145.84	27.74
私营股份有限公司	67.50	16.14	42.03	4.70	0.33
其他企业	13.64	1.67	11.66		
港、澳、台商投资企业	61.64	5.50	55.26	0.50	
合资经营企业	57.98	3.55	54.06		
合作经营企业					
港澳台商独资经营企业	3.65	1.95	1.20	0.50	
外商投资企业	69.02	0.77	68.25		
中外合资经营企业					
中外合作经营企业					
外资企业	69.02	0.77	68.25		
二、按国民经济行业分组					
房屋和土木工程建筑业	10449.60	2664.76	5627.86	665.54	108.09
房屋工程建筑	10090.75	2608.46	5380.81	651.64	107.13
土木工程建筑	358.85	56.30	247.05	13.90	0.96
建筑安装业	286.43	105.54	138.09	13.11	1.74
建筑安装业	286.43	105.54	138.09	13.11	1.74
建筑装饰业	5.35	2.65	0.87	1.78	
建筑装饰业	5.35	2.65	0.87	1.78	
其他建筑业	36.08	22.89	4.61	2.11	
工程准备	6.76	5.91		0.20	
提供施工设备服务	2.97	0.63		0.35	
其他未列明的建筑活动	26.35	16.35	4.61	1.56	

企业房屋建筑竣工面积情况

房屋建筑竣工面积(万平方米)						
5.住宿和餐饮用房	6.居民服务业用房	7.教育用房	8.文化、体育用房	9.卫生医疗用房	10.科研用房	11.其他用房
208.52	**134.25**	**469.70**	**173.61**	**91.61**	**28.60**	**311.52**
54.72	34.72	128.07	103.96	47.69	20.27	61.23
208.52	134.25	469.33	173.61	91.61	28.60	311.52
19.56	30.40	78.76	17.73	10.19	5.34	37.38
17.05	16.17	143.34	35.58	7.49		83.16
	0.13	3.41				1.65
	0.13	0.15				
		3.26				1.65
111.28	62.47	126.11	80.39	48.80	19.08	96.29
31.83	2.75	24.95	57.05	13.04	11.70	18.50
79.45	59.73	101.16	23.34	35.76	7.38	77.79
8.37	15.98	4.84	26.21	6.17	3.75	28.11
52.26	9.09	112.87	13.41	18.96	0.43	64.94
0.19	0.20	1.63				1.59
		0.17				
52.07	8.90	110.44	13.15	18.92	0.43	59.97
		0.63	0.26	0.03		3.38
			0.30			
		0.38				
		0.38				
201.42	134.16	453.02	173.33	90.68	28.60	302.15
199.65	129.19	446.60	171.83	90.68	28.60	276.17
1.77	4.97	6.43	1.50			25.98
3.84	0.06	14.40	0.28	0.01		9.37
3.84	0.06	14.40	0.28	0.01		9.37
	0.04					
	0.04					
3.26		2.28		0.92		
		0.50		0.14		
1.99						
1.27		1.78		0.78		

4-1-13 续表

项 目	房屋建筑竣工面积(万平方米)				
	合 计	1.厂房、仓库	2.住宅	3.办公用房	4.批发和零售用房
三、按隶属关系分组					
中央	493.02	43.98	398.32	10.97	
省	433.80	81.61	267.60	28.68	1.79
市、地区	2819.37	619.36	1618.36	173.35	45.84
县	2470.98	579.44	1242.69	188.14	25.51
街道	164.13	79.95	48.08	17.79	
镇	454.78	206.19	164.53	26.23	2.93
乡	3.67	0.56	2.74	0.37	
居民委员会	29.09	11.43	14.67	1.73	
村民委员会	11.73	5.07	1.12		
其他	3896.89	1168.25	2013.32	235.30	33.76
四、按资质等级分组					
施工总承包	10586.45	2738.68	5673.64	671.41	109.63
特级	1012.32	152.54	624.47	64.68	16.70
一级	3911.98	675.10	2482.01	222.50	32.59
二级	2614.87	783.63	1332.06	154.31	24.58
三级	3047.29	1127.42	1235.10	229.92	35.75
专业承包	191.01	57.15	97.80	11.14	0.20
一级	30.26	6.16	19.07	3.33	
二级	95.92	27.89	45.73	4.73	
三级及以下	64.83	23.10	33.00	3.08	0.20
五、按营业状态分					
营业	10773.57	2794.24	5770.45	681.88	109.83
停业(歇业)	1.69	1.60		0.09	
筹建					
当年关闭					
当年破产	0.63				
其他	1.57		0.98	0.59	
六、按控股情况分					
国有控股	2899.32	580.89	1606.86	216.79	44.14
集体控股	2605.89	822.81	1170.31	198.57	21.00
私人控股	4435.89	1237.02	2431.06	238.16	32.96
港澳台商控股	61.71	5.50	55.26	0.50	
外商控股	87.40	1.98	73.01		
其他	687.25	147.64	434.93	28.54	11.73

房屋建筑竣工面积(万平方米)						
5.住宿和餐饮用房	6.居民服务业用房	7.教育用房	8.文化、体育用房	9.卫生医疗用房	10.科研用房	11.其他用房
5.94		6.12			2.50	25.19
0.45	7.46	5.24	8.49	25.52	3.23	3.72
84.03	11.98	80.61	94.47	18.93	19.28	53.16
30.01	53.92	182.36	46.12	17.58	1.92	103.29
2.70	7.40	6.14	0.83	0.25		0.99
2.49	2.18	35.83	0.39	0.45		13.58
0.23		1.03				
0.51	0.09	4.96				
82.16	51.23	147.43	23.32	28.87	1.67	111.60
192.41	132.91	467.00	173.23	91.37	28.60	307.57
31.91	2.75	10.08	38.22	12.57	14.20	44.22
66.00	57.13	139.58	87.10	55.94	9.75	84.27
36.13	30.98	134.88	31.28	11.14	4.07	71.83
58.38	42.06	182.46	16.64	11.73	0.58	107.25
16.10	1.34	2.70	0.38	0.23		3.95
1.27		0.19		0.23		0.02
14.15	1.14	0.14				2.12
0.68	0.20	2.38	0.38	0.01		1.82
208.52	134.25	469.07	173.61	91.61	28.60	311.52
		0.63				
54.72	34.72	128.07	103.96	47.69	20.27	61.23
47.32	36.64	166.93	36.96	7.49	4.00	93.85
89.42	44.45	162.54	26.84	36.07	4.18	133.18
		0.38				0.08
	9.51	2.89				
17.05	8.92	8.88	5.86	0.36	0.15	23.19

4-1-14 全省总承包和专业承包建筑业

项　　目	房屋建筑竣工面积(万元)				
	合　计	1.厂房、仓库	2.住宅	3.办公用房	4.批发和零售用房
总　　计	**10474283**	**2260233**	**5839135**	**715263**	**104404**
其中：国有及国有控股企业	3193636	559638	1699070	266770	34786
一、按登记注册类型分组					
内资企业	10285289	2240051	5671249	714663	104404
国有企业	1754211	321607	1064873	146101	4594
集体企业	1465806	428822	689857	103752	9182
股份合作企业	9553	130	3109	6314	
联营企业	44597	5610	28347	6828	
国有联营企业	15000		15000		
集体联营企业	16650	2000	7649	6828	
国有与集体联营企业	11251	1913	5698		
其他联营企业	1697	1697			
有限责任公司	4176655	841935	2328378	233943	64663
国有独资公司	864037	147452	387647	64178	22481
其他有限责任公司	3312618	694483	1940730	169765	2181
股份有限公司	816210	178163	420069	61746	585
私营企业	2007083	462790	1126867	155978	25380
私营独资企业	15094	6505	3949	1777	180
私营合伙企业	2421	142	2088		20
私营有限责任公司	1934884	446316	1083014	150266	24755
私营股份有限公司	54685	9828	37816	3934	426
其他企业	11174	1005	9750		
港、澳、台商投资企业	105935	19028	85981	600	
合资经营企业	101700	16793	84581		
合作经营企业					
港澳台商独资经营企业	4235	2235	1400	600	
外商投资企业	83060	1154	81905		
中外合资经营企业					
中外合作经营企业					
外资企业	83060	1154	81905		
二、按国民经济行业分组					
房屋和土木工程建筑业	10154085	2135421	5708163	693781	102876
房屋工程建筑	9824842	2085994	5468292	685073	108098
土木工程建筑	329243	49427	239872	8708	778
建筑安装业	280730	106130	125316	17251	1529
建筑安装业	280730	106130	125316	17251	1529
建筑装饰业	4874	2470	1035	1301	
建筑装饰业	4874	2470	1035	1301	
其他建筑业	34594	16213	4620	2930	
工程准备	5556	4910		200	
提供施工设备服务	5810	1165		667	
其他未列明的建筑活动	23227	10138	4620	2063	

企业房屋建筑竣工价值情况

房屋建筑竣工面积(万元)						
5.住宿和餐饮用房	6.居民服务业用房	7.教育用房	8.文化、体育用房	9.卫生医疗用房	10.科研用房	11.其他用房
219331	**126998**	**428661**	**241349**	**145991**	**41832**	**351086**
56122	31942	164086	174447	74011	25142	107622
219331	126998	428335	241349	145991	41832	351086
19075	28449	78655	20215	9358	7603	53682
15349	13551	107379	2456	7021		66330
	46	1985				1782
	46	127				
		1858				1782
134910	61970	157447	115091	82166	26825	129327
31832	3314	40609	77668	35360	8618	44877
103078	58656	116838	37423	46807	18207	84450
9335	13085	3734	68519	14657	7131	39198
40662	9898	79135	12542	32790	274	60768
101	102	1002				1478
		171				
40561	9796	77558	12516	32763	274	57066
		405	26	26		2224
			418			
		326				
		326				
208040	126885	409797	241236	144208	41832	341848
207055	123586	404152	239867	144208	41832	322685
985	3299	5644	1369			19162
5392	45	15712	113	5		9239
5392	45	15712	113	5		9239
	68					
	68					
5899		3152		1779		
		316		130		
3978						
1921		2837		1648		

4-1-14 续表 1

项目	房屋建筑竣工面积(万元)				
	合 计	1.厂房、仓库	2.住宅	3.办公用房	4.批发和零售用房
三、按隶属关系分组					
中央	508269	62722	392135	12621	
省	480653	91370	274248	36607	3187
市、地区	3331715	599324	1859025	233861	49163
县	2096932	439299	1099369	162580	20697
街道	125564	54745	39954	13732	
镇	304968	128885	111914	18669	2346
乡	2765	341	2108	316	
居民委员会	20116	7013	9947	1753	
村民委员会	7611	3015	896		
其他	3595691	873519	2049538	235125	29012
四、按资质等级分组					
施工总承包	10325205	2214513	5761949	705667	104314
特级	1090043	139956	655393	81571	15472
一级	4650243	708069	2870147	296165	37948
二级	2354282	615198	1273963	158479	21929
三级	2230638	751290	962445	169453	28965
专业承包	149078	45720	77186	9595	90
一级	23808	6414	12493	2604	
二级	79124	21993	42613	3559	
三级及以下	46147	17313	22080	3432	90
五、按营业状态分					
营业	10470172	2258339	5838223	714577	104404
停业(歇业)	1980	1895		85	
筹建					
当年关闭					
当年破产	619				
其他	1512		912	600	
六、按控股情况分					
国有控股	3193636	559638	1699070	266770	34786
集体控股	2151472	5566442	1025688	167620	29130
私人控股	4187514	997306	2444279	246066	29804
港澳台商控股	106075	19028	85981	600	
外商控股	93267	2084	84565		
其他	742320	115735	499552	37207	10685

房屋建筑竣工面积(万元)						
5.住宿和餐饮用房	6.居民服务业用房	7.教育用房	8.文化、体育用房	9.卫生医疗用房	10.科研用房	11.其他用房
8348		6655			3593	22194
1035	5511	7216	9828	31140	8921	11591
106775	9907	116904	172439	48518	24148	111650
27504	62409	146296	36654	16411	2600	83114
4450	5502	5890	419	201		671
2492	1888	27987	217	317		10253
345		1059				
406	50	3244				
67977	41730	113409	21791	49405	2570	111613
208871	125808	427269	241157	145787	41832	348038
31980	3314	13464	56685	12469	12211	67528
94037	66241	184403	151585	107611	18841	115195
31991	26829	97560	20756	15276	10341	81960
50863	29424	131842	12131	10431	440	83354
10461	1190	1392	192	205		3048
1921		122		200		54
8185	1088	109				1577
355	102	1162	192	5		1417
219331	126998	428042	241349	145991	42832	351086
		619				
45122	31942	164086	174447	74011	25142	107622
70205	43216	126585	27358	7021	9120	79087
75019	38535	124961	26349	64717	7404	136075
		326				140
	4337	2281				
17985	8967	10422	13194	243	166	28163

4-1-15 分地区总承包和专业承包建筑业企业房屋建筑竣工面积情况

项　目	房屋建筑竣工面积(万平方米)					
	合　计	1.厂房、仓库	2.住宅	3.办公用房	4.批发和零售用房	5.住宿和餐饮用房
总　计	**10777.46**	**2795.83**	**5771.43**	**682.55**	**109.83**	**208.52**
广州市	1719.79	377.09	916.90	116.50	41.23	7.14
深圳市	1789.68	379.34	1140.59	103.08	6.37	43.36
珠海市	241.68	83.27	136.90	4.83		9.19
汕头市	718.81	162.18	430.08	48.01	8.57	7.83
佛山市	1133.17	414.86	555.93	40.71	4.15	24.66
韶关市	291.87	38.97	171.85	39.94	1.40	2.62
河源市	128.14	18.96	297.97	6.74	1.15	0.05
梅州市	438.00	35.79	297.26	22.74	14.53	6.84
惠州市	349.71	116.30	177.16	25.44	3.35	8.72
汕尾市	87.31	25.46	29.36	7.49	0.20	3.63
东莞市	565.91	279.43	163.57	47.91	1.05	18.65
中山市	330.19	174.14	102.01	17.67		9.36
江门市	579.42	239.29	263.93	19.08	2.08	9.06
阳江市	253.29	57.51	123.05	22.64	7.23	25.57
湛江市	613.71	106.59	344.42	40.14	0.62	4.17
茂名市	590.96	68.47	322.28	64.89		13.02
肇庆市	292.83	63.59	161.75	18.00	2.67	6.14
清远市	226.89	53.89	134.19	3.71	3.52	1.74
潮州市	72.09	13.47	46.15	3.36	0.47	
揭阳市	269.84	76.03	123.19	23.28	9.64	5.26
云浮市	84.17	11.18	39.97	6.39	1.62	1.50

4-1-15 续表

项　目	房屋建筑竣工面积(万平方米)					
	6.居民服务业用房	7.教育用房	8.文化、体育用房	9.卫生医疗用房	10.科研用房	11.其他用房
总　计	**134.25**	**469.70**	**173.61**	**91.61**	**28.60**	**311.52**
广州市	11.21	71.43	81.00	37.84	6.82	52.62
深圳市	19.59	10.74	20.73	14.15	17.34	34.40
珠海市		2.03	1.30	0.62		3.55
汕头市	11.33	23.79	13.02			14.00
佛山市	19.49	18.44	3.42	0.56	1.18	49.76
韶关市		23.08	6.17	3.96	1.34	2.54
河源市	0.09	8.13	0.07	1.24		1.52
梅州市	6.48	27.79	7.72	2.46		15.69
惠州市	0.75	12.20	0.57	1.71		3.52
汕尾市	1.64	15.98	0.38			3.17
东莞市	10.19	32.08	1.76	0.05		11.22
中山市	7.69	8.87	0.11	0.06		10.27
江门市	3.96	6.70	7.07	0.98		27.28
阳江市	2.66	9.38	0.71	0.75		3.80
湛江市	19.11	37.29	17.38	8.28	1.92	33.79
茂名市	14.27	75.04	7.24	12.45		13.28
肇庆市	1.38	31.68	0.25	0.57		6.80
清远市	0.17	26.85	0.54	0.31		1.97
潮州市		2.98		0.21		5.45
揭阳市	1.09	19.07	0.84	0.88		10.56
云浮市	3.16	6.15	3.35	4.53		6.32

4-1-16 分地区总承包和专业承包建筑业企业房屋建筑竣工价值情况

项目	房屋建筑竣工面积(万元)					
	合计	1.厂房、仓库	2.住宅	3.办公用房	4.批发和零售用房	5.住宿和餐饮用房
总计	**10474283**	**2260233**	**5839135**	**715263**	**104404**	**219331**
广州市	2027798	425530	1010178	140735	30051	7003
深圳市	2280736	393902	1491494	141630	8038	47117
珠海市	236281	70190	141750	7131		9338
汕头市	729345	127677	445404	59896	6620	8911
佛山市	967416	278928	512398	36410	3049	48023
韶关市	176280	19176	105550	23637	890	2291
河源市	113564	16620	80346	6621	1057	40
梅州市	417787	37283	286109	23439	15900	5897
惠州市	309223	78824	159662	33053	2100	7828
汕尾市	56435	13733	20134	6323	90	1051
东莞市	420086	192687	139477	43477	778	15761
中山市	268628	125069	93142	17119		8196
江门市	395220	145735	187592	14890	1492	10188
阳江市	225834	43943	105105	21097	20190	20401
湛江市	570107	89497	338549	32904	375	5015
茂名市	522119	54912	302286	52403		10615
肇庆市	241075	39596	138874	20285	1304	5318
清远市	172457	32685	109452	3414	1658	1122
潮州市	60109	7830	40193	3110	329	
揭阳市	212742	55260	97809	21237	8697	4164
云浮市	71041	11155	33633	6452	1785	1050

4-1-16 续表

项目	房屋建筑竣工面积(万元)					
	6.居民服务业用房	7.教育用房	8.文化、体育用房	9.卫生医疗用房	10.科研用房	11.其他用房
总计	**126998**	**428661**	**24139**	**145991**	**41832**	**351086**
广州市	7115	108049	145288	65362	14645	73843
深圳市	32200	15367	36172	33341	21828	59646
珠海市		2000	1574	960		3338
汕头市	12289	26529	16069			25950
佛山市	14924	19789	4928	468	1076	47424
韶关市		14257	2907	3735	1684	2153
河源市	70	6193	56	967		1595
梅州市	5963	22115	6796	3494		10792
惠州市	946	11788	414	1523		13085
汕尾市	1373	11138	188			2404
东莞市	7469	10218	1520	68		8632
中山市	8531	8471	63	78		7960
江门市	2120	6077	6171	536		20417
阳江市	1972	7092	700	542		4792
湛江市	19707	32792	7424	7687	2600	33558
茂名市	8405	55008	6375	21209		10906
肇庆市	1343	26522	250	515		7068
清远市	264	21655	459	251		1497
潮州市		2524		169		5954
揭阳市	852	15720	742	848		7414
云浮市	1456	6011	3254	4240		2660

4-1-17 全省总承包和专业承包建筑业企业资产状况

单位：万元

项目	资产总计	流动资产合计	长期投资	固定资产合计	无形及递延资产	其他资产
总计	**37691655**	**30302073**	**2081190**	**4476682**	**579582**	**252293**
其中：国有及国有控股企业	13265431	10215534	1143827	1569171	216430	120477
一、按登记注册类型分组						
内资企业	36601350	29334964	2066741	4380290	569100	250419
国有企业	7127919	5693487	368027	907946	106161	52307
集体企业	2505933	1917595	66979	473922	35352	12105
股份合作企业	45629	36777	365	6440	1990	56
联营企业	187437	162551	5519	16863	1990	514
国有联营企业	17828	16035	1031	761		
集体联营企业	17774	14020	1	3744	9	
国有与集体联营企业	47011	41988	7	2900	1603	514
其他联营企业	104824	90508	4481	9457	378	
有限责任公司	16954829	13637658	1215521	1735235	244316	122098
国有独资公司	3030936	2089895	505567	395176	27861	12438
其他有限责任公司	13923893	11547763	709955	1340060	216455	109661
股份有限公司	2637524	2093262	112747	374477	35776	21262
私营企业	7101382	5760208	296750	859742	142605	42078
私营独资企业	223977	199706	2602	17823	3722	124
私营合伙企业	14492	11589		2388	131	385
私营有限责任公司	6596266	5348240	268135	807109	134586	38196
私营股份有限公司	266647	200673	26012	32421	4167	3374
其他企业	40698	33426	833	5665	910	
港、澳、台商投资企业	459406	367845	10997	70369	9121	1074
合资经营企业	372579	302072	8489	57523	3483	1012
合作经营企业	31139	25073	71	5132	864	
港澳台商独资经营企业	55688	40700	2437	7714	4774	62
外商投资企业	630899	599263	3452	26023	1362	800
中外合资经营企业	174177	157424	2652	12059	1242	800
中外合作经营企业	2791	2573		208	11	
外资企业	453931	439267	800	13756	109	
二、按国民经济行业分组						
房屋和土木工程建筑业	29024573	23081430	1677954	3605405	452249	207692
房屋工程建筑	18700580	15341421	864683	2169459	233724	91314
土木工程建筑	10323993	7740009	813271	1435946	218525	116378
建筑安装业	5009022	4141278	271327	486555	89175	20687
建筑安装业	5009022	4141278	271327	486555	89175	20687
建筑装饰业	2794728	2426316	65594	248741	31632	22445
建筑装饰业	2794728	2426316	65594	248741	31632	22445
其他建筑业	863332	653048	66315	135982	6526	1469
工程准备	472421	371517	28765	70074	1501	564
提供施工设备服务	27397	16470	36	9938	953	1
其他未列明的建筑活动	363514	265061	37515	55970	4073	904

4-1-17　续表

单位：万元

项　　目	资产总计	流动资产合计	长期投资	固定资产合计	无形及递延资产	其他资产
三、按隶属关系分组						
中央	4802304	3544323	493844	579564	116993	67580
省	4485395	3534128	338416	530668	50325	31858
市、地区	9978154	8048773	642173	1078887	130626	77832
县	4011440	3206820	90427	650542	49927	13752
街道	171549	109005	6978	52710	1798	1060
镇	264277	184345	2621	70450	5214	1647
乡	24617	22893		1725		
居民委员会	87063	68887	1153	13909	2482	633
村民委员会	13271	9836	23	3214	115	84
其他	13853585	11573064	505556	1495015	222102	57848
四、按资质等级分组						
施工总承包	30109666	24053119	1814267	3582482	443512	216451
特级	4245699	3078162	658109	402247	43551	63631
一级	14798029	12422567	625072	1457838	191155	101398
二级	5758538	4423210	351930	840148	113927	29467
三级	5307400	4129180	179156	882248	94880	21956
专业承包	7581989	6248954	266923	894201	136070	35842
一级	2915717	2485525	44140	327308	45035	13708
二级	1677052	1312892	52730	250515	48056	12858
三级及以下	2989221	2450537	170053	316378	42978	9275
五、按营业状态分						
营业	37514851	30146822	2081037	4456496	578462	252191
停业(歇业)	115538	97780	132	16551	985	98
筹建	2657	1857		799		
当年关闭	3560	2945	20	594		
当年破产	3946	2722		1089	135	
其他	51104	49946		1154		4
六、按控股情况分						
国有控股	13265431	10215534	1143827	1569171	216430	120477
集体控股	4331247	3405179	122650	711858	68953	22627
私人控股	15319485	12655915	577891	1781178	233873	70628
港澳台商控股	500864	384859	22231	77762	9121	6891
外商控股	636140	602901	3906	26932	1601	800
其他	3638488	3037685	210686	309781	49604	30870

4-1-18 全省总承包和专业承包建筑业企业资产负债及存货情况

单位：万元

项目	资产总计	负债合计	流动负债合计	长期负债合计	年初存货	本年存货
总计	**37691655**	**25996723**	**24566170**	**1430553**	**7046376**	**8078759**
其中：国有及国有控股企业	13265431	10167277	9509350	657927	2303647	2620414
一、按登记注册类型分组						
内资企业	36601350	25263866	23838384	1425482	6846565	7674102
国有企业	7127919	5626221	5367725	258496	1393755	1380491
集体企业	2505933	1616151	1558459	57691	607430	635200
股份合作企业	45629	31988	20488	11500	7765	8258
联营企业	187437	131021	128245	2777	11094	13254
国有联营企业	17828	14717	13969	748	132	583
集体联营企业	17774	4621	2702	1919	1093	1401
国有与集体联营企业	47011	38575	38525	50	1838	2393
其他联营企业	104824	73109	73049	60	8030	8877
有限责任公司	16954829	11856599	11147535	709064	2910784	3519687
国有独资公司	3030936	2106076	1815408	290667	317491	484253
其他有限责任公司	13923893	9750523	9332127	418396	2593294	3035434
股份有限公司	2637524	1809922	1715890	94032	574122	596408
私营企业	7101382	4167081	3875158	291923	1338881	1507324
私营独资企业	223977	167139	165469	1670	10325	11725
私营合伙企业	14492	6072	5992	80	412	491
私营有限责任公司	6596266	3838085	3555861	282224	1294627	1449368
私营股份有限公司	266647	155785	147837	7948	33517	45741
其他企业	40698	24883	24883		2734	13481
港、澳、台商投资企业	459406	227525	223414	4112	37592	45404
合资经营企业	372579	190498	190120	379	25796	35200
合作经营企业	31139	17441	15931	1510	5511	4351
港澳台商独资经营企业	55688	19586	17363	2223	6285	5854
外商投资企业	630899	505333	504372	960	162220	359253
中外合资经营企业	174177	135744	134784	960	49300	74854
中外合作经营企业	2791	1815	1815		191	
外资企业	453931	367774	367774		112729	284399
二、按国民经济行业分组						
房屋和土木工程建筑业	29024573	20235426	19095152	1140274	5615184	6522322
房屋工程建筑	18700580	12971106	12453566	517540	3640356	4184798
土木工程建筑	10323993	7264320	6641587	622734	1974829	2337524
建筑安装业	5009022	3323661	3106425	217236	1004893	1047047
建筑安装业	5009022	3323661	3106425	217236	1004893	1047047
建筑装饰业	2794728	1892756	1838368	54389	375250	438451
建筑装饰业	2794728	1892756	1838368	54389	375250	438451
其他建筑业	863332	544880	526225	18655	51049	70938
工程准备	472421	310879	303794	7085	19781	25680
提供施工设备服务	27397	16105	15862	243	1404	1378
其他未列明的建筑活动	363514	217896	206568	11328	29864	43880

4-1-18　续表

单位：万元

项　　目	资产总计	负债合计	流动负债合计	长期负债合计	年初存货	本年存货
三、按隶属关系分组						
中央	4802304	3672601	3425887	246714	720583	899716
省	4485395	3385314	3156955	228359	748951	893407
市、地区	9978154	7346004	6972930	373074	2032762	2278008
县	4011440	2435144	2307390	127754	797723	805394
街道	171549	102867	86786	16081	22467	27877
镇	264277	132364	120756	11609	38648	36748
乡	24617	18837	18170	667	661	3357
居民委员会	87063	45610	45384	226	24890	20584
村民委员会	13271	6947	6911	36	2269	1855
其他	13853585	8851036	8425002	426034	2657423	3111813
四、按资质等级分组						
施工总承包	30109666	21200941	19917517	1283425	5912702	6695402
特级	4245699	3130822	2926703	204119	435229	559887
一级	14798029	11176895	10511590	665304	3083254	3463674
二级	5758538	3545982	3379268	166714	1214548	1380507
三级	5307400	3347243	3099955	247288	1179671	1291335
专业承包	7581989	4795782	4648653	147129	1133675	1383356
一级	2915717	1965647	1905235	60412	457025	606448
二级	1677052	977638	934686	42952	251274	260144
三级及以下	2989221	1852497	1808732	43765	425376	516764
五、按营业状态分						
营业	37514851	25864762	24438208	1426554	6998770	8034369
停业(歇业)	115538	83117	81317	1799	43363	41427
筹建	2657	35	35			
当年关闭	3560	409	409		579	758
当年破产	3946	3179	979	2200	2145	1485
其他	51104	45221	45221		1520	720
六、按控股情况分						
国有控股	13265431	10167277	9509350	657927	2303647	2620414
集体控股	4331247	2911263	2815822	95442	1044059	1054710
私人控股	15319485	9548882	8999960	548922	2753008	3104095
港澳台商控股	500864	256864	252487	4377	40257	46286
外商控股	636140	508255	506467	1788	165548	359742
其他	3638488	2604182	2482084	122098	739858	893511

4-1-19 全省总承包和专业承包建筑业企业固定资产情况

单位：万元

项目	固定资产合计	固定资产原价		累计折旧		在建工程
			生产经营用		本年折旧	
总计	**4476682**	**6310092**	**4867253**	**2542240**	**503377**	**444207**
其中：国有及国有控股企业	1569171	2391756	1943212	1059305	176228	144260
一、按登记注册类型分组						
内资企业	4380290	6177216	4760833	2498546	494161	441243
国有企业	907946	1414717	1130571	642716	99406	52781
集体企业	473922	613926	429286	219045	48629	56876
股份合作企业	6440	9276	8004	3902	340	200
联营企业	16863	24905	20565	9871	1684	916
国有联营企业	761	1503	635	754	92	5
集体联营企业	3744	4279	3705	2052	422	823
国有与集体联营企业	2900	4144	3073	1308	107	
其他联营企业	9457	14979	13152	5757	1063	88
有限责任公司	1735235	2454485	1943486	1001407	206392	203887
国有独资公司	395176	546333	464358	239194	39721	81912
其他有限责任公司	1340060	1908152	1479128	762213	166671	121976
股份有限公司	374477	499131	400004	178135	30993	35568
私营企业	859742	1151437	820901	439774	105984	91015
私营独资企业	17823	24596	10517	9335	1750	1389
私营合伙企业	2388	4038	3329	1653	192	
私营有限责任公司	807109	1085135	782341	416058	100289	84671
私营股份有限公司	32421	37667	24714	12728	3752	4955
其他企业	5665	9339	8017	3697	733	
港、澳、台商投资企业	70369	90844	75020	26441	5837	2253
合资经营企业	57523	71391	60369	19699	4490	2195
合作经营企业	5132	7415	5079	2413	387	58
港澳台商独资经营企业	7714	12038	9572	4329	961	
外商投资企业	26023	42033	31399	17253	3380	711
中外合资经营企业	12059	18565	10221	7459	1205	435
中外合作经营企业	208	286	51	78	13	
外资企业	13756	23182	21128	9716	2162	276
二、按国民经济行业分组						
房屋和土木工程建筑业	3605405	5115359	4030490	2061236	403925	334674
房屋工程建筑	2169459	2907152	2168141	1104475	225918	193579
土木工程建筑	1435946	2208207	1862348	956762	178007	141095
建筑安装业	486555	711120	494204	305362	59155	53796
建筑安装业	486555	711120	494204	305362	59155	53796
建筑装饰业	248741	313059	212946	116337	25188	37224
建筑装饰业	248741	313059	212946	116337	25188	37224
其他建筑业	135982	170555	129613	59305	15110	18514
工程准备	70074	84202	60638	28907	6463	12411
提供施工设备服务	9938	14243	13411	4932	852	571
其他未列明的建筑活动	55970	72110	55565	25467	7795	5532

4-1-19　续表　　　　单位：万元

项　　目	固定资产合　　计	固定资产原　　价		累计折旧		在建工程
			生产经营用		本年折旧	
三、按隶属关系分组						
中央	579564	819045	759558	379259	74391	77500
省	530668	893054	737479	392295	74166	22175
市、地区	1078887	1552579	1147993	619909	110380	108659
县	650542	865547	632264	321443	62787	46430
街道	52710	63948	52098	23802	3934	9093
镇	70450	87532	67859	26541	5099	5684
乡	1725	3113	2358	1728	999	340
居民委员会	13909	17718	11239	5532	1752	1622
村民委员会	3214	3955	2437	778	308	
其他	1495015	2003603	1453968	770952	169562	172704
四、按资质等级分组						
施工总承包	3582482	5027656	3960243	2021373	394165	355601
特级	402247	563158	472068	234595	46658	9154
一级	1457838	2211054	1815708	952741	159032	153858
二级	840148	1183987	884070	461888	106129	72565
三级	882248	1069458	788397	372149	82347	120024
专业承包	894201	1282436	907010	520867	109212	88606
一级	327308	484568	364015	204574	41306	33374
二级	250515	343314	231710	136328	30385	32200
三级及以下	316378	454555	311284	179966	37521	23032
五、按营业状态分						
营业	4456496	6283001	4851233	2533721	502499	443722
停业(歇业)	16551	22376	12644	7298	700	350
筹建	799	800	11	6	1	
当年关闭	594	1061	781	468	42	
当年破产	1089	1116	1116	162	56	135
其他	1154	1739	1469	585	81	
六、按控股情况分						
国有控股	1569171	2391756	1943212	1059305	176228	144260
集体控股	711858	922979	676530	342525	74969	94287
私人控股	1781178	2349024	1715646	861277	188003	184991
港澳台商控股	77762	98580	75530	28263	6046	2253
外商控股	26932	43340	32067	17875	3483	718
其他	309781	504414	424269	232995	54649	17698

4-1-20 全省总承包和专业承包建筑业企业资本状况

单位：万元

项　目	所有者权益合计	实收资本	国家资本	集体资本	法人资本	个人资本	港澳台资本	外商资本
总　计	**11700743**	**7527476**	**2056890**	**895113**	**1937622**	**2496326**	**101685**	**39841**
其中：国有及国有控股企业	3100711	2140003	2037239	2932	88453	10480		900
一、按登记注册类型分组								
内资企业	11342189	7336316	2055005	895100	1879991	2494687	9503	2030
国有企业	1503707	1039087	1003283		35804			
集体企业	889782	592655		581499	11156			
股份合作企业	13640	15639		11085	2283	2271		
联营企业	56416	49295	15852	13539	15165	4739		
国有联营企业	3110	8402	8353		49			
集体联营企业	13154	10675		10675				
国有与集体联营企业	8436	5531	2941	2364	226			
其他联营企业	31716	24687	4558	500	14890	4739		
有限责任公司	5099789	3134412	977257	221133	1075461	849557	9474	1530
国有独资公司	925249	625207	585207		40000			
其他有限责任公司	4174540	2509204	392050	221133	1035461	849557	9474	1530
股份有限公司	827883	443749	58613	67843	154476	162288	29	500
私营企业	2935156	2050630			574798	1475832		
私营独资企业	56838	43181			17379	25802		
私营合伙企业	8420	8376			2180	6196		
私营有限责任公司	2759030	1916965			528613	1388352		
私营股份有限公司	110868	82109			26626	55482		
其他企业	15815	10848			10848			
港、澳、台商投资企业	232988	143564	1835		48087	1560	92082	
合资经营企业	182080	112865	1835		42666	1560	66804	
合作经营企业	13698	10989			5421		5568	
港澳台商独资经营企业	37209	19710					19710	
外商投资企业	125566	47597	50	13	9545	79	100	37811
中外合资经营企业	38433	22099	50		9395	79	100	12476
中外合作经营企业	977	248		13	150			85
外资企业	86157	25250						25250
二、按国民经济行业分组								
房屋和土木工程建筑业	8789606	5618403	1796175	777308	1314376	1648026	57293	25226
房屋工程建筑	5729933	3598821	878127	657954	804932	1192984	42470	22354
土木工程建筑	3059673	2019582	918048	119354	509443	455042	14823	2873
建筑安装业	1687546	1107480	168243	71933	361622	482366	15515	7800
建筑安装业	1687546	1107480	168243	71933	361622	482366	15515	7800
建筑装饰业	905139	573033	41285	32105	199349	271816	22089	6389
建筑装饰业	905139	573033	41285	32105	199349	271816	22089	6389
其他建筑业	318453	228561	51186	13767	62275	94118	6789	425
工程准备	161542	106473	21075	4995	31422	42702	6280	
提供施工设备服务	11292	10953			4805	5948	200	
其他未列明的建筑活动	145619	111134	30112	8773	26048	45468	309	425

4-1-20　续表　　　　单位：万元

项　目	所有者权益合计	实收资本						
			国家资本	集体资本	法人资本	个人资本	港澳台资本	外商资本
三、按隶属关系分组								
中央	1129798	831629	756957	6861	38518	1130	27190	973
省	1101623	686176	389970	33172	197161	63702	1237	935
市、地区	2633051	1693254	696723	252076	407447	313118	13181	10710
县	1576341	818742	197670	353550	124201	141775	1547	
街道	68682	45781	900	28039	3090	13568	184	
镇	131912	102403	658	79895	11696	10154		
乡	5781	2833		2771	62			
居民委员会	41453	27846		8991	6468	12387		
村民委员会	6324	5977		2414	2553	1010		
其他	5005778	3312835	14012	127344	1146427	1939482	58347	27224
四、按资质等级分组								
施工总承包	8910183	5680896	1814537	752647	1392160	1638135	57421	25996
特级	1115266	721807	501935	36404	142326	41142		
一级	3622129	2051193	937019	180379	451299	430362	29610	22524
二级	2212606	1536106	264983	227745	381346	640946	19965	1122
三级	1960183	1371791	110600	308120	417189	525686	7846	2351
专业承包	2790560	1846580	242353	142466	545462	858191	44265	13845
一级	952211	643846	134912	67104	167627	250902	18769	4530
二级	700190	490837	66597	32969	140025	233855	11542	5849
三级及以下	1138160	711898	40844	42392	237809	373433	13953	3466
五、按营业状态分								
营业	11655900	7482296	2054065	882946	1926363	2478011	101070	39841
停业(歇业)	32422	32763	1612	11304	7751	11481	615	
筹建	2622	2637			1257	1380		
当年关闭	3151	2536	513			2023		
当年破产	767	600				600		
其他	5883	6644	700	862	2250	2832		
六、按控股情况分								
国有控股	3100711	2140003	2037239	2932	88453	10480		900
集体控股	1420009	938790	2668	882926	18141	35033	22	
私人控股	5771713	3600185	12918	5142	1164812	2417147	167	
港澳台商控股	246118	153763	1835		48837	1695	101396	
外商控股	127884	49027	50	13	9845	79	100	38941
其他	1034307	645709	2181	4101	607535	31892		

4-1-21 全省总承包和专业承包建筑业企业总收入

单位：万元

项目	企业总收入	工程结算收入					其他业务收入	
			工程结算成本	工程结算税金及附加	工程结算利润	经营费用		其他业务利润
总计	**38732788**	**37886722**	**33493355**	**1363122**	**2818414**	**211831**	**846066**	**226881**
其中：国有及国有控股企业	14814146	14406612	13134120	439946	800382	32164	407534	60181
一、按登记注册类型分组								
内资企业	37454359	36653751	32429795	1324204	2700129	199622	800609	214198
国有企业	8270864	7950622	7175231	284431	471076	19884	320242	37152
集体企业	2900720	2885516	2438737	121186	285400	40194	15204	7064
股份合作企业	45325	45030	37202	1782	4034	2012	295	205
联营企业	239822	238010	205708	9307	21973	1022	1812	1213
国有联营企业	24436	23487	21570	998	792	127	949	403
集体联营企业	31351	31350	27644	1291	2336	80	1	1
国有与集体联营企业	64989	64879	59378	3215	2154	133	110	108
其他联营企业	119046	118294	97117	3804	16691	682	753	701
有限责任公司	16278441	15980675	14225761	555801	1141274	57840	297766	117923
国有独资公司	2696673	2655318	2494023	53299	102579	5417	41355	16039
其他有限责任公司	13581768	13325357	11731738	502502	1038694	52423	256411	101884
股份有限公司	2627208	2558364	2310236	83866	150268	13994	68843	17117
私营企业	7062135	6966872	6011866	267020	623352	64633	95264	32851
私营独资企业	146850	146477	123353	6276	15776	1072	373	316
私营合伙企业	8107	8078	6016	406	1609	48	29	28
私营有限责任公司	6717171	6630918	5724914	253864	589371	62769	86252	30755
私营股份有限公司	190007	181399	157583	6475	16596	745	8609	1752
其他企业	29844	28661	25054	811	2752	44	1183	673
港、澳、台商投资企业	571318	534891	478221	16860	35047	4762	36428	9848
合资经营企业	486486	456638	408224	14154	30202	4058	29848	4709
合作经营企业	32717	26456	23570	827	1955	105	6261	4850
港澳台商独资经营企业	52116	51797	46428	1880	2890	599	319	289
外商投资企业	707111	698081	585339	22058	83238	7447	9030	2835
中外合资经营企业	196751	194048	171823	4811	11280	6133	2703	1495
中外合作经营企业	1486	1486	919	45	522			
外资企业	508874	502547	412596	17202	71436	1313	6327	1340
二、按国民经济行业分组								
房屋和土木工程建筑业	29936586	29389700	26257778	1026508	1984041	121373	546887	128512
房屋工程建筑	20656295	20248934	18150862	744865	1267746	85461	407361	85415
土木工程建筑	9280292	9140766	8106916	281643	716295	35913	139526	43097
建筑安装业	4085094	3900552	3282133	127805	437652	52962	184542	64600
建筑安装业	4085094	3900552	3282133	127805	437652	52962	184542	64600
建筑装饰业	4051597	3961944	3425135	187721	320258	28831	89652	26792
建筑装饰业	4051597	3961944	3425135	187721	320258	28831	89652	26792
其他建筑业	659511	634527	528310	21088	76464	8665	24984	6977
工程准备	296082	286659	245568	10430	28656	2004	9424	3918
提供施工设备服务	19503	19503	15805	490	1816	392		
其他未列明的建筑活动	343926	328366	265937	10168	45992	6269	15561	3060

4-1-21　续表　　　　　　　　　　　　　　　　　　　　　　　　单位：万元

项　目	企　业总收入	工程结算收　入	工程结算成　本	工程结算税金及附加	工程结算利　润	经营费用	其他业务收入	其他业务利润
三、按隶属关系分组								
中央	5515349	5467179	4915486	162034	380044	9615	48170	10297
省	4971532	4690658	4255153	145039	283706	6759	280875	23935
市、地区	9742467	9513560	8627744	303637	541858	40320	228907	78340
县	4063892	4018213	3456780	180421	343693	37319	45680	25504
街道	225954	221581	189906	9400	20253	2022	4373	2173
镇	495288	493255	425167	20736	43463	3889	2033	947
乡	5090	5090	4598	187	291	14		
居民委员会	121529	120557	103503	4165	12513	376	972	522
村民委员会	18149	18121	15590	890	1410	230	28	15
其他	13573539	13338510	11499428	536613	1191183	111285	235030	85148
四、按资质等级分组								
施工总承包	30033356	29505167	26396473	1017773	1962251	128671	528189	149677
特级	4466915	4431679	4052244	118030	256359	5046	35236	15163
一级	14967031	14638840	13282456	475629	839563	41193	328191	50186
二级	5639387	5565126	2896726	222571	413293	32536	74262	41252
三级	4960023	4869523	4165047	201543	453036	49897	90500	43077
专业承包	8699432	8381555	7096882	345349	856164	83160	317877	77205
一级	4775769	4658458	4080686	210954	338277	28541	117311	25897
二级	1765244	1690072	1420941	55941	192736	20455	75172	17970
三级及以下	2158420	2033026	159525	78454	325151	34164	125394	33338
五、按营业状态分								
营业	38700996	37855219	33467631	1360786	2815209	211593	845776	226719
停业(歇业)	21372	21197	16862	1876	2374	85	175	137
筹建								
当年关闭	1042	1041	896	40	103	1	1	1
当年破产	1332	1332	1022	44	200	67		
其他	8046	7933	6944	376	528	85	113	25
六、按控股情况分								
国有控股	14814146	14406612	13134120	439946	800382	32164	407534	60181
集体控股	5009120	4906283	4192156	242624	419585	51919	102838	29609
私人控股	14099069	13868459	12005254	528648	1228995	105562	230611	92799
港澳台商控股	579184	542757	484726	17140	36076	4816	36428	9848
外商控股	713933	704903	590024	22427	84625	7828	9030	2836
其他	3517336	3457710	3087077	112338	248753	9542	59626	31609

4-1-22 全省总承包和专业承包建筑业企业费用支出情况

单位：万元

项 目	管理费用	#税金	#财产保险费	#差旅费	#工会经费	财务费用	利息支出
总 计	**1388891**	**73585**	**8759**	**70667**	**17491**	**150936**	**114060**
其中：国有及国有控股企业	451306	19497	1882	23427	7770	48430	43924
一、按登记注册类型分组							
内资企业	1341926	72657	8582	68713	17295	147273	111216
国有企业	261565	12792	1309	11872	4356	27504	22935
集体企业	116857	11900	905	5770	1848	7775	1715
股份合作企业	3002	137	15	65	17	745	696
联营企业	14375	202	1014	595	63	617	487
国有联营企业	1277	8	4	45	9	-6	-9
集体联营企业	906	65	29	204	7	66	9
国有与集体联营企业	1728	12		36	19	31	31
其他联营企业	10465	117	981	311	28	526	456
有限责任公司	547681	26821	2829	26709	6945	59209	48364
国有独资公司	75031	2948	351	5276	1264	6246	9127
其他有限责任公司	472649	23874	2478	21433	5680	52963	39237
股份有限公司	79671	3209	275	3599	780	15813	12583
私营企业	316567	17461	2225	20069	3228	35569	24436
私营独资企业	5589	229	16	697	14	689	152
私营合伙企业	1297	58	5	54	1	42	31
私营有限责任公司	299561	16725	1962	18485	3123	32854	22735
私营股份有限公司	10120	448	241	833	90	1983	1518
其他企业	2210	136	11	35	59	41	2
港、澳、台商投资企业	25585	473	167	1452	134	2971	1658
合资经营企业	20502	375	159	1137	132	2809	1608
合作经营企业	2246	76	7	59	3	52	46
港澳台商独资经营企业	2838	22	2	257		110	4
外商投资企业	21379	455	10	502	62	692	1186
中外合资经营企业	9462	171	2	373	62	305	613
中外合作经营企业	155	2		17		-1	0
外资企业	11761	282	8	112		388	573
二、按国民经济行业分组							
房屋和土木工程建筑业	887150	52880	5648	47200	13140	122951	93722
房屋工程建筑	551374	38943	3152	28350	7023	78140	53739
土木工程建筑	335777	13937	2495	18849	6117	44810	39983
建筑安装业	285128	13009	1120	12129	2860	8894	5731
建筑安装业	285128	13009	1120	12129	2860	8894	5731
建筑装饰业	175090	6634	1779	9300	1187	12661	8714
建筑装饰业	175090	6634	1779	9300	1187	12661	8714
其他建筑业	41522	1062	212	2038	305	6431	5892
工程准备	17234	447	155	768	117	5110	4854
提供施工设备服务	1478	135	6	36	52	132	86
其他未列明的建筑活动	22811	480	51	1235	136	1188	953

4-1-22　续表　　单位：万元

项　　目	管理费用	#税金	#财产保险费	#差旅费	#工会经费	财务费用	利息支出
三、按隶属关系分组							
中央	138424	4879	404	9608	2659	22726	22875
省	190080	5241	1341	8109	3323	22945	20222
市、地区	335682	14712	1622	14647	3465	28894	23736
县	132712	16340	808	6671	2193	13809	4530
街道	11934	1119	9	355	116	1406	628
镇	17695	2210	181	540	125	1495	415
乡	96	26		10		9	
居民委员会	5842	104	990	149	9	63	4
村民委员会	759	29	2	17	5	25	3
其他	555667	28924	3401	30563	5597	59565	41648
四、按资质等级分组							
施工总承包	905225	54224	5349	45308	12837	118391	92101
特级	97235	3072	919	7045	1391	13951	13234
一级	404727	20477	1788	18390	6193	64989	53716
二级	201638	16113	1615	10061	2876	18377	11254
三级	201625	14562	1028	9813	2377	21075	13897
专业承包	483665	19361	3410	25359	4655	32545	21959
一级	193516	6654	2114	10092	1739	18819	11327
二级	105654	4614	506	6470	1033	5922	4781
三级及以下	184496	8094	789	8796	1883	7804	5850
五、按营业状态分							
营业	1386647	73462	8747	70602	17480	150724	113917
停业(歇业)	1614	58	10	39	10	14	-8
筹建	22						
当年关闭	130	2		3		9	10
当年破产	45	2	1	6		139	139
其他	433	60	1	17	1	50	2
六、按控股情况分							
国有控股	451306	19497	1882	23427	7770	48430	43924
集体控股	197515	14728	1190	8708	2652	17804	10380
私人控股	582810	31392	3515	32340	5469	69414	46491
港澳台商控股	26343	479	169	1459	136	3142	1805
外商控股	22157	479	10	522	66	751	1178
其他	108760	7010	1993	4210	1399	11395	10282

4-1-23 全省总承包和专业承包建筑业企业利润状况

单位：万元

项目	营业利润	营业外收入	营业外支出	利润总额	#应交所得税	#应付利润
总计	**1537061**	**39393**	**39945**	**1498997**	**311309**	**654321**
其中：国有及国有控股企业	367196	16675	10019	376024	77186	112018
一、按登记注册类型分组						
内资企业	1455083	39051	39327	1422595	301031	599571
国有企业	224422	9602	5038	224127	48724	57453
集体企业	167808	7952	3506	160317	34101	44808
股份合作企业	492	13	55	-102	166	375
联营企业	8468	121	53	8055	927	5672
国有联营企业	135	2	1	113	46	48
集体联营企业	1365		1	1095	93	258
国有与集体联营企业	516	114	7	631	201	73
其他联营企业	6453	6	44	6217	588	5293
有限责任公司	659614	12103	18382	650543	130890	318415
国有独资公司	37546	3731	2494	54071	10235	1994
其他有限责任公司	622068	8372	15888	596472	120655	316421
股份有限公司	77570	2461	3291	78182	16825	26797
私营企业	315488	6239	8967	299879	68972	145003
私营独资企业	9816	95	190	9608	1761	818
私营合伙企业	300		4	304	96	330
私营有限责任公司	296894	5250	8413	280943	65006	138953
私营股份有限公司	8477	893	361	9024	2110	4903
其他企业	1222	560	35	1595	426	1047
港、澳、台商投资企业	17947	179	449	18474	2601	13050
合资经营企业	12350	143	177	13084	2149	8690
合作经营企业	4689	6	17	4718	186	4406
港澳台商独资经营企业	908	29	255	672	266	-47
外商投资企业	64031	163	169	57928	7677	41701
中外合资经营企业	3022	5	96	2793	426	1161
中外合作经营企业	367			367	2	
外资企业	60641	158	73	54768	7249	40540
二、按国民经济行业分组						
房屋和土木工程建筑业	1120442	31685	31897	1087487	228082	412755
房屋工程建筑	736491	21731	18798	719815	166267	292048
土木工程建筑	383951	9954	13099	367672	61815	120707
建筑安装业	216096	5385	3589	219035	50995	145571
建筑安装业	216096	5385	3589	219035	50995	145571
建筑装饰业	163715	1384	2197	166287	27120	81068
建筑装饰业	163715	1384	2197	166287	27120	81068
其他建筑业	36808	939	2262	26188	5112	14927
工程准备	10948	311	488	12279	2122	7512
提供施工设备服务	243	10	23	249	80	35
其他未列明的建筑活动	25617	619	1751	13660	2910	7380

4-1-23　续表　　单位：万元

项　　目	营业利润	营业外收入	营业外支出	利润总额	#应交所得税	#应付利润
三、按隶属关系分组						
中央	230374	3630	2424	221610	38242	41941
省	95346	6756	3921	110737	24803	58098
市、地区	262162	16175	15763	268271	56272	125549
县	222760	1617	2580	220320	42356	90383
街道	9143	664	774	9178	1358	1543
镇	25221	79	124	23934	6384	5177
乡	186			186	8	11
居民委员会	7131	19	-25	7176	922	5493
村民委员会	641	5	13	608	269	251
其他	684099	10447	14371	636978	140695	325876
四、按资质等级分组						
施工总承包	1103657	33427	29797	1087222	234210	449639
特级	164331	1392	1634	185794	29675	33851
一级	426974	20883	14816	413036	89368	224840
二级	238083	5103	9483	226166	54900	77823
三级	274269	6048	3864	262225	60267	113126
专业承包	433403	5966	10148	411776	77099	204682
一级	157907	1328	4260	149294	23712	67789
二级	103713	1399	1532	88148	17458	41740
三级及以下	171783	3239	4357	174334	35930	95152
五、按营业状态分						
营业	1535987	39364	39703	1499021	310947	653210
停业(歇业)	1040	8	242	-63	258	620
筹建	-17			-16		
当年关闭	-36	17		-34	29	476
当年破产	16			16	30	
其他	71	4	1	74	45	15
六、按控股情况分						
国有控股	367196	16675	10019	376024	77186	112018
集体控股	236548	9266	4309	224289	47832	84568
私人控股	685006	9536	18846	647315	143262	306498
港澳台商控股	18063	191	481	18576	2726	13215
外商控股	64581	163	180	58478	7749	41739
其他	165666	3561	6110	174315	32554	96283

4-1-24 全省总承包和专业承包建筑业企业应付工资及福利费情况

单位：万元

项目	本年应付工资总额(贷方累计发生额)	主营业务应付工资总额	本年应付福利费总额(贷方累计发生额)	主营业务应付福利费总额	劳动、失业保险费	住房公积金及住房补贴
总计	**3812456**	**3707954**	**282697**	**274659**	**186879**	**64565**
其中：国有及国有控股企业	1169136	1144384	79406	77162	88168	36257
一、按登记注册类型分组						
内资企业	3727761	3628404	275867	268472	181606	63522
国有企业	818708	802871	58268	56772	50907	20060
集体企业	474610	471072	38984	38436	14429	5519
股份合作企业	3999	3889	219	214	338	86
联营企业	24003	23595	1248	1193	979	310
国有联营企业	2164	1876	76	35	157	38
集体联营企业	5430	5427	563	562	509	231
国有与集体联营企业	4088	4088	160	160	103	19
其他联营企业	12320	12203	450	435	211	23
有限责任公司	1371960	1330764	106172	102829	78793	29568
国有独资公司	129124	126727	8494	8367	17100	5892
其他有限责任公司	1242836	1204037	97679	94461	61693	23676
股份有限公司	187782	185971	10946	10622	10303	3968
私营企业	841720	805271	59764	58142	25543	3994
私营独资企业	16109	16069	518	491	251	17
私营合伙企业	1295	1105	101	77	57	2
私营有限责任公司	805909	770132	57408	55870	24514	3926
私营股份有限公司	18408	17965	1737	1704	721	50
其他企业	4979	4972	265	265	315	17
港、澳、台商投资企业	35564	34184	2872	2725	1859	459
合资经营企业	27981	26692	2369	2225	1592	387
合作经营企业	2716	2702	169	167	177	69
港澳台商独资经营企业	4867	4790	334	333	89	4
外商投资企业	49132	45366	3959	3463	3415	583
中外合资经营企业	24490	24366	947	947	1722	488
中外合作经营企业	99	99	7	7	5	1
外资企业	24543	20901	3005	2509	1688	95
二、按国民经济行业分组						
房屋和土木工程建筑业	3011946	2961336	232766	227642	140936	49195
房屋工程建筑	2327055	2294960	179226	175654	74644	20581
土木工程建筑	684891	666375	53540	51988	66292	28614
建筑安装业	394905	369872	25773	23894	30006	11645
建筑安装业	394905	369872	25773	23894	30006	11645
建筑装饰业	342653	316846	16544	15720	12492	2391
建筑装饰业	342653	316846	16544	15720	12492	2391
其他建筑业	62952	59901	7615	7404	3446	1334
工程准备	29694	28285	2799	2699	1511	889
提供施工设备服务	1971	1908	207	204	95	10
其他未列明的建筑活动	31288	29709	4608	4501	1840	435

4-1-24　续表　　　　　　　　　　　　　　　　　　　　　　　　　　　　　单位：万元

项　　目	本年应付工资总额(贷方累计发生额)	主营业务应付工资总额	本年应付福利费总额(贷方累计发生额)	主营业务应付福利费总额	劳动、失业保险费	住房公积金及住房补贴
三、按隶属关系分组						
中央	353739	345183	20437	19376	32566	15212
省	400533	385559	35127	33929	37887	16664
市、地区	823419	808426	57379	56343	42764	14901
县	660285	652575	54016	53105	18437	5899
街道	30408	29662	3132	3020	870	292
镇	71109	70664	5140	4869	1390	190
乡	916	916	129	129	14	
居民委员会	16224	16224	668	668	258	23
村民委员会	3000	3000	288	288	37	
其他	1452823	1395745	106381	102932	52657	11383
四、按资质等级分组						
施工总承包	3060034	3003149	235582	229900	145405	49988
特级	294492	289664	21042	19978	18282	6863
一级	1261369	1240306	94762	93476	76990	27114
二级	807916	790010	65226	63420	28929	10564
三级	696256	683168	54553	53026	21204	5447
专业承包	752423	704805	47115	44759	41474	14576
一级	324931	299073	16949	15859	19502	6939
二级	196266	187232	13947	13416	8730	2592
三级及以下	231225	218501	16219	15484	13242	5045
五、按营业状态分						
营业	3808231	3703902	282486	274467	186735	64509
停业(歇业)	2443	2372	129	119	84	33
筹建	45	17	1	1		
当年关闭	246	242	10	10	18	10
当年破产	288	288	29	29	18	
其他	1203	1134	43	34	25	13
六、按控股情况分						
国有控股	1169136	1144384	79406	77162	88168	36257
集体控股	671601	664062	53332	52325	24164	7783
私人控股	1576311	1520489	116423	113196	51088	11264
港澳台商控股	36846	35111	2889	2742	1918	463
外商控股	50849	47083	4087	3571	3421	585
其他	307714	296825	26561	25663	18121	8214

4-1-25 全省总承包和专业承包建筑业企业损益情况及应收工程款情况

单位：万元

项 目	资产减值损失	公允价值变动收益	投资收益	应收工程款	竣工工程	全部从业人员年平均人数（人）
总 计	**39607**	**354**	**111576**	**5778557**	**2756562**	**1811609**
其中：国有及国有控股企业	37956	-7	9972	2321277	824795	458901
一、按登记注册类型分组						
内资企业	40626	350	111526	5505990	2618507	1777294
国有企业	35537	-7	-1217	1345018	447602	335153
集体企业	-58	19	1069	307952	192369	283988
股份合作企业				2942	816	2164
联营企业	4	-4	4	25550	17230	13930
国有联营企业				968	492	989
集体联营企业	-1			1429	386	3252
国有与集体联营企业				4190	4020	3058
其他联营企业	5	-4	4	18963	12332	6631
有限责任公司	3598	233	106570	2199074	1063625	619201
国有独资公司	-1130		3708	515903	198629	43431
其他有限责任公司	4728	233	102862	1683172	864995	575770
股份有限公司	778	1	4559	467859	156995	101429
私营企业	767	109	540	1153973	738098	419182
私营独资企业	24			17056	5706	8743
私营合伙企业				2957	2137	1099
私营有限责任公司	390	-13	125	1077493	708403	397706
私营股份有限公司	353	122	415	56467	21852	11634
其他企业				3622	1773	2247
港、澳、台商投资企业	-1073	4	1	130156	50615	17450
合资经营企业	163	4	1	112617	39663	13672
合作经营企业	-1236			5647	3164	1515
港澳台商独资经营企业				11892	7788	2263
外商投资企业	54		50	142410	87439	16865
中外合资经营企业	54		50	8988	5460	6246
中外合作经营企业				386	386	65
外资企业				133037	81593	10554
二、按国民经济行业分组						
房屋和土木工程建筑业	36603	38	21739	4234837	1874393	1470447
房屋工程建筑	31352	47	1249	2764230	1271328	1211480
土木工程建筑	5252	-8	20490	1470607	603065	258967
建筑安装业	-349	-4	3481	934086	488128	161015
建筑安装业	-349	-4	3481	934086	488128	161015
建筑装饰业	1151	73	85999	498958	335424	153839
建筑装饰业	1151	73	85999	498958	335424	153839
其他建筑业	2201	247	357	110676	58616	26308
工程准备	1488		16	41764	25522	12444
提供施工设备服务				4614	1993	904
其他未列明的建筑活动	714	247	341	64298	31101	12960

4-1-25　续表

单位：万元

项　　目	资产减值损　　失	公允价值变动收益	投资收益	应收工程款		全部从业人员年平均人数（人）
					竣工工程	
三、按隶属关系分组						
中央	5997	13	10485	1089609	321071	110600
省	3416	-120	1025	748975	242005	127174
市、地区	33147	-12	9455	1340122	589904	387040
县	-4973	-1	82	363806	237615	385671
街道	20	16	960	29964	27847	20186
镇	10	20	155	55255	19218	48726
乡				371	351	635
居民委员会				13586	12320	9841
村民委员会				2886	855	1346
其他	1990	438	89415	2133982	1305374	720390
四、按资质等级分组						
施工总承包	36805	63	22482	4365848	1942008	1481016
特级	-1148	10	9225	834244	213323	105356
一级	9984	-130	4696	2365198	1004291	543386
二级	2296	15	1425	625120	396484	411056
三级	25674	168	7136	541286	327911	421218
专业承包	2802	292	89094	1412709	814553	330593
一级	2107	103	85289	741629	432247	139281
二级	58	229	1959	289986	170781	84007
三级及以下	638	-40	1847	381094	211525	107305
五、按营业状态分						
营业	39607	354	111576	5775233	2754476	1808778
停业(歇业)				2579	1556	1876
筹建						38
当年关闭				530	530	160
当年破产						150
其他				215		607
六、按控股情况分						
国有控股	37956	-7	9972	2321277	824795	458901
集体控股	1749	-4	90991	599486	386100	380327
私人控股	1839	127	7518	1896199	1160108	806848
港澳台商控股	-1073	4	1	133491	53731	17955
外商控股	54		50	143440	88440	17688
其他	-917	234	3044	684663	243389	129890

4-1-26 分地区总承包和专业承包建筑业企业资产状况

单位：万元

地 区	资产总计	流动资产合计	长期投资	固定资产合计	无形及递延资产	其他资产
总 计	**37691655**	**30302073**	**2081190**	**4476682**	**579582**	**252293**
广州市	14007929	10833197	1378148	1506662	179369	110553
深圳市	7197766	5931720	328915	790373	71918	74976
珠海市	993249	890907	24306	69494	8079	464
汕头市	2212271	1860506	26480	286025	23019	16242
佛山市	2539736	2225140	56490	216407	34971	6728
韶关市	429223	349710	1206	58919	11273	8116
河源市	232934	121990	6670	81890	22049	334
梅州市	1660666	1463146	57631	128254	10075	1560
惠州市	663620	569429	4840	71633	14428	3290
汕尾市	163019	137130	938	21181	3204	586
东莞市	1453125	1207452	42154	183160	17437	2922
中山市	1541107	1366638	22436	124935	22688	4411
江门市	1096220	836820	46292	172132	37929	3047
阳江市	373805	229267	10828	117364	15112	1233
湛江市	758477	507905	6970	206524	34480	2599
茂名市	617382	402045	10371	171449	21634	11884
肇庆市	615208	510088	7279	77764	18610	1467
清远市	268453	214561	6177	33220	13893	602
潮州市	375829	300328	23005	44788	7490	226
揭阳市	356912	250657	15654	80226	9604	770
云浮市	134727	93436	4401	34284	2322	285

4-1-27 分地区总承包和专业承包建筑业企业资产负债及存货情况

单位：万元

地 区	资产总计	负债合计			年初存货	本年存货
			流动负债合计	长期负债合计		
总 计	**37691655**	**25996723**	**24566170**	**1430553**	**7046376**	**8078759**
广州市	14007929	10297239	9578650	718589	2156565	2808480
深圳市	7197766	4703615	4550971	152644	1019925	1256079
珠海市	993249	707233	697277	9956	106134	120216
汕头市	2212271	1531074	1454282	76792	385305	397205
佛山市	2539736	1791936	1749107	42830	588702	767686
韶关市	429223	300199	293484	6715	152878	158394
河源市	232934	97017	78555	18462	32353	34760
梅州市	1660666	981869	931494	50375	150311	201980
惠州市	663620	515524	505714	9810	325504	179537
汕尾市	163019	120495	119104	1391	39888	47295
东莞市	1453125	964574	792546	172028	371259	301847
中山市	1541107	1196701	1176536	20165	553059	625255
江门市	1096220	766136	737492	28644	423580	400726
阳江市	373805	137692	121976	15715	70291	89161
湛江市	758477	448288	409436	38852	134400	133061
茂名市	617382	314052	290361	23690	160585	132268
肇庆市	615208	443572	420016	23555	142739	192537
清远市	268453	166355	157392	8964	74061	40250
潮州市	375829	262838	261286	1553	70676	69541
揭阳市	356912	183752	181768	1984	62395	102736
云浮市	134727	66563	58723	7840	25769	19746

4-1-28　分地区总承包和专业承包建筑业企业固定资产情况

单位：万元

地　区	固定资产合　计	固定资产原　价		累计折旧		在建工程
			生产经营用		本年折旧	
总　计	**4476682**	**6310092**	**4867253**	**2542240**	**503377**	**444207**
广州市	1506662	2238902	1866701	956410	171329	127580
深圳市	790373	1137820	864988	457974	86093	83357
珠海市	69494	96913	73193	41531	4827	13871
汕头市	286025	423491	359891	161758	26079	16644
佛山市	216407	329527	225030	145993	34046	354
韶关市	58919	82583	65371	32226	6009	5007
河源市	81890	71327	44969	16595	3590	20117
梅州市	128254	155175	116271	54227	9950	10564
惠州市	71633	108547	82822	42879	6173	3180
汕尾市	21181	27013	17998	6422	1582	567
东莞市	183160	224706	132659	88246	19015	40127
中山市	124935	161993	109702	61359	11916	20148
江门市	172132	217831	130787	79780	14267	25237
阳江市	117364	148721	113705	47773	29101	10438
湛江市	206524	310863	207178	140702	41641	19092
茂名市	171449	228677	183529	92872	16491	17981
肇庆市	77764	91320	70977	27980	4462	10590
清远市	33220	41916	36146	14696	2349	4313
潮州市	44788	57231	50473	24042	7937	10332
揭阳市	80226	110768	79353	33981	4944	482
云浮市	34284	44770	35511	14794	1576	4225

4-1-29　分地区总承包和专业承包建筑业企业资本状况

单位：万元

地　区	所有者权益合计							
		实收资本	国家资本	集体资本	法人资本	个人资本	港澳台资本	外商资本
总　计	**11700743**	**7527476**	**2056890**	**895113**	**1937622**	**2496326**	**101685**	**39841**
广州市	3710691	2478915	1294749	141972	468820	551523	7767	14083
深圳市	2499962	1545793	235863	150234	492010	613259	51548	2879
珠海市	286016	180091	24969	17157	38193	90939	8833	
汕头市	681198	450177	127090	34014	110093	178754	227	
佛山市	747799	473823	13694	49416	176466	205642	6581	22024
韶关市	129024	96374	41408	23573	17258	14136		
河源市	135917	101144	9838	24495	52101	14342	367	
梅州市	678796	202984	7035	36210	69101	89353	1285	
惠州市	148096	124777	36604	30506	23900	33153	615	
汕尾市	42524	35943	92	17904	9549	8398		
东莞市	488551	313632	6106	40098	121125	143948	2355	
中山市	344407	218402	15600	16566	69550	116162		525
江门市	330084	239573	18426	48916	61878	108574	1780	
阳江市	236113	143118	19044	45053	29275	49746		
湛江市	310189	236246	111516	57203	28174	38349	1004	
茂名市	303331	210292	54118	63257	46019	40991	5577	330
肇庆市	171636	123979	21715	17623	32476	42654	9511	
清远市	102097	78173	1923	7579	17588	46870	4214	
潮州市	112990	86259	9321	21609	19789	35518	22	
揭阳市	173160	134425	6571	38935	29423	59497		
云浮市	68165	53357	1210	12795	24836	14516		

4-1-30 分地区总承包和专业承包建筑业企业总收入

单位：万元

地　区	企　业 总收入	工程结算 收　　入	工程结算 成　　本	工程结算 税金及附加	工程结算 利　　润	经营费用	其他业务 收　　入	其他业务 利　　润
总　计	**38732788**	**37886722**	**33493355**	**1363122**	**2818414**	**211831**	**846066**	**226881**
广州市	13552886	13130181	11786356	382919	914337	46569	422705	81113
深圳市	9882051	9637560	8616480	373399	582991	64691	244491	76282
珠海市	935072	926396	805656	32370	80262	8108	8676	2751
汕头市	2002977	1964389	1775616	68866	114513	5394	38588	12719
佛山市	2834433	2800585	2416750	97780	277361	8694	33847	9274
韶关市	500752	497879	429188	20450	39037	9204	2873	844
河源市	182205	181908	146883	9670	21581	3775	297	225
梅州市	952642	928325	764428	43069	114588	6240	24317	20215
惠州市	579751	569120	509066	25108	31769	3177	10631	3391
汕尾市	82876	82833	69852	6139	5913	929	43	39
东莞市	1086498	1074363	930749	38181	93713	11720	12135	2723
中山市	1087142	1076009	947203	30706	94002	4099	11133	5718
江门市	730426	727098	619911	29850	74775	2562	3328	2166
阳江市	479789	477205	386727	21217	60590	8672	2584	633
湛江市	1231631	1229962	1096124	45680	85996	2162	1668	973
茂名市	806506	798406	660690	42782	84480	10454	8101	4551
肇庆市	653764	648842	584514	24655	38217	1456	4923	861
清远市	343619	343001	286755	28129	25488	2629	618	417
潮州市	211340	208334	182286	9230	15958	862	3006	163
揭阳市	465310	463296	375109	27096	51707	9384	2014	630
云浮市	131119	121031	103012	5827	11139	1054	10088	1193

4-1-31 分地区总承包和专业承包建筑业企业费用支出情况

单位：万元

地　区	管理费用	#税金	#财产保险费	#差旅费	#工会经费	财务费用	利息支出
总　计	**1388891**	**73585**	**8759**	**70667**	**17491**	**150936**	**114060**
广州市	498905	17139	2394	23180	6871	47282	45047
深圳市	364798	12086	3156	20169	3168	45020	34276
珠海市	32803	1196	176	2190	111	1096	916
汕头市	47337	4915	622	3104	763	9962	7963
佛山市	91318	6664	268	2407	2640	5752	3804
韶关市	19191	1074	51	859	213	2306	1147
河源市	9320	1210	69	568	164	2404	961
梅州市	27035	1335	250	2401	305	3986	1177
惠州市	25098	1659	95	820	340	872	493
汕尾市	3104	657		129	17	719	33
东莞市	41192	2533	422	1680	351	8956	4557
中山市	49019	2804	306	2002	275	5843	4606
江门市	31805	2031	117	1326	126	2368	1663
阳江市	23370	3162	128	2627	230	2461	624
湛江市	28861	6608	121	1928	816	2157	1223
茂名市	34550	3371	113	1373	401	2587	755
肇庆市	20937	738	55	919	124	3632	3595
清远市	13895	999	19	432	108	646	225
潮州市	6980	1094	20	1356	292	581	185
揭阳市	13439	1828	26	588	146	1586	465
云浮市	5934	483	351	610	32	721	345

4-1-32　分地区总承包和专业承包建筑业企业利润状况

单位：万元

地　区	营业利润	营业外收入	营业外支出	利润总额		
					#应交所得税	#应付利润
总　计	**1537061**	**39393**	**39945**	**1498997**	**311309**	**654321**
广州市	449263	16631	14988	458096	94860	175993
深圳市	280954	10187	5382	280708	46739	135107
珠海市	49114	193	584	48477	15969	32190
汕头市	69933	913	3103	66873	19368	24265
佛山市	189565	6351	6888	156458	37470	76996
韶关市	18384	218	251	17695	3713	5005
河源市	10164	109	199	9308	975	4263
梅州市	103786	291	992	104200	11375	73762
惠州市	9190	338	394	9061	3104	3615
汕尾市	2129	4		2186	269	576
东莞市	46289	230	552	34038	11245	10642
中山市	44859	1037	1116	45725	12106	34880
江门市	42767	708	169	40796	9774	23094
阳江市	35392	62	169	36694	6505	3581
湛江市	55951	808	350	56412	8068	12603
茂名市	51895	300	568	48537	9280	3864
肇庆市	14510	504	1467	14449	7629	1859
清远市	11365	244	374	20969	3465	9733
潮州市	8565	46	881	7575	2553	2894
揭阳市	37312	110	48	37635	5073	17534
云浮市	5676	109	1470	3105	1771	1865

4-1-33　分地区总承包和专业承包建筑业企业工资和福利费情况

单位：万元

地　区	本年应付工资总额(贷方累计发生额)		本年应付福利费总额(贷方累计发生额)		劳动、失业保险费	住房公积金及住房补贴
		主营业务应付工资总额		主营业务应付福利费总额		
总　计	**3812456**	**3707954**	**282697**	**274659**	**186879**	**64565**
广州市	1116421	1090546	82504	80017	90577	37440
深圳市	793325	748139	40566	38274	31008	6970
珠海市	87489	87058	8347	8302	3340	471
汕头市	231727	226366	19002	18669	6092	279
佛山市	286816	283462	29739	29315	13402	4076
韶关市	83789	83340	5384	5377	3754	1656
河源市	31231	30589	2065	1872	690	144
梅州市	121943	119048	7729	7502	4204	531
惠州市	72424	71515	4315	4242	2653	994
汕尾市	12674	12674	624	624	36	6
东莞市	93363	89790	4994	4829	2791	680
中山市	82797	78418	5733	5392	3350	2389
江门市	123637	118165	11171	10548	4159	912
阳江市	90544	90544	10600	10600	2629	82
湛江市	185043	182488	19965	19608	8033	5515
茂名市	147718	146616	12851	12670	5406	1322
肇庆市	67962	67233	3841	3822	2379	767
清远市	39241	38671	3468	3425	728	40
潮州市	44213	44188	2679	2629	604	53
揭阳市	72181	71837	4838	4725	708	100
云浮市	27921	27270	2282	2217	336	141

4-1-34 分地区总承包和专业承包建筑业企业损益情况及应收工程款情况

单位：万元

地 区	资产减值损 失	公允价值变动收益	投资收益	应收工程款		全部从业人员年平均人数（人）
					竣工工程	
总 计	**39607**	**354**	**111576**	**5778557**	**2756562**	**1811609**
广州市	2922	-1	14792	2259749	685512	351502
深圳市	10496	221	95877	1554928	762385	366857
珠海市	22	-10	-41	124762	76215	45039
汕头市	30000		91	193455	128795	126541
佛山市			1	404766	255999	119564
韶关市				37466	21286	48304
河源市	189	120	459	28908	22506	18437
梅州市	-4990	-2	40	62599	40030	86251
惠州市	23		-14	41209	28648	33102
汕尾市	-23			7880	4663	10867
东莞市	14	6	50	377802	263482	64651
中山市	294		746	125989	97952	52797
江门市				96364	71924	78308
阳江市	1	-1	-2	47527	22946	49906
湛江市	438			151034	83857	89921
茂名市				96040	71473	96488
肇庆市	219	22	-4	45963	27051	45257
清远市	1	1		30585	24274	29562
潮州市				40861	29296	20801
揭阳市				34796	26966	55003
云浮市	1		-421	15873	11303	22451

4-2-1　全省劳务分包建筑业企业生产情况

项　目	企业数(个)	有工作量企业	建筑业总产值(万元)	装饰装修产值
总　计	**140**	**103**	**122968**	**9869**
其中: 国有及国有控股企业	7	6	47840	150
一、按登记注册类型分组				
内资企业	140	103	122968	9869
国有企业	5	5	42753	150
集体企业	3	3	2268	
有限责任公司	46	34	45902	2
国有独资公司	1			
其他有限责任公司	45	34	45902	2
股份有限公司	4	4	799	
私营企业	82	57	31245	9717
私营独资企业	9	6	563	10
私营合伙企业	1			
私营有限责任公司	72	51	30682	9708
二、按国民经济行业分组				
房屋和土木工程建筑业	61	43	33404	9293
房屋工程建筑	49	34	32671	9141
土木工程建筑	12	9	733	152
建筑安装业	33	26	75036	454
建筑安装业	33	26	75036	454
建筑装饰业	16	10	325	123
建筑装饰业	16	10	325	123
其他建筑业	30	24	14203	1
工程准备				
提供施工设备服务	5	4	328	1
其他未列明的建筑活动	25	20	13874	
三、按隶属关系分组				
中央	1	1	1634	
省	1	1	436	
市、地区	10	9	50654	150
县	6	5	1747	
镇	2			
村民委员会	2	1	2066	
其他	118	86	66431	9719
四、按资质等级分组				
劳务分包	140	103	122968	9869
一级	41	30	33880	1134
二级	37	30	34264	8444
三级及以下	62	43	54823	291
五、按营业状态分				
营业	120	97	122899	9869
停业(歇业)	8	3	48	
筹建	4			
当年关闭	5			
其他	3	3	20	
六、按控股情况分				
国有控股	7	6	47840	150
集体控股	6	6	4362	
私人控股	118	84	70169	9719
其他	9	7	596	

4-2-2 全省劳务分包建筑业企业从业人员情况

单位：人

项目	从业人员	#管理人员	#工程技术人员	#现场施工工人	计算建筑业劳动生产率的平均人数	全部从业人员年平均人数
总计	**46881**	**1119**	**995**	**40983**	**39035**	**39794**
其中：国有及国有控股企业	20066	148	198	18749	20113	20317
一、按登记注册类型分组						
内资企业	46881	1119	995	40983	39035	39794
国有企业	17284	56	78	16181	17285	17286
集体企业	966	67	26	223	978	978
有限责任公司	9721	495	571	6635	7226	7923
国有独资公司	3	1				3
其他有限责任公司	9718	494	571	6635	7226	7920
股份有限公司	703	49	26	618	743	750
私营企业	18207	452	294	17326	12803	12857
私营独资企业	330	31	13	150	331	331
私营合伙企业	18	18	5		18	18
私营有限责任公司	17859	403	276	17176	12454	12508
二、按国民经济行业分组						
房屋和土木工程建筑业	19350	457	491	18247	13827	13965
房屋工程建筑	19035	401	432	18049	13619	13641
土木工程建筑	315	56	59	198	208	324
建筑安装业	22435	449	340	20807	22125	22665
建筑安装业	22435	449	340	20807	22125	22665
建筑装饰业	161	34	16	116	169	176
建筑装饰业	161	34	16	116	169	176
其他建筑业	4935	179	148	1813	2914	2988
工程准备						
提供施工设备服务	2097	7	19	47	46	71
其他未列明的建筑活动	2838	172	129	1766	2868	2917
三、按隶属关系分组						
中央	43				43	43
省	300	18	10	262	280	280
市、地区	20686	170	197	19357	20843	21082
县	1207	42	195	955	1234	1241
镇						
村民委员会	16	16			16	16
其他	24629	873	593	20409	16619	17132
四、按资质等级分组						
劳务分包	46881	1119	995	40983	39035	39794
一级	6371	517	412	3438	3597	4061
二级	18823	312	173	17720	13839	13894
三级及以下	21687	290	410	19825	21599	21839
五、按营业状态分						
营业	46833	1101	989	40969	38993	39745
停业(歇业)	17	11	3		14	16
筹建	8				3	8
当年关闭	1	1			1	1
其他	22	6	3	14	24	24
六、按控股情况分						
国有控股	20066	148	198	18749	20113	20317
集体控股	1330	90	40	501	1322	1322
私人控股	24933	838	719	21276	16972	17519
其他	552	43	38	457	628	636

4-2-3　全省劳务分包建筑业企业资产状况

单位：万元

项　　目	固定资产原价		资产总计	负债合计
		本年折旧		
总　　计	**8940**	**788**	**45205**	**24685**
其中：国有及国有控股企业	3441	42	14953	11953
一、按登记注册类型分组				
内资企业	8940	788	45205	24685
国有企业	3434	37	14464	11567
集体企业	215	67	2909	2633
有限责任公司	1720	175	10352	5374
国有独资公司			4	
其他有限责任公司	1719	175	10348	5374
股份有限公司	161	24	1366	28
私营企业	3411	485	16114	5084
私营独资企业	117	17	566	44
私营合伙企业	108	8	100	
私营有限责任公司	3186	459	15448	5040
二、按国民经济行业分组				
房屋和土木工程建筑业	5663	356	24754	15424
房屋工程建筑	2632	260	17851	13273
土木工程建筑	3031	97	6903	2151
建筑安装业	1263	112	8157	3128
建筑安装业	1263	112	8157	3128
建筑装饰业	270	71	1584	244
建筑装饰业	270	71	1584	244
其他建筑业	1744	249	10710	5889
工程准备				
提供施工设备服务	90	75	872	372
其他未列明的建筑活动	1654	174	9838	5517
三、按隶属关系分组				
中央	666	32	2616	2364
省	86	2	197	
市、地区	2397	55	14899	12563
县	1284	26	2113	434
镇				
村民委员会	14	1	631	600
其他	4493	673	24749	8724
四、按资质等级分组				
劳务分包	8940	788	45205	24685
一级	2636	326	14089	4937
二级	2733	239	12281	8038
三级及以下	3571	223	18835	11709
五、按营业状态分				
营业	8755	784	44303	24539
停业(歇业)	179	4	605	121
筹建			60	9
当年关闭	4	1	17	
其他	2		219	16
六、按控股情况分				
国有控股	3441	42	14953	11953
集体控股	968	102	5748	5002
私人控股	4425	619	22939	7686
其他	106	26	1566	44

4-2-4 全省劳务分包建筑业企业资本情况

单位：万元

项目	实收资本	国家资本	集体资本	法人资本	个人资本
总计	**13762**	**936**	**348**	**5156**	**7322**
其中：国有及国有控股企业	966	936		30	
一、按登记注册类型分组					
内资企业	13762	936	348	5156	7322
国有企业	917	917			
集体企业	160		160		
有限责任公司	4106	18	88	1432	2568
国有独资公司	3	3			
其他有限责任公司	4103	15	88	1432	2568
股份有限公司	420		100	320	
私营企业	8158			3404	4754
私营独资企业	390			40	350
私营合伙企业	108				108
私营有限责任公司	7660			3364	4296
二、按国民经济行业分组					
房屋和土木工程建筑业	5522	821	10	1799	2892
房屋工程建筑	3722	317	10	1274	2121
土木工程建筑	1800	503		525	771
建筑安装业	4001	115		1798	2088
建筑安装业	4001	115		1798	2088
建筑装饰业	1034		100	181	753
建筑装饰业	1034		100	181	753
其他建筑业	3205		238	1378	1589
工程准备					
提供施工设备服务	438		18	127	293
其他未列明的建筑活动	2767		220	1251	1296
三、按隶属关系分组					
中央	60		50		10
省	100		100		
市、地区	1226	786		203	237
县	677	150		247	280
镇					
村民委员会	20		10		10
其他	11679		188	4706	6785
四、按资质等级分组					
劳务分包	13762	936	348	5156	7322
一级	5422		168	3150	2104
二级	3365	462	70	776	2056
三级及以下	4976	473	110	1230	3162
五、按营业状态分					
营业	13119	936	348	4962	6873
停业(歇业)	379			50	329
筹建	51			51	
当年关闭	10				10
其他	203			93	110
六、按控股情况分					
国有控股	966	936		30	
集体控股	340		330		10
私人控股	11796		18	4486	7292
其他	660			640	20

4-2-5　全省劳务分包建筑业企业损益状况

单位：万元

项　　目	营业收入合　　计	主营业务收入	主营业务成　　本	主营业务税金及附加	营业利润	利润总额
总　　计	**104618**	**102501**	**96177**	**1943**	**1650**	**722**
其中：国有及国有控股企业	47850	47808	46308	257	688	-160
一、按登记注册类型分组						
内资企业	104618	102501	96177	1943	1650	722
国有企业	42763	42720	41549	77	657	-190
集体企业	3753	2198	2984	186	-134	-134
有限责任公司	26025	25849	22898	633	764	202
国有独资公司						
其他有限责任公司	26025	25849	22898	632	764	202
股份有限公司	822	821	531	36	167	185
私营企业	31255	30913	28215	1011	196	659
私营独资企业	564	564	503	7		-1
私营合伙企业					-15	-15
私营有限责任公司	30692	30349	27711	1005	211	675
二、按国民经济行业分组						
房屋和土木工程建筑业	33638	33202	30964	1136	-146	-534
房屋工程建筑	32895	32463	30392	1117	-33	-47
土木工程建筑	742	738	572	19	-113	-487
建筑安装业	54873	54820	52077	473	880	867
建筑安装业	54873	54820	52077	473	880	867
建筑装饰业	325	320	233	9	-46	-49
建筑装饰业	325	320	233	9	-46	-49
其他建筑业	15783	14160	12904	327	962	438
工程准备						
提供施工设备服务	329	329	119	14	64	61
其他未列明的建筑活动	15453	13831	12785	313	897	377
三、按隶属关系分组						
中央	1634	1634	1500	109	13	13
省	436	435	239	25	154	172
市、地区	50921	50783	48613	363	806	-46
县	1808	1775	1560	21	19	14
镇						
村民委员会	2066	2000	1956	133	-142	-153
其他	47753	45874	42309	1293	801	722
四、按资质等级分组						
劳务分包	104618	102501	96177	1943	1650	722
一级	13751	13748	11960	499	309	795
二级	35970	34062	32344	913	683	-713
三级及以下	54898	54891	51874	531	658	639
五、按营业状态分						
营业	104549	102432	96134	1942	1677	762
停业(歇业)	49	49	31	1	-10	-13
筹建					-9	-9
当年关闭					-1	-12
其他	21	20	12	1	-6	-7
六、按控股情况分						
国有控股	47850	47808	46308	257	688	-160
集体控股	5847	4289	4728	321	45	63
私人控股	50260	49785	44688	1349	880	788
其他	661	620	454	16	37	30

4-2-6 全省劳务分包建筑业企业费用支出及分配情况

单位：万元

项　　目	费用合计	劳动、失业保险费	住房公积金及住房补贴	从业人员劳动报酬
总　计	**5102**	**876**	**285**	**50704**
其中：国有及国有控股企业	602	64	7	8733
一、按登记注册类型分组				
内资企业	5102	876	285	50704
国有企业	479	44	5	3919
集体企业	717	128	10	1347
有限责任公司	1853	215	195	21127
国有独资公司	5			4
其他有限责任公司	1848	214	195	21123
股份有限公司	156	84	51	1242
私营企业	1897	405	24	23068
私营独资企业	54	2		529
私营合伙企业	15			11
私营有限责任公司	1828	403	23	22529
二、按国民经济行业分组				
房屋和土木工程建筑业	1745	284	158	23685
房屋工程建筑	1450	257	155	23249
土木工程建筑	296	27	3	436
建筑安装业	1541	238	48	14868
建筑安装业	1541	238	48	14868
建筑装饰业	138	35	5	209
建筑装饰业	138	35	5	209
其他建筑业	1678	319	74	11942
工程准备				
提供施工设备服务	132	3		144
其他未列明的建筑活动	1546	316	73	11798
三、按隶属关系分组				
中央	12	2		162
省	18	80	51	396
市、地区	1144	106	31	10602
县	209	21	129	982
镇				
村民委员会	119	2		105
其他	3600	666	73	38456
四、按资质等级分组				
劳务分包	5102	876	285	50704
一级	1129	249	218	6284
二级	2099	420	47	33208
三级及以下	1875	207	19	11212
五、按营业状态分				
营业	5042	872	284	50628
停业(歇业)	37	2		27
筹建	9	2		6
当年关闭	1			1
其他	14			42
六、按控股情况分				
国有控股	602	64	7	8733
集体控股	753	210	62	1924
私人控股	3525	592	212	38869
其他	222	9	5	1178

4-2-7　分地区劳务分包建筑业企业生产情况

地　区	企业数（个）	有工作量企业	建筑业总产值（万元）	装饰装修产值
总　计	**140**	**103**	**122968**	**9869**
广州市	32	32	35957	9088
深圳市	28	20	54660	538
珠海市				
汕头市	6	3	575	150
佛山市	16	14	28413	2
韶关市	1			
河源市	1			
梅州市	1	1	196	
惠州市	1	1	398	
汕尾市				
东莞市	35	20	1266	92
中山市	3	3	167	
江门市				
阳江市	6	2	323	
湛江市	1	1	588	
茂名市				
肇庆市	5	3	276	
清远市	2	1	140	
潮州市				
揭阳市				
云浮市	2	2	9	

4-2-8　分地区劳务分包建筑业企业从业人员情况

单位：人

地　区	从业人员	#管理人员	#工程技术人员	#现场施工工人	计算建筑业劳动生产率的平均人数	全部从业人员年平均人数
总　计	**46881**	**1119**	**995**	**40983**	**39035**	**39794**
广州市	21289	416	329	19782	15997	16246
深圳市	21564	165	177	18247	19485	19659
珠海市						
汕头市	698	70	202	398	690	690
佛山市	2315	299	187	1888	1991	2313
韶关市	3				3	3
河源市	3	3				
梅州市	25	8	5	12	22	22
惠州市	20	4	2	20	20	20
汕尾市						
东莞市	556	90	29	375	436	437
中山市	36	7	4	26	38	38
江门市						
阳江市	92	15	13	59	79	84
湛江市	136	15	30	91	136	136
茂名市						
肇庆市	62	11	9	31	56	64
清远市	66	16	8	54	66	66
潮州市						
揭阳市						
云浮市	16				16	16

4-2-9 分地区劳务分包建筑业企业资产状况

单位：万元

地　　区	固定资产原　　价	本年折旧	资产总计	负债合计
总　计	**8940**	**788**	**45205**	**24685**
广州市	1959	318	11696	5495
深圳市	1113	201	9862	3093
珠海市				
汕头市	3591	46	12201	9888
佛山市	1007	54	4359	3111
韶关市			60	9
河源市	10		10	
梅州市	3	1	757	381
惠州市	400	72	450	150
汕尾市				
东莞市	331	29	3313	1018
中山市	71	10	233	101
江门市				
阳江市	101	49	145	8
湛江市	224	1	1556	1226
茂名市				
肇庆市	98	4	333	90
清远市	2		157	91
潮州市				
揭阳市				
云浮市	31	3	74	24

4-2-10 分地区劳务分包建筑业企业资本情况

单位：万元

地　　区	实收资本	国家资本	集体资本	法人资本	个人资本
总　计	**13762**	**936**	**348**	**5156**	**7322**
广州市	3453	15	160	1451	1827
深圳市	4904	103	18	2712	2071
珠海市					
汕头市	1193	705			488
佛山市	779		150	382	247
韶关市	51			51	
河源市	50			50	
梅州市	300				300
惠州市	200				200
汕尾市					
东莞市	2200			460	1740
中山市	90			20	70
江门市					
阳江市	80				80
湛江市	112	112			
茂名市					
肇庆市	233		20		213
清远市	66				66
潮州市					
揭阳市					
云浮市	50			30	20

4-2-11　分地区劳务分包建筑业企业损益状况

单位：万元

地　区	营业收入合　计	主营业务收入	主营业务成　本	主营业务税金及附加	营业利润	利润总额
总　计	**104618**	**102501**	**96177**	**1943**	**1650**	**722**
广州市	37674	35693	34504	1299	-151	314
深圳市	54782	54778	51666	166	1544	1008
珠海市						
汕头市	616	543	455	19	-45	-893
佛山市	8220	8205	7029	331	321	332
韶关市					-9	-9
河源市						
梅州市	196	196	88	2	74	74
惠州市	398	362	308	21	26	22
汕尾市						
东莞市	1266	1264	1046	46	-173	-187
中山市	167	165	85	3	6	5
江门市						
阳江市	323	323	238	12	33	33
湛江市	588	588	449	27	10	10
茂名市						
肇庆市	296	292	237	13	8	7
清远市	90	89	71	3	7	7
潮州市						
揭阳市						
云浮市	3	3	3		-1	-1

4-2-12　分地区劳务分包建筑业企业费用支出及分配情况

单位：万元

地　区	费用合计	劳动、失业保险费	住房公积金及住房补贴	从业人员劳动报酬
总　计	**5102**	**876**	**285**	**50704**
广州市	2023	456	42	28713
深圳市	1646	182	133	14148
珠海市				
汕头市	188	29		216
佛山市	539	135	97	6068
韶关市	9	2		4
河源市	4			3
梅州市	32	7		59
惠州市	43	3		82
汕尾市				
东莞市	360	18		694
中山市	72	5		73
江门市				
阳江市	40	9		68
湛江市	102	7	1	343
茂名市				
肇庆市	36	3	1	81
清远市	9	10	10	114
潮州市				
揭阳市				
云浮市	1	12		41

4-3-1 全省资质以下建筑业企业生产情况

单位：万元

项目	建筑业总产值	建筑工程产值	安装工程产值	其他产值	建筑业总产值中的装饰装修产值	竣工产值
总计	**3492184**	**1761806**	**1359744**	**370633**	**805594**	**1900110**
其中：国有及国有控股企业	728766	479696	219642	29428	71545	416229
一、按登记注册类型分组						
内资企业	3267609	1712632	1198715	356262	769250	1873236
国有企业	376118	280660	84041	11417	30722	234978
集体企业	165927	99066	55037	11824	14225	85108
股份合作企业	14777	10034	4645	98	2769	995
联营企业	25752	24675	1051	26	409	23805
国有联营企业	15675	15675				15675
集体联营企业	10077	9000	1051	26	409	8131
其他联营企业						
有限责任公司	1048836	590093	356235	102507	195706	680127
国有独资公司	2773	1678	918	177	257	1919
其他有限责任公司	1046064	588416	355318	102330	195450	678207
股份有限公司	65501	31505	30370	3625	7035	35464
私营企业	1516225	648394	650769	217062	502192	793156
私营独资企业	187546	107068	54752	25726	82062	127007
私营合伙企业	53171	39497	5690	7984	27044	25333
私营有限责任公司	1247102	489625	577078	180399	381209	626048
私营股份有限公司	28405	12204	13249	2953	11877	14768
其他企业	54474	28204	16567	9703	16192	19604
港、澳、台商投资企业	29239	3011	17842	8387	9701	1776
合资经营企业	10251	772	5750	3729	3170	556
合作经营企业	5031	561	4470		1119	393
港澳台商独资经营企业	11129	909	5573	4648	4251	759
港、澳、台商投资股份有限公司	2828	769	2049	10	1161	69
外商投资企业	195335	46164	143187	5984	26644	25098
中外合资经营企业	43065	36175	4540	2350	2364	6852
中外合作经营企业	16729	9621	3833	3274	13643	8176
外资企业	17785	367	17058	360	10637	10070
外商投资股份有限公司	117756		117756			
二、按国民经济行业分组						
房屋和土木工程建筑业	1310706	1008704	194140	107862	110285	803075
房屋工程建筑	620402	534506	49638	36258	78694	373196
土木工程建筑	690305	474198	144502	71604	31592	429879

4-3-1　续表

单位：万元

项　　目	建筑业总产值	建筑工程产值	安装工程产值	其他产值	建筑业总产值中的装饰装修产值	竣工产值
建筑安装业	1209838	245656	890487	73695	146887	613294
建筑安装业	1209838	245656	890487	73695	146887	613294
建筑装饰业	686971	368408	204540	114023	511922	342121
建筑装饰业	686971	368408	204540	114023	511922	342121
其他建筑业	284669	139011	70576	75053	36501	141620
工程准备	97731	64618	13858	19255	15681	44618
提供施工设备服务	47118	32197	6911	7984	8290	15465
其他未列明的建筑活动	139820	42197	49808	47815	12530	81538
三、按隶属关系分组						
中央	305030	167228	131889	5912	13669	95086
省	125554	91450	23503	10600	4679	68963
市、地区	521655	335938	154761	30955	136999	323795
县	304622	182972	100945	20705	29507	202095
街道	65053	26797	14160	24097	18938	14926
镇	101087	51177	38517	11394	13421	60629
乡	56	2	54		56	
居民委员会	14910	3986	9197	1727	3266	13620
村民委员会	6037	2063	3551	424	758	2988
其他	2048181	900194	883166	264820	584302	1118009
四、按营业状态分						
营业	3433633	1722747	1343902	366984	781206	1869355
停业(歇业)	30559	16200	12685	1674	19724	26411
筹建	23155	21262	1746	147	2220	3584
当年关闭	1602	557	1031	15	406	174
当年破产	638	618	19	1	438	200
其他	2597	424	361	1813	1601	386
五、按控股情况分组						
国有控股	728766	479696	219642	29428	71545	416229
集体控股	284566	188605	75447	20515	20161	161355
私人控股	1946821	877530	830526	238764	588346	1045256
港澳台商控股	23296	3130	11789	8377	9262	1799
外商控股	56933	27340	23341	6252	26781	25336
其他	451802	185506	198998	67298	89499	250135

4-3-2 全省资质以下建筑业企业房屋建筑情况

项　　目	企业个数(个)	有工作量企业数	房屋建筑施工面积(万平方米)	本年新开工	房屋建筑竣工面积(万平方米)	住宅
总　　计	**9860**	**7812**	**1190.38**	**662.48**	**542.96**	**230.86**
其中：国有及国有控股企业	286	222	242.49	130.08	103.34	38.10
一、按登记注册类型分组						
内资企业	9754	7730	1184.88	660.83	542.96	230.86
国有企业	194	154	147.62	79.50	100.92	38.10
集体企业	364	286	135.84	81.34	78.68	33.75
股份合作企业	75	68	1.78	0.42	0.55	0.08
联营企业	17	12	20.79	14.52	0.41	0.41
国有联营企业	2	1	20.38	14.11		
集体联营企业	13	11	0.41	0.41	0.41	0.41
其他联营企业	2					
有限责任公司	2189	1683	439.60	269.40	169.04	52.40
国有独资公司	20	10				
其他有限责任公司	2169	1673	439.60	269.40	169.04	52.40
股份有限公司	156	120	33.93	11.39	17.11	3.27
私营企业	6555	5270	392.45	191.76	165.51	94.96
私营独资企业	929	731	64.75	42.54	56.84	30.51
私营合伙企业	221	177	9.67	5.40	1.56	0.98
私营有限责任公司	5212	4198	305.31	143.20	106.50	62.92
私营股份有限公司	193	164	12.72	0.63	0.61	0.55
其他企业	204	137	12.87	12.50	10.74	7.88
港、澳、台商投资企业	63	48				
合资经营企业	14	12				
合作经营企业	10	9				
港澳台商独资经营企业	34	22				
港、澳、台商投资股份有限公司	5	5				
外商投资企业	43	34	5.50	1.65		
中外合资经营企业	15	11	5.50	1.65		
中外合作经营企业	8	8				
外资企业	17	12				
外商投资股份有限公司	3	3				
二、按国民经济行业分组						
房屋和土木工程建筑业	1622	1164	772.59	428.07	344.06	171.62
房屋工程建筑	818	572	727.95	401.37	316.71	170.63
土木工程建筑	804	592	44.64	26.70	27.35	0.99

4-3-2　续表

项　　目	企业个数(个)	有工作量企业数	房屋建筑施工面积(万平方米)	本年新开工	房屋建筑竣工面积(万平方米)	住宅
建筑安装业	2570	2219	171.85	120.30	91.69	18.82
建筑安装业	2570	2219	171.85	120.30	91.69	18.82
建筑装饰业	4580	3681	192.43	93.97	74.82	39.47
建筑装饰业	4580	3681	192.43	93.97	74.82	39.47
其他建筑业	1088	748	53.52	20.14	32.39	0.96
工程准备	442	261	34.23	17.79	14.02	0.85
提供施工设备服务	107	78	0.20	0.00	2.47	0.05
其他未列明的建筑活动	539	409	19.08	2.34	15.91	0.06
三、按隶属关系分组						
中央	44	37	70.19	26.55	50.53	0.00
省	73	65	87.82	51.90	21.39	14.39
市、地区	998	764	147.81	98.10	45.40	22.00
县	523	410	141.95	81.18	82.56	37.76
街道	168	140	13.85	2.65	8.91	2.03
镇	277	196	58.85	33.90	39.58	24.26
乡	3	2				
居民委员会	101	91	0.29	0.12	0.10	0.02
村民委员会	73	58	0.47	0.42	0.47	0.23
其他	7600	6049	669.15	367.65	294.03	130.18
四、按营业状态分						
营业	8228	7590	1185.72	659.49	539.20	228.88
停业(歇业)	990	140	1.13	0.95	1.79	0.67
筹建	466	41	2.87	1.74	1.64	1.28
当年关闭	91	16				
当年破产	3	2				
其他	82	23	0.66	0.30	0.33	0.03
五、按控股情况分组						
国有控股	286	222	242.49	130.08	103.34	38.10
集体控股	553	445	196.61	108.72	109.45	49.82
私人控股	7675	6145	554.53	318.94	241.62	135.91
港澳台商控股	58	43				
外商控股	34	28	5.50	1.65		
其他	1254	929	191.24	103.09	88.55	7.03

4-3-3 全省资质以下建筑业企业从业人员情况

单位：人

项目	年末从业人员	#管理人员	#工程技术人员	#现场施工工人	计算建筑业劳动生产率的平均人数	全部从业人员年平均人数
总计	**184599**	**24376**	**24342**	**98487**	**152330**	**182885**
其中：国有及国有控股企业	24989	2942	3051	15702	21177	24457
一、按登记注册类型分组						
内资企业	179356	23085	23433	96211	147451	177293
国有企业	16455	1486	1832	11457	15568	17752
集体企业	10330	1399	1259	6988	9742	10806
股份合作企业	626	109	118	253	498	880
联营企业	1129	94	51	897	1080	1118
国有联营企业	658	20	10	626	656	656
集体联营企业	431	74	41	271	424	462
其他联营企业	40					
有限责任公司	49683	5904	6559	25238	37326	47780
国有独资公司	455	101	45	126	205	433
其他有限责任公司	49228	5803	6514	25112	37121	47347
股份有限公司	4099	478	549	2363	3293	4129
私营企业	94020	13343	12766	48069	78015	91936
私营独资企业	14393	1382	1327	8759	11962	13853
私营合伙企业	2076	294	281	1063	1592	2020
私营有限责任公司	75326	11325	10746	37101	62618	73745
私营股份有限公司	2225	342	412	1146	1843	2318
其他企业	3014	272	299	946	1929	2892
港、澳、台商投资企业	1630	141	230	538	1424	1705
合资经营企业	614	44	83	147	585	624
合作经营企业	169	17	39	32	85	170
港澳台商独资经营企业	704	69	95	257	562	711
港、澳、台商投资股份有限公司	143	11	13	102	192	200
外商投资企业	3613	1150	679	1738	3455	3887
中外合资经营企业	1430	304	128	869	1508	1647
中外合作经营企业	300	27	38	86	284	300
外资企业	599	74	74	159	570	617
外商投资股份有限公司	1284	745	439	624	1093	1323
二、按国民经济行业分组						
房屋和土木工程建筑业	61545	6965	7624	38242	54243	62382
房屋工程建筑	34185	3482	3740	22165	30650	34248
土木工程建筑	27360	3483	3884	16077	23593	28134

4-3-3　续表

单位：人

项　　目	年末从业人员	#管理人员	#工程技术人员	#现场施工工人	计算建筑业劳动生产率的平均人数	全部从业人员年平均人数
建筑安装业	50133	7828	7671	27329	44567	52948
建筑安装业	50133	7828	7671	27329	44567	52948
建筑装饰业	47728	7337	6689	22958	39042	48798
建筑装饰业	47728	7337	6689	22958	39042	48798
其他建筑业	25193	2246	2358	9958	14478	18757
工程准备	6018	758	579	2756	4258	5843
提供施工设备服务	6000	281	370	3214	3167	3582
其他未列明的建筑活动	13175	1207	1409	3988	7053	9332
三、按隶属关系分组						
中央	5306	1233	972	3511	4869	5500
省	8170	712	907	4052	5257	6204
市、地区	21194	2454	2495	10228	17221	22190
县	19162	1987	2372	13113	17747	20186
街道	3377	539	333	1420	2167	3437
镇	6420	870	1156	4062	5939	7068
乡	10	3	4	1	5	10
居民委员会	1005	173	158	528	857	968
村民委员会	808	81	83	260	546	837
其他	119147	16324	15862	61312	97722	116485
四、按营业状态分						
营业	174915	23440	23760	96814	149026	177439
停业(歇业)	5466	313	263	706	1438	2441
筹建	3070	480	249	783	1481	2375
当年关闭	676	27	32	77	160	213
当年破产	73	5	5	57	62	73
其他	399	111	33	50	163	344
五、按控股情况分组						
国有控股	24989	2942	3051	15702	21177	24457
集体控股	15332	2077	2354	10409	14410	16071
私人控股	116843	16142	15478	58766	95784	114216
港澳台商控股	1339	141	235	545	1098	1452
外商控股	1399	175	178	678	1536	1596
其他	24697	2899	3046	12387	18325	25093

4-3-4 全省资质以下建筑业企业资产及费用支出状况

单位：万元

项　目	固定资产原　价	本年折旧	费用合计		
				#税金	#利息支出
总　计	**1201009**	**110601**	**468564**	**23456**	**14014**
其中：国有及国有控股企业	347265	16422	67764	2134	5138
一、按登记注册类型分组					
内资企业	1119871	105385	445517	22577	12718
国有企业	91464	7769	37738	1905	3457
集体企业	91165	13002	21841	1675	476
股份合作企业	3062	438	1747	112	550
联营企业	20468	2158	1337	218	93
国有联营企业	10176	705	352	9	
集体联营企业	10292	1453	985	209	93
其他联营企业					
有限责任公司	483467	35172	126891	4942	2881
国有独资公司	41162	378	905	67	-18
其他有限责任公司	442304	34794	125986	4876	2899
股份有限公司	15974	1033	10090	336	780
私营企业	405117	44610	235703	12934	4376
私营独资企业	81164	7333	26322	3493	419
私营合伙企业	15227	1593	5902	699	67
私营有限责任公司	300779	34680	197336	8474	3875
私营股份有限公司	7947	1004	6142	268	14
其他企业	9155	1203	10171	456	105
港、澳、台商投资企业	57959	2883	9286	431	1251
合资经营企业	26502	1240	2727	229	
合作经营企业	28371	1275	3514	3	1181
港澳台商独资经营企业	2933	348	2261	198	70
港、澳、台商投资股份有限公司	154	20	784	1	
外商投资企业	23179	2332	13761	449	45
中外合资经营企业	15491	1616	4448	242	
中外合作经营企业	1432	131	1346	141	
外资企业	1700	317	4085	56	45
外商投资股份有限公司	4555	268	3882	10	
二、按国民经济行业分组					
房屋和土木工程建筑业	686289	52542	138788	7393	7711
房屋工程建筑	220168	15173	57384	3231	1555
土木工程建筑	466121	37369	81404	4162	6156

4-3-4　续表　　　　单位：万元

项　　目	固定资产原　　价	本年折旧	费用合计	#税金	#利息支出
建筑安装业	253471	30495	167029	7090	3461
建筑安装业	253471	30495	167029	7090	3461
建筑装饰业	165720	17996	115400	6852	2496
建筑装饰业	165720	17996	115400	6852	2496
其他建筑业	95529	9567	47347	2121	347
工程准备	41745	4127	14292	571	148
提供施工设备服务	10260	992	6352	267	40
其他未列明的建筑活动	43524	4449	26703	1283	159
三、按隶属关系分组					
中央	21725	2881	18615	225	456
省	192747	6120	18286	763	129
市、地区	125923	12480	64923	2008	4074
县	159271	17815	32846	2443	1518
街道	52791	5787	7266	1119	23
镇	39753	4106	12172	562	961
乡	1		9		
居民委员会	3303	261	2220	169	113
村民委员会	2785	240	949	38	138
其他	602710	60911	311278	16130	6602
四、按营业状态分					
营业	1155918	105871	457331	21664	13340
停业(歇业)	30686	3137	6474	1444	84
筹建	11879	1144	3524	140	590
当年关闭	627	301	532	168	
当年破产	300	7	178	13	
其他	1599	142	526	27	
五、按控股情况分组					
国有控股	347265	16422	67764	2134	5138
集体控股	121878	16868	31888	2621	1300
私人控股	510628	54595	287677	14724	5196
港澳台商控股	58034	2902	9655	431	1251
外商控股	14349	1540	8067	229	45
其他	148855	18273	63513	3318	1084

4-3-5 全省资质以下建筑业企业资本状况

单位：万元

项目	所有者权益合计	实收资本						
			国家资本	集体资本	法人资本	个人资本	港澳台资本	外商资本
总计	**3301380**	**2880933**	**1076480**	**109505**	**726923**	**900827**	**50942**	**16257**
其中：国有及国有控股企业	1313232	1183783	1066739	3330	100673	13041		
一、按登记注册类型分组								
内资企业	3206297	2802070	1075398	106009	717993	899059	3430	183
国有企业	217884	179237	139237	330	33157	6513		
集体企业	131212	99701	270	75974	20060	3397		
股份合作企业	9509	6548		1066	1617	3865		
联营企业	12826	13316		2001	10605	710		
国有联营企业	10000	10500			10500			
集体联营企业	2826	2816		2001	105	710		
其他联营企业								
有限责任公司	1594535	1477116	932392	15348	331089	197187	938	162
国有独资公司	103877	96837	86103		10150	584		
其他有限责任公司	1490658	1380278	846289	15348	320939	196603	938	162
股份有限公司	51300	46410	1800	3288	28797	12475	50	
私营企业	1164464	958498	1659	7592	286153	660683	2390	21
私营独资企业	86036	77691	262	73	20140	57213	2	2
私营合伙企业	21363	19433		862	7019	11552		
私营有限责任公司	1032905	842006	1397	6527	254972	577003	2088	19
私营股份有限公司	24159	19368		130	4023	14914	300	
其他企业	24567	21246	41	410	6514	14230	52	
港、澳、台商投资企业	57540	51313	983	3072	1224	1168	44656	210
合资经营企业	11227	10754		3072	994	342	6346	
合作经营企业	22196	12759	983		200	726	10850	
港澳台商独资经营企业	22943	26765					26556	210
港、澳、台商投资股份有限公司	1174	1035			30	100	905	
外商投资企业	37543	27550	100	424	7706	599	2856	15865
中外合资经营企业	18682	14605	100		7270	350	1080	5805
中外合作经营企业	4717	4229		424	406	189	182	3029
外资企业	7340	7368			30		307	7031
外商投资股份有限公司	6805	1348				60	1288	
二、按国民经济行业分组								
房屋和土木工程建筑业	1912479	1670869	1033018	80953	303343	239365	11693	2498
房屋工程建筑	397855	364521	98835	37893	121103	100084	6528	78
土木工程建筑	1514624	1306348	934183	43060	182240	139281	5165	2420

4-3-5　续表　　　　单位：万元

项　　目	所有者权益合计	实收资本						
			国家资本	集体资本	法人资本	个人资本	港澳台资本	外商资本
建筑安装业	629643	544873	10716	12419	228015	267244	14438	12041
建筑安装业	629643	544873	10716	12419	228015	267244	14438	12041
建筑装饰业	489522	453478	4989	8762	134050	282017	22903	757
建筑装饰业	489522	453478	4989	8762	134050	282017	22903	757
其他建筑业	269736	211713	27757	7370	61516	112201	1908	961
工程准备	107641	103989	24703	2678	30519	44481	1342	266
提供施工设备服务	15755	13999	194	881	3270	9573	81	
其他未列明的建筑活动	146341	93726	2860	3811	27727	58148	485	695
三、按隶属关系分组								
中央	63330	54039	39053		13598	1388		
省	1020995	942375	873898	6402	49123	12712	120	120
市、地区	333972	294953	46498	10191	140366	82190	14860	848
县	190567	177782	56917	50964	29711	39248	891	51
街道	77556	25274	3306	1568	12875	7486	20	20
镇	54530	44439	1066	4855	17956	20363	200	
乡	16	24				24		
居民委员会	11956	10967		539	4001	6410	17	
村民委员会	4964	3933		1115	548	2271		
其他	1543494	1327148	55743	33872	458746	728736	34834	15218
四、按营业状态分								
营业	3037860	2646084	1038063	99694	628134	823002	47768	9423
停业(歇业)	131980	129752	2488	9085	78892	36198	1090	2000
筹建	111571	84231	34250	471	18151	25656	870	4834
当年关闭	9552	10164	812		651	8675	26	
当年破产	320	320				320		
其他	10097	10382	867	256	1095	6976	1189	
五、按控股情况分组								
国有控股	1313232	1183783	1066739	3330	100673	13041		
集体控股	174638	134449	390	82891	38205	12723	120	120
私人控股	1428923	1231689	2075	14259	425209	786127	3925	95
港澳台商控股	57616	51803	983	3072	1353	167	46019	210
外商控股	23687	19865			7223	169	787	11686
其他	303284	259345	6294	5952	154261	88601	91	4146

4-3-6 全省资质以下建筑业企业财务结算情况

单位：万元

项目	营业收入合计	主营业务收入	主营业务成本	主营业务税金及附加	主营业务利润	其他业务利润
总计	**3735375**	**3692541**	**2745648**	**139734**	**788985**	**23963**
其中：国有及国有控股企业	817744	812871	642262	29175	135890	2334
一、按登记注册类型分组						
内资企业	3483407	3440953	2540624	131747	754138	22648
国有企业	404878	400603	311021	16536	70916	1897
集体企业	166115	162680	117271	7547	34853	1730
股份合作企业	14050	9464	7046	539	1710	1128
联营企业	26342	26242	22068	841	1997	14
国有联营企业	15675	15675	14848	567	259	
集体联营企业	10667	10567	7219	274	1737	14
其他联营企业						
有限责任公司	1179155	1169716	880250	41319	243681	5588
国有独资公司	33086	33086	30377	1162	1547	16
其他有限责任公司	1146069	1136630	849873	40157	242134	5572
股份有限公司	69683	69362	50723	2717	15831	225
私营企业	1569263	1549089	1117918	60114	367774	11801
私营独资企业	189730	188949	122405	9231	56669	1091
私营合伙企业	41120	39856	24611	1168	13813	148
私营有限责任公司	1305160	1287551	949538	48325	288024	10277
私营股份有限公司	33254	32733	21364	1390	9269	286
其他企业	53921	53798	34328	2134	17377	264
港、澳、台商投资企业	36094	35783	21229	1336	12945	216
合资经营企业	10364	10364	6826	385	3153	
合作经营企业	6369	6369	1498	350	4509	
港澳台商独资经营企业	15722	15410	10132	503	4514	216
港、澳、台商投资股份有限公司	3640	3640	2773	98	769	
外商投资企业	215874	215805	183795	6651	21903	1100
中外合资经营企业	47002	46995	36262	1762	8798	552
中外合作经营企业	17382	17353	14088	654	2612	29
外资企业	19553	19520	14499	637	4384	518
外商投资股份有限公司	131937	131937	118946	3599	6109	
二、按国民经济行业分组						
房屋和土木工程建筑业	1433291	1414014	1081124	56905	273703	9601
房屋工程建筑	663326	660090	502710	26073	130767	2414
土木工程建筑	769965	753925	578414	30832	142936	7188

4-3-6　续表　　单位：万元

项　目	营业收入合　计		主营业务成　本	主营业务税金及附加	主营业务利　润	其他业务利　润
		主营业务收入				
建筑安装业	1296519	1281163	961499	41027	268956	6637
建筑安装业	1296519	1281163	961499	41027	268956	6637
建筑装饰业	720714	716119	507049	29779	173661	4441
建筑装饰业	720714	716119	507049	29779	173661	4441
其他建筑业	284852	281245	195977	12023	72665	3284
工程准备	104808	102607	73879	3899	24437	452
提供施工设备服务	29834	29827	19203	1220	9344	203
其他未列明的建筑活动	150210	148811	102895	6904	38884	2629
三、按隶属关系分组						
中央	317999	317921	273114	10391	29336	19
省	173325	169777	133226	7467	29174	716
市、地区	538466	528712	394348	19800	108415	2811
县	328656	324320	234608	14229	73215	1975
街道	58182	58116	34625	2731	20719	274
镇	125835	125454	92395	4786	27708	498
乡	55	55	48	2	4	
居民委员会	16413	16367	11274	662	4837	16
村民委员会	6741	6737	5144	198	1397	7
其他	2169704	2145083	1566867	79468	494182	17649
四、按营业状态分						
营业	3669013	3626693	2696478	137350	775054	23632
停业(歇业)	36538	36041	25302	1305	9566	209
筹建	24139	24131	20683	818	2129	101
当年关闭	2508	2508	830	125	1562	
当年破产	638	638	510	49	78	
其他	2539	2531	1845	87	596	22
五、按控股情况分组						
国有控股	817744	812871	642262	29175	135890	2334
集体控股	291226	282360	209023	13868	55050	4694
私人控股	2035423	2011405	1464867	76440	464591	12234
港澳台商控股	31872	31560	17250	1139	12917	216
外商控股	59367	59326	43149	2324	13679	1071
其他	499744	495019	369098	16787	106858	3415

4-3-7 全省资质以下建筑业企业利润及分配情况

单位：万元

项　　目	营业利润	资产减值损失	公允价值变动收益	投资收益	职工工资和福利费
总　　计	**355659**	**799**	**1519**	**9923**	**410468**
其中：国有及国有控股企业	71685	422	410	1140	62709
一、按登记注册类型分组					
内资企业	342583	743	1535	9939	393275
国有企业	36356	283	410	1145	42337
集体企业	19821	54	35	5101	25644
股份合作企业	1090	2	0	0	1856
联营企业	673				1974
国有联营企业	-93				1417
集体联营企业	766				557
其他联营企业					
有限责任公司	125469	196	1088	1701	107321
国有独资公司	658				1226
其他有限责任公司	124811	196	1088	1701	106095
股份有限公司	5967			-10	9395
私营企业	145740	206	2	2002	198727
私营独资企业	31450	39	2	17	26007
私营合伙企业	8049	32	2	0	3822
私营有限责任公司	102828	135	-1	1985	164180
私营股份有限公司	3413				4718
其他企业	7468	2			6020
港、澳、台商投资企业	3874	17	-16	-16	4289
合资经营企业	426				1742
合作经营企业	995				361
港澳台商独资经营企业	2469	17	-16	-16	1561
港、澳、台商投资股份有限公司	-15				626
外商投资企业	9202	40			12904
中外合资经营企业	4902				4678
中外合作经营企业	1295				822
外资企业	817				2084
外商投资股份有限公司	2188	40			5320
二、按国民经济行业分组					
房屋和土木工程建筑业	152922	254	453	8128	140248
房屋工程建筑	75871	71	35	47	74323
土木工程建筑	77051	183	418	8081	65924

4-3-7　续表　　　　单位：万元

项　　目	营业利润	资产减值损失	公允价值变动收益	投资收益	职工工资和福利费
建筑安装业	111599	337	1041	1803	127257
建筑安装业	111599	337	1041	1803	127257
建筑装饰业	62559	157	41	-6	102218
建筑装饰业	62559	157	41	-6	102218
其他建筑业	28580	52	-16	-3	40746
工程准备	10610	1		14	11618
提供施工设备服务	3160	34			7594
其他未列明的建筑活动	14810	16	-16	-16	21534
三、按隶属关系分组					
中央	10428	340		19	17243
省	11604	0		1	13733
市、地区	46288	123		-1	47880
县	50509	1	1244	6922	48619
街道	13732	11	29	-13	7396
镇	16116	5	36	52	13442
乡	-5				13
居民委员会	2632				1693
村民委员会	454	1			1320
其他	203903	319	211	2943	259129
四、按营业状态分					
营业	352591	769	1519	9853	399567
停业(歇业)	3371			70	5088
筹建	-1324	30			4209
当年关闭	1030				417
当年破产	-100				170
其他	92				1017
五、按控股情况分组					
国有控股	71685	422	410	1140	62709
集体控股	32938	58	-170	4901	36479
私人控股	190978	242	47	1959	246543
港澳台商控股	3478	17	-16	-16	3710
外商控股	6684				5136
其他	49897	61	1248	1938	55891

4-3-8 分地区资质以下建筑业企业生产情况

单位：万元

地区	建筑业总产值	建筑工程产值	安装工程产值	其他产值	建筑业总产值中的装饰装修产值	竣工产值
总计	**3492184**	**1761806**	**1359744**	**370633**	**805594**	**1900110**
广州市	1095676	597697	390093	107885	311565	555620
深圳市	691229	369406	265282	56541	71947	282649
珠海市	179708	84857	78391	16460	89927	60456
汕头市	16071	10907	4592	572	3765	14992
佛山市	256614	86977	112596	57042	30203	117183
韶关市	45376	29215	14982	1178	8547	25854
河源市	16743	6009	3041	7693	4330	10177
梅州市	54638	25695	25847	3096	12954	34368
惠州市	188812	101649	76879	10285	43763	126583
汕尾市	22410	5909	12533	3969	6856	19332
东莞市	308766	83583	196065	29118	94087	284621
中山市	105998	34873	41238	29887	48006	25096
江门市	114924	45229	50358	19337	20193	36759
阳江市	13140	4700	7389	1052	1878	8722
湛江市	13769	7350	4219	2200	4241	13629
茂名市	97411	68607	24489	4315	39572	91464
肇庆市	94714	50464	27750	16499	4980	71282
清远市	124813	108581	13815	2417	1000	96836
潮州市	27117	24299	2427	391	2922	7938
揭阳市	19295	12808	5971	516	4702	12886
云浮市	4960	2993	1787	180	160	3664

4-3-9 分地区资质以下建筑业企业房屋建筑情况

地区	企业数（个）	有工作量企业数	房屋建筑施工面积（万平方米）	本年新开工	房屋建筑竣工面积（万平方米）	住宅
总计	**9860**	**7812**	**1190.38**	**662.48**	**542.96**	**230.86**
广州市	3007	2629	334.53	190.33	117.26	36.02
深圳市	857	673	376.77	202.34	156.01	60.53
珠海市	931	671	71.35	20.75	18.78	8.55
汕头市	153	131	7.40	7.38	6.19	6.13
佛山市	639	512	54.07	17.15	32.31	17.10
韶关市	144	121	8.19	4.42	3.84	2.13
河源市	97	66	7.04	2.75	5.77	1.52
梅州市	164	151	19.53	18.62	18.94	17.54
惠州市	1024	626	52.39	16.61	17.56	9.11
汕尾市	55	35	10.61	5.14	6.19	5.16
东莞市	1238	1107	9.16	1.08	4.10	1.30
中山市	601	384	59.14	45.47	11.13	0.14
江门市	353	291	15.19	8.64	11.89	0.70
阳江市	50	34	4.81	4.35		
湛江市	80	55	8.98	7.49	7.48	6.42
茂名市	74	62	23.05	11.93	21.82	9.14
肇庆市	137	93	49.55	31.06	48.40	10.67
清远市	148	73	50.29	41.55	29.82	24.24
潮州市	61	54	9.87	9.72	9.49	5.91
揭阳市	33	32	17.22	14.49	14.77	7.99
云浮市	14	12	1.22	1.22	1.22	0.58

4-3-10　分地区资质以下建筑业企业从业人员情况

单位：人

地　区	年　末从业人员	从业人员中管理人员	从业人员中工程技术人员	从业人员中现场施工工人	计算建筑业劳动生产率的平均人数	全部从业人员年平均人数
总　计	**184599**	**24376**	**24342**	**98487**	**152330**	**182885**
广州市	57152	7237	7133	30195	50133	52384
深圳市	26725	3923	3722	14244	23178	26729
珠海市	11796	984	857	3435	6335	11357
汕头市	1088	305	412	733	880	1081
佛山市	11445	1684	2049	6352	8762	11785
韶关市	2883	446	362	1899	1992	2852
河源市	1467	237	204	792	1136	1434
梅州市	3308	308	446	2592	4204	4734
惠州市	12266	1883	1622	7392	11494	13303
汕尾市	1613	119	103	857	1032	1592
东莞市	15140	2992	3137	8882	12248	14309
中山市	6704	972	597	2306	3055	6893
江门市	7782	609	719	3750	7360	9645
阳江市	798	91	97	265	489	751
湛江市	1506	155	142	775	997	1513
茂名市	4585	571	849	3287	4227	4372
肇庆市	6781	536	690	4714	6252	7139
清远市	5708	437	462	3397	3855	5050
潮州市	1434	347	109	649	1668	1775
揭阳市	4170	485	600	1886	2806	3807
云浮市	248	55	30	85	227	380

4-3-11　分地区资质以下建筑业企业资产及及费用支出状况

单位：万元

地　区	固定资产原　价	本年折旧	费用合计		
				#税金	#利息支出
总　计	**1201009**	**110601**	**468564**	**23456**	**14014**
广州市	279847	22474	174562	5188	3576
深圳市	138264	14157	62256	2102	1544
珠海市	32143	4109	31223	1060	904
汕头市	8708	1092	1867	121	10
佛山市	113684	22278	32807	2515	2431
韶关市	19985	1650	4919	421	101
河源市	7068	547	1879	93	51
梅州市	17385	1542	6466	678	78
惠州市	94901	7106	23489	1293	775
汕尾市	15487	1141	4360	203	43
东莞市	104222	8512	48066	2464	1061
中山市	22304	2078	14727	493	98
江门市	77843	5776	18062	597	1905
阳江市	1766	133	3936	276	5
湛江市	13191	690	6016	1184	360
茂名市	50681	6509	10321	2707	240
肇庆市	39805	5652	10733	1343	660
清远市	11310	1361	6661	455	31
潮州市	7132	696	1212	118	11
揭阳市	3539	325	1060	123	20
云浮市	141744	2774	3943	22	111

4-3-12 分地区资质以下建筑业企业资本状况

单位：万元

地　区	所有者权益合计	实收资本						
			国家资本	集体资本	法人资本	个人资本	港澳台资本	外商资本
总　计	**3301380**	**2880933**	**1076480**	**109505**	**726923**	**900827**	**50942**	**16257**
广州市	1613797	1494449	974736	28549	180921	301334	4730	4180
深圳市	378937	393316	26798	6976	204965	151728	2747	102
珠海市	136091	140368	9806	7599	37163	62823	22115	860
汕头市	49884	14170	2742	728	3696	6804	200	
佛山市	140827	142754	2519	30797	49490	58396	1523	29
韶关市	27508	23776	1237	2980	12499	5374	1685	
河源市	14152	13413	843	1050	8975	2545		
梅州市	19376	18824	403	939	4544	12939		
惠州市	306865	199720	8106	2441	83535	92662	2566	10411
汕尾市	11987	10344	41	911	4965	4428		
东莞市	230357	172369	847	8432	51931	105365	5418	374
中山市	59402	43970	200	1115	17112	25082	461	
江门市	81394	52010	2748	5521	15636	19230	8875	
阳江市	6108	4692		787	2777	1128		
湛江市	14197	11990	546	1885	825	8734		
茂名市	30814	27150		572	16900	9678		
肇庆市	40692	28124	12318	3578	6886	5021	22	300
清远市	77391	73045	32312	1789	20626	18319		
潮州市	6714	6874		2431	337	3506	600	
揭阳市	7598	7500	229	86	1828	5357		
云浮市	47290	2075	50	340	1310	375		

4-3-13 分地区资质以下建筑业企业财务结算情况

单位：万元

地　区	营业收入合　计		主营业务成　本	主营业务税金及附加	主营业务利　润	其他业务利　润
		主营业务收入				
总　计	**3735375**	**3692541**	**2745648**	**139734**	**788985**	**23963**
广州市	1125663	1117103	785803	43069	287530	6170
深圳市	749343	735492	626082	22807	74329	4656
珠海市	189482	186669	150210	6241	30218	707
汕头市	16329	16198	12608	711	2872	66
佛山市	322685	318821	243457	10873	64754	1489
韶关市	46825	45596	34492	1631	7998	473
河源市	18928	18813	12870	1097	3407	118
梅州市	56766	56585	34694	5680	15635	98
惠州市	209868	207751	147507	7473	54107	1334
汕尾市	28178	27978	15825	846	11457	200
东莞市	323041	319019	227555	12135	81130	6415
中山市	108904	108738	80487	2895	24345	309
江门市	109677	109500	75086	5333	28811	819
阳江市	13596	12767	6649	694	5110	391
湛江市	24378	24378	15164	1018	8262	133
茂名市	100009	99687	69267	3121	24620	170
肇庆市	108202	108137	71574	5953	30605	221
清远市	124864	121876	90942	6291	23199	73
潮州市	27827	27797	24652	796	2344	20
揭阳市	15641	14600	12738	347	1875	51
云浮市	15172	15037	7986	722	6376	53

4-3-14　分地区资质以下建筑业企业利润及分配情况

单位：万元

地　区	营业利润	资产减值损　失	公允价值变动收益	投资收益	职工工资和福利费
总　计	**355659**	**799**	**1519**	**9923**	**410468**
广州市	118829	441	-1	30	134123
深圳市	16720	135	-3	103	65246
珠海市	-323	35	-2		23571
汕头市	1061	10			1237
佛山市	39983	3	415	6135	25306
韶关市	3553			1	5990
河源市	1647		1		2320
梅州市	9263	5			8337
惠州市	33767	44	34	1788	31778
汕尾市	7297				3629
东莞市	39491	73	-204	-161	30950
中山市	9927	1		2	10970
江门市	11647	51	35	91	17229
阳江市	4734		1245	1924	1554
湛江市	2379				2813
茂名市	14470				9177
肇庆市	20092				17803
清远市	16620	1		10	10530
潮州市	1151				3174
揭阳市	866				4181
云浮市	2486				549

4-4 全省分地区建筑业个体经营户经营情况

行业/地区	个体经营户数（个）		从业人数（人）	
		有证照		有证照
总　　计	**45634**	**7241**	**284066**	**52348**
一、按国民经济行业分组				
房屋和土木工程建筑业	28862	1633	212561	26628
建筑安装业	3283	800	16845	4476
建筑装饰业	9117	4052	37644	16943
其他建筑业	4372	756	17016	4301
二、按地市分组				
广州市	1852	601	8586	3044
深圳市	671	215	3331	1142
珠海市	235	157	1019	630
汕头市	452	99	3234	654
佛山市	1087	475	5652	3086
韶关市	6186	614	24416	3228
河源市	1157	89	6349	524
梅州市	4582	389	15187	1601
惠州市	1583	426	12510	3088
汕尾市	953	94	6199	719
东莞市	519	243	1491	830
中山市	937	771	3627	3076
江门市	776	604	3836	2737
阳江市	2684	224	22482	1895
湛江市	5426	461	61263	13167
茂名市	5120	464	41791	5295
肇庆市	4726	570	28120	2711
清远市	3017	389	9681	1981
潮州市	809	94	8309	995
揭阳市	1737	105	11199	959
云浮市	1125	157	5784	986

4-5-1　全省建筑业产业活动单位基本情况

项　目	资质内			资质外		
	单位数(个)	经营性单位收入(万元)	年末从业人数(人)	单位数(个)	经营性单位收入(万元)	年末从业人数(人)
总　计	**2248**	**16147693**	**537506**	**957**	**1149442**	**42563**
一、按登记注册类型分组						
内资企业	2235	15912021	533779	928	1090354	41201
国有企业	604	5893060	188980	158	559234	17445
集体企业	381	940876	85650	66	31546	1508
股份合作企业	32	87192	3681	14	505	93
联营企业	3	4352	830	7	59	103
国有联营企业				2	10	85
集体联营企业				1	3	2
国有与集体联营企业	2	4351	750			
其他联营企业	1	1	80	4	46	16
有限责任公司	669	7122412	181433	248	265352	11692
国有独资公司	122	2616572	27128	9	91767	882
其他有限责任公司	547	4505840	154305	239	173585	10810
股份有限公司	76	596269	15202	48	51714	2490
私营企业	396	1198096	52757	361	167940	7566
私营独资企业	12	8911	726	21	31302	466
私营合伙企业	5	11415	1265	8	3178	126
私营有限责任公司	366	1141457	47639	310	130557	6498
私营股份有限公司	13	36312	3127	22	2903	476
其他企业	74	69763	5246	26	14004	304
港、澳、台商投资企业	11	233489	3661	7	3671	229
合资经营企业(港或澳、台资)	4	223853	3305	2	3548	206
合作经营企业(港或澳、台资)	6	9576	349	2	95	10
港、澳、台商独资经营企业				3	28	13
港、澳、台商投资股份有限公司	1	60	7			
外商投资企业	2	2184	66	22	55417	1133
中外合资经营企业	1	384	6	7	36673	372
中外合作经营企业	1	1800	60	2	1552	212
外资企业				13	17192	549
二、按国民经济行业分组						
房屋和土木工程建筑业	1432	13089213	458047	372	838040	25454
房屋工程建筑	1163	7532028	364971	213	263855	11984
土木工程建筑业	269	5557185	93076	159	574185	13470
建筑安装业	295	1367889	37239	231	219897	8316
建筑安装业	295	1367889	37239	231	219897	8316
建筑装饰业	175	954105	17782	195	40120	2599
建筑装饰业	175	954105	17782	195	40120	2599
其他建筑业	54	332398	12744	69	31363	4018
工程准备	15	173240	7252	19	16858	520
提供施工设备服务	8	33426	525	9	174	56
其他未列明的建筑活动	31	125733	4967	41	14331	3442
三、按营业状态分组						
营业	2133	16137959	536140	860	1134258	41615
停业(歇业)	72	659	903	47	882	493
筹建	3		60	27	11272	315
当年关闭	18	2285	116	10		10
当年破产	1		2			
其他	21	6790	285	13	3031	130

4-5-2 分地区建筑业产业活动单位基本情况

地　区	资质内			资质外		
	单位数（个）	经营性单位收入（万元）	年末从业人数（人）	单位数（个）	经营性单位收入（万元）	年末从业人数（人）
总　计	**2248**	**161476934**	**537506**	**957**	**11494422**	**42563**
#广东省	2157	157318350	517357	954	11473583	42440
广州市	703	103633990	198011	413	3049381	13883
深圳市	183	8983870	28394	107	2141406	8466
珠海市	41	1217581	6476	122	2515163	6015
汕头市	53	6773665	27126	3	3149	136
佛山市	108	3057682	11768	45	274846	682
韶关市	199	2254918	25278	31	767740	2332
河源市	26	373820	5568	6	23993	160
梅州市	30	3386065	26211	8	7154	136
惠州市	108	3685310	19137	49	234975	1529
汕尾市	3	44476	149			
东莞市	70	3051124	10968	28	187645	463
中山市	157	2422486	11880	28	82076	257
江门市	104	3009153	36309	48	213350	2440
阳江市	34	3550110	12783			
湛江市	104	2205787	22695	8	9180	124
茂名市	38	3574606	34114			
肇庆市	33	2956313	10956	6	55975	361
清远市	25	1473922	12228	37	386065	2055
潮州市	12	224375	2309			
揭阳市	54	923020	7909	5	34191	145
云浮市	72	516077	7088	10	1487294	3256

附录

主要指标解释

主要指标解释

三、规模以上工业企业科技情况

1.科技活动　指在自然科学、农业科学、医药科学、工程与技术科学、人文与社会科学领域(简称科学技术领域)中与科技知识的产生、发展、传播和应用密切相关的有组织的活动。为核算科技投入的需要，科技活动可分为研究与试验发展(R&D)、研究与试验发展成果应用及相关的科技服务三类活动。本报告年度内，工业企业的科技活动只统计研究与试验发展(R&D)及其成果应用两类活动，即通常讲的技术开发活动。

2.研究与试验发展(R&D)　指在科学技术领域，为增加知识总量、以及运用这些知识去创造新的应用进行的系统的创造性的活动，包括基础研究、应用研究和试验发展三类活动。在工业企业开展的研究与试验发展(R&D)活动中，较为普遍的和大量的活动属于试验发展活动。

3.科技项目　指企业有组织地从事科研和技术开发活动的专项工作。包括企业在报告年度当年立项并开展研制工作、以前年份立项仍继续进行研制的科技项目，以及当年完成和年内研制工作已告失败的科技项目，但不包括委托外单位进行研制的科技项目。

4.基础研究　指为了获得关于现象和可观察事实的基本原理的新知识(揭示客观事物的本质、运动规律，获得新发现、新学说)而进行的实验性或理论性研究，它不以任何专门或特定的应用或使用为目的，其成果以科学论文和科学著作为主要形式。基础研究属于科学研究范畴。

5.应用研究　指为获得新知识而进行的创造性研究，主要针对某一特定的目的或目标。应用研究是为了确定基础研究成果可能的用途，或是为达到预定的目标探索应采取的新方法(原理性)或新途径，其成果形式以科学论文、专著、原理性模型或发明专利为主。应用研究也属于科学研究范畴。

6.试验发展　指利用从基础研究、应用研究和实际经验所获得的现有知识，为产生新的产品、材料和装置，建立新的工艺、系统和服务，以及对已产生和建立的上述各项做实质性的改进而进行的系统性工作，其成果形式主要是专利、专有技术、新产品原型或样机样件等。

工业领域的试验发展包括以下三类活动:

（1）为研制新产品(或新工艺)或对已有产品(或已有工艺)进行实质性改进所从事的技术调研、技术咨询和资料准备，设计及改进设计，工装模具准备，研制和检测用仪器设备的购置、制造及安装，原材料、元器件、零配件、辅助材料购置，样机试验和检测、试验车间(中间试验)建立和运行，论证鉴定等活动。

（2）在工程设计、小批量试制、工业性试验及试生产过程中对新产品原型和新工艺本身做进一步改进所从事的相关活动。

（3）对从国外引进的技术或从国内购买的技术做实质性改进及再创新所开展的相关活动，但不包括对这些技术的直接应用或仿制活动。

7.研究与试验发展成果应用　指为使试验发展阶段产生的新产品、材料和装置，建立的新工艺、系统和服务

性改进后的上述各项能够投入生产或实际应用，解决所存在的技术问题而进行的系统性的工作。这类活动的成果形式大多是可供生产和实际操作的带有技术和工艺参数的图纸、技术标准和操作规范。

工业领域的工程与工装模具设计、小批量试制和工业性试验一般属于研究与试验发展成果应用活动。工程与工装模具设计指新产品原型能够投入批量生产而从事的工艺流程、设备及工艺装备、操作及质量检测规程等的设计活动。小批量试制和工业性试验内容包括:标准化、系列化、通用化试验，新技术方法从设定的控制参数发展到不同条件下的验证试验，批量生产的质量稳定性与优化参数再现性试验，新技术的可靠性试验，生产检测、维护、安全等技术操作规范化试验，新旧生产系统结合部技术协调试验(含原材料、能源介质、辅助工具等系统的适应性试验)。

8.科技活动人员　指工业企业在报告年度直接从事或参与科技活动的人员，包括参加科技项目人员、从事科技活动管理和为科技活动提供直接服务的人员。科技活动人员不包括全年累计从事科技活动时间不足制度工作时间 10%的人员。

9.参加科技项目人员　指编入各类科技活动项目组并从事(或参与)项目研究活动的人员。

10.科技管理和服务人员　指企业中专门从事科技活动管理和为科技活动提供直接服务的人员，但不包括累计从事科技活动的时间占制度工作时间 10%以下的人员。

11.全时人员　指企业科技活动人员中在报告年度实际从事科技活动的时间占制度工作时间 90%以上(含 90%)的人员。在企业科技管理部门(科研管理处、部、科等)专职从事科技管理工作的人员、企业所属常年有开发任务的科技机构中专职从事科技活动及其管理和直接服务的人员，以及上述人员以外在报告年度主要从事科技项目开发的人员可视作科技活动全时人员。

12.高中级技术职称人员　指企业科技活动人员中已评定高级和中级技术职称(职务)的人员。高级技术职称人员包括:高级工程师、高级经济师、高级会计师、高级统计师、正副教授、正副研究员等；中级技术职称人员包括:工程师、经济师、会计师、统计师、讲师、助理研究员等。

13.研究与试验发展(R&D)人员　指企业科技活动人员中从事基础研究、应用研究和试验发展三类活动的人员。包

括直接参加上述三类项目活动的人员及这三类项目的管理和服务人员。上述三类项目的管理和服务人员，可按研究与试验发展(R&D)项目人员占全部科技项目人员的比重进行推算。

14.科技活动经费筹集总额 指企业在报告年度从各种渠道筹集到的计划用于科技活动的经费，包括企业资金、金融机构贷款、政府资金、国外资金、其他资金等。

15.企业资金 指报告年度本企业从自有资金中提取或接受在国内注册的其他企业委托获得的计划用于科技活动的经费。

16.金融机构贷款 指企业从各类金融机构获得的用于科技活动的贷款。

17.政府资金 指企业从各级政府部门获得的计划用于科技活动的经费，包括科技专项费、科研基建费、政府专项基金等。

18.国外资金 指本企业从中国境外的企业、大学、国际组织、民间组织、金融机构及外国政府获得的计划用于科技活动的经费。不包括从在国内注册的外资企业获得的计划用于科技活动的经费。

19.其他资金 指企业从上述渠道以外获得的计划用于科技活动的经费，如企业从独立的科研院所和高校等事业单位获得的计划用于科技活动的经费、来自民间非营利机构的资助和个人捐赠等。

20.科技活动经费支出总额 指企业在报告年度实际支出的全部科技活动费用，包括列入技术开发的经费支出以及技措技改等资金实际用于科技活动的支出。不包括生产性支出和归还贷款支出。科技活动经费支出总额分为企业内部开展科技活动的经费支出和委托外单位开展科技活动的经费支出。

21.企业内部开展科技活动经费支出 指企业在报告年度用于内部开展科技活动实际支出的费用，包括外协加工费。不包括委托研制或合作研制而支付给外单位的经费。科技活动经费内部支出按用途分为科技活动人员劳务费、原材料费、购买与自制设备支出和其他支出。

22.研究与试验发展(R&D)经费支出 指报告年度在企业科技活动经费内部支出中用于基础研究、应用研究和试验发展三类项目以及这三类项目的管理和服务的费用支出。不论何种经费来源，只要实际用于上述三类项目的经费支出都应计算在内。

23.新产品开发经费支出 指报告年度内在企业科技活动经费内部支出中用于新产品研究开发的经费支出。包括新产品的研究、设计、模型研制、测试、试验等费用支出。

24.委托外单位开展科技活动经费支出 指企业在报告年度委托其他单位或与其他单位合作开展科技活动而支付给其他单位的经费。不包括外协加工费。

25.对研究院所和高等学校的支出 指报告年度内企业委托或与国内独立研究院所或高等学校合作开展科技活动而支付予其的经费。

26.对其他企业支出 指报告年度内企业委托或与国内其他企业合作开展科技活动而支付予其的经费。

27.企业办科技机构数 企业办科技机构是指企业自办、或与外单位合办，管理上同生产系统相对独立、或者单独核算的专门科技活动机构，如企业开办的技术中心、研究院所、开发中心、开发部、实验室、中试车间、试验基地等。本指标不含企业在中国境外设立的科技机构数。

28.机构科技活动人员 指在企业办科技机构中从事科技活动的人员数合计，应等于机构中从业人员数扣除为科技活动提供间接服务的人员(如保卫、医疗保健、司机、食堂人员、茶炉工、水暖工、清洁工等)以及全年从事科技活动时间不足全部工作时间10%的人员。

29.机构人员中博士毕业 指企业办科技机构从事科技活动的人员中具有博士学历或博士学位的人员。

30.机构人员中硕士毕业 指企业办科技机构从事科技活动的人员中具有硕士学历或硕士学位的人员。

31.机构内部开展科技活动经费支出 指报告年度内企业办科技机构内部用于开展科技活动的经费支出。包括科技机构人员劳务费(含工资)支出、业务费支出、管理费支出、固定资产购建费及其他维持科技机构正常运转的日常费用等的支出总和。

32.新产品产值 指报告年度本企业生产的新产品的产值。新产品是指采用新技术原理、新设计构思研制、生产的全新产品，或在结构、材质、工艺等某一方面比原有产品有明显改进，从而显著提高了产品性能或扩大了使用功能的产品。本报表中的新产品产值、新产品销售收入指标既包括经政府有关部门认定并在有效期内的新产品，也包括企业自行研制开发，未经政府有关部门认定，从投产之日起一年之内的新产品。

33.新产品销售收入 指报告年度本企业销售新产品实现的销售收入。

34.新产品出口收入 指报告年度本企业将新产品出售给外贸部门和直接出售给外商所实现的销售收入。

35.专利申请数 指企业在报告年度内向专利行政部门提出专利申请并被受理的件数。

36.发明专利申请数 指企业在报告年度内向专利行政部门提出发明专利申请并被受理的件数。

37.拥有发明专利数 指企业作为专利权人在报告年度拥有的、经国内外专利行政部门授权且在有效期内的发明专利件数。

38.技术改造经费支出 指本企业在报告年度进行技术改造而发生的费用支出。技术改造指企业在坚持科技进步的前提下，将科技成果应用于生产的各个领域(产品、设备、工艺等)，用先进技术改造落后技术，用先进工艺代替落后工艺、设备，实现以内涵为主的扩大再生产，从而提高产品质量、促进产品更新换代、节约能源、降低消耗，全面提高综合经济效益。

39.引进国外技术经费支出 指企业在报告年度用于购买国外技术的费用支出，包括产品设计、工艺流程、图纸、配方、专利等技术资料的费用支出，以及购买关键设备、仪器、样机和样件等的费用支出。

40.引进技术的消化吸收经费支出　指本企业在报告年度对国外引进项目进行消化吸收所支付的经费。包括:人员培训费、测绘费、参加消化吸收人员的工资、工装、工艺开发费、必备的配套设备费、翻版费等。引进技术的消化吸收指对引进技术的掌握、应用、复制而开展的工作，以及在此基础上的创新。通过消化吸收国外技术，达到掌握引进技术，提高自我创新能力的目的。

41.购买国内技术经费支出　指本企业在报告年度购买国内其他单位科技成果的经费支出。包括购买产品设计、工艺流程、图纸、配方、专利、技术诀窍及关键设备的费用支出。

42.享受各级政府对技术开发的减免税　指企业在报告年度享受各级政府为鼓励企业增加科技投入、开发新产品和新工艺而减免的各项税金总额。

四、建筑业企业生产经营及财务状况

（一）建筑业生产情况

1.签订的合同额　指建筑业企业在报告期直接同建设单位签订合同的总价款和以前年度同建设单位签订合同的未完工程跨入本年度继续施工工程合同的总价款余额。

2.上年结转合同额　指以前年度同建设单位签订合同的未完工程跨入本年度继续施工工程合同的总价款余额。

3.本年新签合同额　指建筑业企业在报告期内同建设单位直接新签订的各种国内工程合同的总价款，不包括与其他建筑业企业新签的分包合同额。

4.直接从建设单位承揽工程完成的产值　指总承包企业或专业承包企业直接与建设单位(业主)签订的承包合同(包括报告期及以往年度签订的合同，不包括无效合同和中途解除的合同)，在报告期内完成的工程总值。包括企业向其他专业承包企业或劳务分包企业分包出去的工程所完成产值，还包括分包企业缴纳的管理费。

（1）自行完成施工产值：指总承包企业或专业承包企业直接与建设单位(业主)签订的总承包合同或专业承包合同中，自行完成的工程总值。包括总承包企业和专业承包企业自行完成的工作量和分包企业缴纳的管理费。

（2）分包出去工程的产值：指专业承包企业或劳务分包企业与总承包企业或专业承包企业签订的专业承包或劳务分包合同中在报告期所完成的产值。

5.从建设单位以外承揽工程完成的产值　指总承包企业或专业承包企业从其他总承包企业或专业承包企业处承揽工程而完成的产值。不包括总承包企业或专业承包企业从建设单位承揽工程中自行完成的产值和分包企业缴纳的管理费。

6.建筑业总产值　建筑业总产值是以货币表现的建筑业企业在一定时期内生产的建筑业产品和服务的总和。建筑业总产值包括建筑工程产值、安装工程产值和其他产值三部分内容。

(1)建筑工程产值：指列入建筑工程计算内的各种价值。

(2)安装工程产值：指设备安装工程价值， 在设备安装产值中，不得包括被安装设备本身价值。

(3)其他产值：建筑业总产值中除建筑工程、安装工程以外的产值。包括房屋构筑物修理产值、非标准设备制造产值、总包企业向分包企业收取的管理费以及不能明确划分的施工活动所完成的产值。

7.装修装饰产值　包括装修、装饰两部分产值。装修装饰指对新旧房屋及建筑物进行的内外装修装饰；对新建房屋及建筑物经过施工后，尚未完全达到使用标准，而进行的二次装修装饰；以及对原有房屋经使用若干年后进行的二次内外装饰。包括抹灰、门窗、玻璃、吊顶、隔断、饰面板(砖)、涂料、裱糊、刷浆、花饰等。

8.在外省完成的产值　指建筑业企业在其他省份施工所完成的建筑业产值。

9.竣工产值　一般是以单位工程为对象，当该工程按照设计所规定的工程内容全部完成，达到了设计规定的交工条件，经有关部门检查验收鉴定合格的单位工程价值，即为竣工产值。

10.房屋建筑面积　指房屋全部平面面积的总和。它从房屋的外墙线算起，包括可供使用的有效面积和墙柱等结构占用面积。多层房屋按各层(包括地下室)面积总合计算。旧房加层或改造，只计算增加的建筑面积；旧房拆除重建，计算其全部面积；临时房屋不计算建筑面积。

房屋建筑面积按用途分类:

是按房屋设计所规定的用途进行划分，一般分为以下几种:

厂房、仓库：厂房指直接用于生产或为生产配套的各种房屋，包括主要车间、辅助用房及附属设施用房。凡工业、农业、建筑业、交通运输业、商业等单位中的厂房都包括在内。仓库指工业、农业、建筑业、交通运输业、商业、供销、外贸及其他企事业单位建造的成品库、原材料库、货物仓库、物资储备库以及冷藏库、粮油库等。

住宅：指专供居住用的房屋。包括别墅、公寓、各部门的职工家属宿舍和集体宿舍(包括职工单身宿舍和学生宿舍)等供居住的房屋。不包括住宅楼中作为人防工程用的房屋，也不包括不住人的地下室。

办公用房：指企业、事业、机关、团体、学校、医院等单位的办公用房，也包括商务办公楼。

批发和零售用房：指批发和零售企业对外营业的各种批发市场、超级市场、商店、门市部、粮店、书店、供销店等房屋。不包括批发零售企业的厂房和仓库。

住宿和餐饮用房：指住宿餐饮行业对外营业的宾馆、度假村、招待所、各种饭店、酒楼、餐厅、快餐店、酒吧茶馆等房屋。

居民服务业用房：指浴室、理发、洗染、照相以及各种日用品修理等为居民生活服务的用房。

教育用房：指各类学校(包括党校、技校、干校、工读学校、幼儿园在内)的教室、图书馆、试验室、体育馆、展览馆等有关教育用房。不包括学校的教职员工宿舍、学生宿舍、食堂、浴室等非教育用房。

文化、体育和娱乐用房：指各种俱乐部、博物馆、图书馆、影剧院、文化馆、展览馆、宗教寺院等文化用房；各种健身房、体育馆等体育用房；各种娱乐厅、游乐园、夜总会等休闲娱乐用房。不包括各类学校内的文化体育用房。

卫生医疗用房：指各类医疗机构(包括防疫站、防治所)的病房、门诊部、保健站、卫生所、化验室、药房、病案室、太平间等房屋，不包括医护人员的职工宿舍、食堂及独立的办公用房。

科研用房：指独立的科学实验研究机构或企业、事业单位进行科学实验研究工作所用的房屋(包括天文台的科研用房)。

其他用房：指凡不属于上述各项用途的房屋。如各种人防工程、厕所等。

11.房屋建筑施工面积 指报告期内施过工的全部房屋建筑面积，它包括本期新开工的面积、上期跨入本期继续施工的房屋面积、上期停缓建在本期恢复施工的房屋面积、本期竣工的房屋面积以及本期施工后又停缓建的房屋面积。

12.本年新开工面积 指在报告期内新开工的各个房屋单位工程的建筑面积之和。它不包括在上期开工跨入报告期继续施工的房屋建筑面积和上期停缓建而在本期复工的建筑面积。新开工面积用于反映报告期内投入施工的房屋建筑规模，为科学组织施工提供依据。

13.实行投标承包面积 是指报告期内建筑施工企业经过投标招标而承担的全部房屋建筑面积。

14.本年新开工 指在报告期内实行投标承包面积中新开工的各个房屋单位工程的建筑面积之和。它不包括在上期开工跨入报告期继续施工的房屋建筑面积和上期停缓建而在本期复工的建筑面积。

15.年末自有施工机械设备净值 指本企业(或单位)自有施工机械设备经过使用、磨损后实际存在的价值，即原值减去折旧后的净额。

16.年末自有施工机械设备总台数 指年末本企业(或单位)自有的直接用于工程施工的各种机械设备的台数。但不包括附属辅助生产机械设备、运输机械设备、生产试验机械设备的台数。

17.年末自有施工机械设备总功率 指年末本企业(或单位)自有的直接用于工程施工的各种机械设备年末总功率，按设定能力或查定能力计算。包括施工机械本身的动力和为该机械服务的单独动力设备，如电动机等。但不包括附属辅助生产机械设备、运输机械设备、生产试验机械设备的功率。计量单位用千瓦，动力换算可按 1 马力＝0.735 千瓦折合成千瓦数。电焊机、变压器、锅炉不计算动力。

18.计算建筑业劳动生产率的平均人数 指建筑业企业(或单位)报告期实际拥有的、与建筑施工活动有关的人员的平均人数，包括参加本企业(或单位)建筑施工活动的非本企业(或单位)人员，但不包括企业内部社会服务性机构的人员以及由本企业支付工资但所从事的工作与本企业生产基本无关的人员。

19.年末从业人员 指在企事业单位工作并领取工资或其它形式的劳动报酬的全部人员数，包括在岗职工、再就业的离退休人员以及在企业中工作的外方人员和港澳台方人员、兼职人员、借用的外单位人员和第二职业者。不包括离开本企业仍保留劳动关系的职工。

20.年末从业人员中管理人员 指行政管理人员、工程项目管理人员和工程技术管理人员。

21.年末从业人员中工程技术人员 指负担工程技术和工程技术管理工作，并具有工程技术工作能力的人员。

22.年末从业人员中年末从业人员中一级建造师 指按照人事部、建设部制定的《建造师执业资格制度暂行规定》（人发[2002]111 号），取得《中华人民共和国一级建造师执业资格证书》和《中华人民共和国一级建造师注册证》，并在建设部或其授权的注册管理机构备案的人员。

23.年末从业人员中现场施工工人 指在施工现场从事建筑安装工作和直接服务于施工过程的工人。

24.持证上岗人员 指经过企业培训或劳动部门培训后，考试(考核)合格，经主管部门批准承认并持有各类证书的人员。

25.建筑材料消耗量 指报告期内实际耗用于建筑产品生产过程中的全部材料数量，包括建设工程直接耗用的材料，现场临时设施，预制建筑构件，非标准设备制造等所耗用的材料。它是编制和检查材料消耗计划，核算单位产品材料消耗水平，考核消耗定额和反映节约情况的依据。

26.钢材 包括重轨、轻轨、大型型钢、中型型钢、小型型钢、带钢、线材、特厚钢板、中厚钢板、薄钢板、硅钢片、优质型材、无缝钢管、焊接钢管和其他钢材等品种，以吨为计量单位。不包括钢锭、钢材边角料，已经使用过的旧钢材、铸铁管，以及钢丝绳、铅丝等金属制品。

27.木材 包括原木、锯材和各种人造板，统一按原木数量计算，以立方米为计量单位。不经过纵锯就直接使用的原木，如桩木、电杆和脚手杆等，可直接计入消耗量。经过纵锯或加工而成的材料、板材和人造板，必须按规定的出材率和换算方法计算出原木数量后，再计如消耗量。计算木材消耗量，不包括小规格材和废旧材料。

28.水泥 包括普通建筑水泥、装饰水泥和特种水泥(如快硬高强水泥、膨胀水泥、耐酸耐火、防射线水泥等)，以吨为计量单位。不包括无熟料水泥和土水泥。

29.平板玻璃 建筑用平板玻璃主要指无色的普通平板玻璃和吸热玻璃(即在熔化玻璃液时加入不同的着色剂，可以生产茶、灰、蓝等不同色泽的平板玻璃，俗称彩色玻璃)。

30.铝材 指铝成品材。包括纯铝及铝合金加工的板材、带材、箔材、管材、棒材、线材、型材、压模件、自由锻件等。不包括边角料、裸铝线及电线厂自产自用的铝盘条。

31.企业总产值 指建筑业企业在报告期内全部经济活动的最终成果的货币表现。在企业总产值中除包括建筑业总产值外,还包括建筑业企业从事其他经济活动所创造的价值(如工业产值、交通运输产值、商业服务业产值、其他产值收入和劳务收入等)。

32.在境外完成的营业额 指建筑业企业报告期内在国外及港、澳、台等区域所有经营活动的货币表现。

33.房屋竣工建筑面积 指在报告期内房屋建筑按照设计要求已全部完工，达到了使用条件，经检查验收鉴定合格的房屋建筑面积。计算房屋竣工面积，必须严格执行房屋竣工验收标准。对民用建筑来讲，一般应按设计要求在土建工程和房屋本身附属的水、卫、气、暖等工程已经完工，通风、电梯等设备已安装完毕，做到水通、灯亮、经验收鉴定合格，并正式交付给使用单位后，才能计算竣工面积。对于工业及科研等生产性房屋建筑：一般应按设计要求在土建工程(包括水、暖、电、卫、通风)及属于房屋组成部分的生活间、操作间等已经完成，经验收合格后才计算竣工面积。只差安装工艺设备、管线工程的亦可以计算竣工面积。

34.竣工房屋价值 指在报告期内按规定已经上报竣工的房屋本身的建造价值。一般按房屋设计和预算规定的内容计算。可按“竣工结算价”或“中标价”填报。

（二）建筑业财务状况

1.存货 指企业在生产经营过程中为销售或耗用而储备的各种资产，包括原材料、周转材料、包装物、低值易耗品、在产品、自制半成品、产成品等。

2.流动资产合计 指企业可以在一年内或者超过一年的一个生产周期内变现或者耗用的资产，包括现金及各种存款、短期投资，应收及预付款项、存货等。

3.长期投资 指企业直接向其它单位投资的回收期限在一年以上的现金、实物和无形资产以及购入的不准备在一年内变现的股票和债券。

4.固定资产合计 指企业使用期限超过一年的房屋、建筑物、机器、机械、运输工具以及其它与生产、经营有关的设备、器具、工具等。不属于生产经营主要设备的物品，单位价值在 2000 元以上，并且使用年限超过 2 年的，也应当作为固定资产。

5.固定资产原价 指企业在购置、自行建造、安装、改建、扩建、技术改造某项固定资产时所支出的全部支出总额。

其中：生产经营用固定资产：固定资产按其经济用途和使用情况综合分为七大类：生产经营用固定资产、非生产经营用固定资产、租出固定资产、不需用固定资产、未使用固定资产、土地、融资租入固定资产。生产经营用固定资产指直接服务于企业生产、经营过程的各种固定资产，包括生产经营用的房屋、建筑物、机器设备、器具、工具等。

6. 固定资产折旧 指对固定资产由于磨损和损耗而转移到产品中去的那一部分价值的补偿。一般根据固定资产原价（选用双倍余额递减法计提折旧的企业，为固定资产账面净值）和确定的折旧率计算。

7.累计折旧 指企业在报告期末提取的历年固定资产折旧累计数。

其中：本年折旧：指企业在报告年度内提取的固定资产折旧合计数。

8.在建工程 指建筑企业在报告期末各项未完工程的实际支出和尚未使用的工程物资的实际成本。

9.无形及递延资产小计 包括无形资产和递延资产。

无形资产：指企业长期使用而没有实物形态的资产，包括专利权、非专利技术、商标权、著作权、土地使用权、商誉等。根据“资产负债表”中“无形资产”项目的年末数填列。

递延资产：指不能全部计入企业当年损益，应当在以后年度内分期摊销的各种费用，包括开办费、租入固定资产的改良支出，摊销期限在一年以上的固定资产修理支出以及其它递延支出等。

10.其他资产 指除流动资产、长期投资、固定资产、无形资产、递延资产以外的资产。

11.资产总计 指企业拥有或控制的能以货币计量的经济资源，包括各种财产、债权和其他权利。资产按其流动性(即资产的变现能力和支付能力)划分为：流动资产、长期投资、固定资产、无形资产、递延资产和其他资产。

12.流动负债合计 指企业在一年内或超过一年的一个营业周期内需要偿还的债务，包括短期借款、应付票据、应付账款、预收账款、应付工资、应交税金、应付利润、预提费用等。

13.长期负债合计 指企业偿还期在一年以上或者超过一年的一个营业周期以上的债务，包括长期借款、长期应付款、应付债券等。

14.负债合计 指企业所承担的能以货币计量，将以资产或劳务偿付的债务，偿还形式包括货币、资产或提供劳务。负债一般按偿还期长短分为流动负债和长期负债。

15.所有者权益合计 指企业投资人对企业净资产的所有权。企业净资产为企业全部资产与企业全部负债的差额，包括实收资本、资本公积、盈余公积、未分配利润等。

（1）实收资本：指企业投资者实际投入的资本(或股本)，包括货币、实物、无形资产等各种形式的投入。实收资本按投资主体可分为国家资本、集体资本、法人资本、个人资本、港澳台资本和外商资本。

（2）国家资本：指有权代表国家投资的政府部门或机构、直属事业单位对企业形成的资本金。

（3）集体资本：指由本企业职工等自然人集体投资或各种机构对企业进行扶持形成的集体性质的资本金。

（4）法人资本：指法人以其依法可支配的资产投入企业形成的资本金。

（5）个人资本：指自然人实际投入企业的资本金。

（6）港澳台资本：指我国香港、澳门和台湾地区投资者实际投入企业的资本金。

（7）外商资本：指外国投资者实际投入企业的资本金。

16.损益及分配 损益及分配表主要反映企业在一定时期内的生产经营成果。通过损益表所反映的财务信息，评价一个企业的经济效益，评估投资的价值和报酬，从而衡量一个企业的经营管理水平，了解投入企业的资本在经营过程中是否保持原始投资的全额完整，反映企业的获利能力状况，预测在未来一定时期内企业的盈利趋势。建筑施工企业采用分步式的损益表结构，主要包括：工程结算收入、工程结算成本、工程结算税金及附加、工程结算利润、其他业务收入、其他业务利润、管理费用、财务费用、营业利润、利润总额。

17.工程结算收入 指企业在销售商品、提供劳务等日常活动中所产生的收入总额。

18.工程结算成本 指企业经营主要业务发生的实际成本。

19.经营费用 指企业从事施工生产活动过程中发生的各项费用。包括应由企业负担的运输费、装卸费、包装费、保险费、维修费、展览费、差旅费、广告费和其它经费。

20.工程结算税金及附加 指因从事建筑业生产活动，取得工程价款结算收入而按规定应该交纳的营业税、城市维护建设税等以及随同营业税金一并计算交纳的教育费附加等。

21.工程结算利润 指企业经营除主要业务以外的其它业务实现的利润。

22.其他业务收入 是指企业主营业务以外的收入。

23.其他业务利润 指企业除结算收入外的其它业务收入扣除其它业务支出(包括其它业务成本及应负担的费用、税金)后的净收益(如为净支出应以“-”号表示)。

24.管理费用 指企业行政管理部门为组织和管理生产经营活动而发生的各项费用。

(1)税金：指企业按规定从管理费用中支付的各种税金，包括房产税、土地使用税、车船使用税、印花税等。

(2)财产保险费：指企业向保险公司投保所支付的财产保险费用。

(3)差旅费：指企业行政管理部门为组织和管理生产经营活动而出差所发生的费用。

(4)工会经费：指工会依法取得并开展正常活动所需的费用。工会经费的主要来源是工会会员缴纳的会费和按每月全部职工工资总额的2%向工会拨交的经费这二项，其中2%工会经费是经费的最主要来源。

25.财务费用 指企业为筹集生产经营所需资金等而发生的费用，包括利息支出、汇兑损失以及相关的金融机构手续费等。

其中：利息支出：指企业在生产经营期间利息支出扣除利息收入后的净额。

26.营业利润 指企业从事生产经营活动所产生的利润，即主营业务利润加其他业务利润扣除管理费用、财务费用后的净额。

27.营业外收入 指企业经营业务以外的收入。包括①固定资产盘盈；②处理固定资产净收益；③罚款收入；④出售无形资产收益；⑤因债权人原因确实无法支付的应付款项；⑥教育费附加返还款；⑦非货币性交易中发生非货币性交易收益（与关联方交易除外）。

28.营业外支出 指企业经营业务外的支出。包括：固定资产盘亏，处理固定资产净损失，出售无形资产净损失，罚款支出，捐赠支出，非常损失，计提无形资产、固定资产和在建工程的减值准备，职工子弟学校经费和技工学校经费，债务重组损失。

29.利润总额 指企业在生产经营过程中各种收入扣除各种耗费后的盈余，反映企业在报告期内实现的亏盈总额，包括营业利润、补贴收入、投资净收益和营业外收支净额。

30.应交所得税 指企业按税法规定，应从生产经营等活动的所得中交纳的税金。

31.应付利润 指企业在报告年度内应付给投资者的利润。

32.劳动、失业保险费 指企业向社会保障部门和保险公司为本单位职工支付的劳动保险、失业保险的费用。

33.住房公积金及住房补贴 住房公积金是指企业及其在职职工缴存的长期住房储金。住房补贴是国家为职工解决住房问题而给予的补贴资助，即将单位原有用于建房、购房的资金转化为住房补贴，分次（如按月）或一次性发给职工，再由职工到住房市场上通过购买或租赁等方式解决自己的住房问题。

34.本年应付工资总额 指企业在报告期内支付给本单位职工的全部工资，它反映企业本期累计应付的工资总额，而不是会计“应付工资”科目的余额。

其中：主营业务应付工资总额：指报告期内企业应付给与主营业务直接有关人员的工资。即应付给与建筑生产经营活动直接有关的职工工资总额，

35.本年应付福利费总额 指企业在报告期内累计提取的福利费总额，它反映本期应付福利费的全部发生额，而不是会计“应付福利费”科目的余额。

其中：主营业务应付福利费总额：指报告期内企业应付给与主营业务直接有关人员福利费。即应付给与建筑生产经营活动直接有关的职工福利费总额。

36.应收工程款 指建筑业企业在报告期末应向发包单位收取而未收取的工程款。不包括质量保证金和工程款押金，一般纳入“其它应收款”；建设工程质量保证金或保修金，是发包人与承包人在建设工程承包合同中约定，从应付的工程款中预留，用以保证工程质量的资金。

其中：竣工工程：指建筑业企业在报告期末已完成施工任务，单位工程已全部竣工后应向发包单位收取而未收取的工程款。

37.全部从业人员年平均人数 指年内各月平均拥有的人数，其计算公式为：

$$\text{全部从业人员年平均人数}=\frac{\text{1月平均人数}+\text{2月平均人数}+\Lambda+\text{12月平均人数}}{12}$$

$$\text{月平均人数}=\frac{\text{月初从业人员数}+\text{月末从业人员数}}{2}$$

38．资产减值损失 指企业各项资产发生的减值损失。

39．公允价值变动收益 指企业应当计入当期损益的资产或负债公允价值变动收益。

40．投资收益 指企业以各种方式对外投资所取得的收益或发生的损失。

（三）劳务分包及资质以外建筑业企业生产、经营状况

1.建筑业总产值 建筑业总产值是以货币表现的建筑业企业在一定时期内生产的建筑业产品和服务的总和。建筑业总产值包括建筑工程产值、安装工程产值和其他产值三部分内容。

其中：装修装饰产值：包括装修、装饰两部分产值。装修装饰指对新旧房屋及建筑物进行的内外装修装饰；对新建房屋及建筑物经过施工后，尚未完全达到使用标准，而进行的二次装修装饰；以及对原有房屋经使用若干年后进行的二次内外装饰。包括抹灰、门窗、玻璃、吊顶、隔断、饰面板(砖)、涂料、裱糊、刷浆、花饰等。

(1)建筑工程产值：指列入建筑工程预算内的各种工程价值。

(2)安装工程产值：指设备安装工程价值，不得包括被安装设备本身价值。

(3)其他产值：建筑业总产值中除建筑工程、安装工程以外的产值。包括房屋构筑物修理产值、非标准设备制造产值、总包企业向分包企业收取的管理费以及不能明确划分的施工活动所完成的产值。

2.竣工产值 一般是以单位工程为对象，当该工程按照设计所规定的工程内容全部完成，达到了设计规定的交工条件，经有关部门检查验收鉴定合格的单位工程价值，即为竣工产值。但不包括附属辅助企业或内部核算的其他单位为外单位生产和服务的价值。

3.房屋建筑面积 指房屋全部平面面积的总和。它从房屋的外墙线算起，包括可供使用的有效面积和墙柱等结构占用面积。多层房屋按各层(包括地下室)面积总合计算。旧房加层或改造，只计算增加的建筑面积；旧房拆除重建，计算其全部面积；临时房屋不计算建筑面积。

4.房屋建筑施工面积 指报告期内施过工的全部房屋建筑面积，它包括本期新开工的面积、上期跨入本期继续施工的房屋面积、上期停缓建在本期恢复施工的房屋面积、本期竣工的房屋面积以及本期施工后又停缓建的房屋面积。

其中：本年新开工：指在报告期内新开工的各个房屋单位工程的建筑面积之和。它不包括在上期开工跨入报告期继续施工的房屋建筑面积和上期停缓建而在本期复工的建筑面积。新开工面积用于反映报告期内投入施工的房屋建筑规模，为科学组织施工提供依据。

5.房屋竣工建筑面积 指在报告期内房屋建筑按照设计要求已全部完工，达到了使用条件，经检查验收鉴定合格的房屋建筑面积。

其中：住宅：指专供居住用的房屋。包括别墅、公寓、各部门的职工家属宿舍和集体宿舍(包括职工单身宿舍和学生宿舍)等供居住的房屋。不包括住宅楼中作为人防工程用的房屋，也不包括不住人的地下室。

6.计算建筑业劳动生产率的平均人数 指建筑业企业(或单位)报告期实际拥有的、与建筑施工活动有关的人员的平均人数，包括参加本企业(或单位)建筑施工活动的非本企业(或单位)人员，但不包括企业内部社会服务性机构的人员以及由本企业支付工资但所从事的工作与本企业生产基本无关的人员。

7.年末从业人员 是指在企事业单位工作并领取工资或其它形式的劳动报酬的全部人员数，包括在岗职工、再就业的离退休人员以及在企业中工作的外方人员和港澳台方人员、兼职人员、借用的外单位人员和第二职业者。不包括离开本企业仍保留劳动关系的职工。

8.年末从业人员中管理人员 指行政管理人员、工程项目管理人员和工程技术管理人员。

9.年末从业人员中工程技术人员 指负担工程技术和工程技术管理工作，并具有工程技术工作能力的人员。

10.年末从业人员中现场施工工人 指在施工现场从事建筑安装工作和直接服务于施工过程的工人。

11.年初存货 指企业在生产经营过程中为销售或耗用而储备的各种资产，包括原材料、周转材料、包装物、低值易耗品、在产品、自制半成品、产成品等。

12.年初存货 指企业可以在一年内或者超过一年的一个生产周期内变现或者耗用的资产，包括现金及各种存款、短期投资，应收及预付款项、存货等。

13.固定资产原价 指企业在购置、自行建造、安装、改建、扩建、技术改造某项固定资产时所支出的全部支出总额。

14.本年折旧 指企业在报告年度内提取的固定资产折旧合计数。

15.资产合计 指企业拥有或控制的能以货币计量的经济资源，包括各种财产、债权和其他权利。资产按其流动性(即资产的变现能力和支付能力)划分为：流动资产、长期投资、固定资产、无形资产、递延资产和其他资产。

16.负债合计：指企业所承担的能以货币计量，将以资产或劳务偿付的债务，偿还形式包括货币、资产或提供劳务。负债一般按偿还期长短分为流动负债和长期负债。

17.实收资本 指企业投资者实际投入的资本(或股本)，包括货币、实物、无形资产等各种形式的投入。实收资本按投资主体可分为国家资本、集体资本、法人资本、个人资本、港澳台资本和外商资本。根据会计“资产负债表”中“实收资本”项的年末数填列。

（1）国家资本：指有权代表国家投资的政府部门或机构、直属事业单位对企业形成的资本金。

（2）集体资本：指由本企业职工等自然人集体投资或各种机构对企业进行扶持形成的集体性质的资本金。

（3）法人资本：指法人以其依法可支配的资产投入企业形成的资本金。

（4）个人资本：指自然人实际投入企业的资本金。

（5）港澳台资本（32）：指我国香港、澳门和台湾地区投资者实际投入企业的资本金。

（6）外商资本：指外国投资者实际投入企业的资本金。

18.损益及分配 损益及分配表主要反映企业在一定时期内的生产经营成果。通过损益表所反映的财务信息，评价一个企业的经济效益，评估投资的价值和报酬，从而衡量一个企业的经营管理水平，了解投入企业的资本在经营过程中是否保持原始投资的全额完整，反映企业的获利能力状况，预测在未来一定时期内企业的盈利趋势。建筑施工企业采用分步式的损益表结构，主要包括：工程结算收入、工程结算成本、工程结算税金及附加、工程结算利润、其他业务收入、其他业务利润、管理费用、财务费用、营业利润、利润总额。

19. **营业收入合计** 指企业（单位）在报告期内从事销售商品、提供劳务及转让资产使用权等日常活动中所形成的总收入，包括主营业务收入和其它业务收入。

20. **主营业务收入（工程结算收入）** 指企业在销售商品、提供劳务等日常活动中所产生的收入总额。

21. **主营业务成本（工程结算成本）** 指企业经营主要业务发生的实际成本。

22. **主营业务税金及附加（工程结算税金及附加）** 指因从事建筑业生产活动，取得工程价款结算收入而按规定应该交纳的营业税、城市维护建设税等以及随同营业税金一并计算交纳的教育费附加等。

23.**费用合计（营业费用、管理费用、财务费用）** 指企业报告期内营业费用、管理费用、财务费用三项费用的合计。

24.**营业利润** 指企业从事生产经营活动所产生的利润，即主营业务利润加其他业务利润扣除管理费用、财务费用后的净额。

25.**利润总额** 指企业在生产经营过程中各种收入扣除各种耗费后的盈余，反映企业在报告期内实现的亏盈总额，包括营业利润、补贴收入、投资净收益和营业外收支净额。

26、**职工工资和福利费** 职工工资和福利费包括职工工资总额和职工福利费两部分，是企业为获得职工提供服务而给予的各种形式的报酬以及其它相关支出。

27.**从业人员劳动报酬** 指企业在报告期内支付给本单位全部职工的劳动报酬，包括工资、奖金、津贴和补贴，它反映企业报告期内累计应付的工资总额。

28. **劳动、失业保险费** 指企业向社会保障部门和保险公司为本单位职工支付的劳动保险、待业保险的费用。

29.**全部从业人员年平均人数** 指年内每月平均拥有的人数。

30. **资产减值损失** 指企业各项资产发生的减值损失。

31. **公允价值变动收益** 指企业应当计入当期损益的资产或负债公允价值变动收益。

32. **投资收益** 指企业以各种方式对外投资所取得的收益或发生的损失。